帝国日本における越境・断絶・残像

人の移動

植野弘子
上水流久彦 編

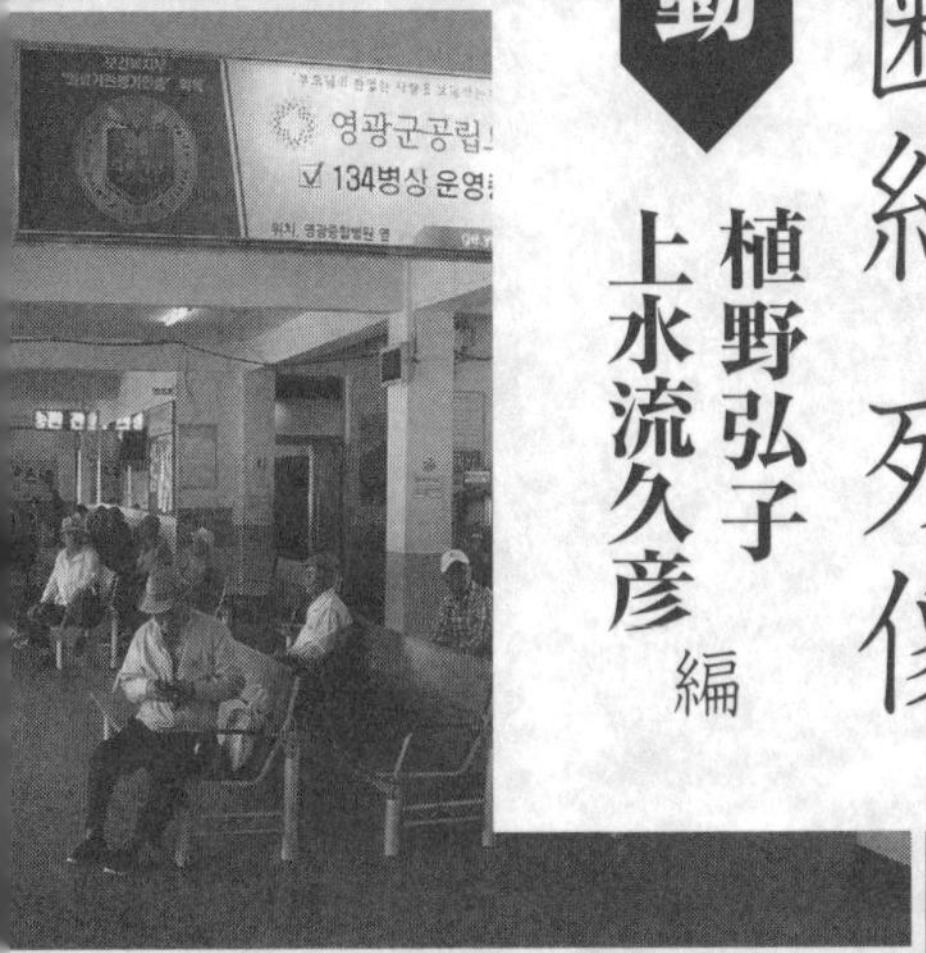

風響社

まえがき

上水流 久彦

本書は一対となる『帝国日本における越境・断絶・残像――人の移動』と『帝国日本における越境・断絶・残像――モノの移動』の一冊である。みなさんは、どちらの本を手にしただろうか。この二冊の本の学術的な意義は、それぞれの「序」で述べることとして、「まえがき」では私自身の調査経験からこの二冊の持つ魅力や「大日本帝国」研究から見えてきた感想を紹介したい。

台湾で植民地期の様子を高齢の知人である漢人に聞いていると、「ここには朝鮮から来た人の遊郭があって、そこで働いていた男の人から野球をならったことがあったよ」と語ってくれた。また台湾暮らしでの私の大家は、「あの大きな病院の大先生は、満州の大学を出て医者の免許をとった」と教えてくれた。韓国華僑（中華民国籍を持つ、主に戦前に中国本土から朝鮮半島に移動し居住した華僑。台湾、日本、欧米に住む者もいる）の調査をソウルでしている時、中国語で話していた相手が突然、「戸籍は……」と日本語で語りだした。話を聞くと戦前、山東から大連にいき、そこで学校に通い日本語を学び、朝鮮半島に最終的に移り住んだということであった。与那国の調査では、植民地期、日本本土のマンガが台湾経由で入ってきて那覇よりも早く見ることができたと聞いた。このような話を耳にするたびに、日本（内地）対旧植民地という枠組みではとらえることができない状況がたくさんあり、いつか研究ができないかと考えていた。

植民地期から現在まで台湾に残る「日本」、帝国日本の問題に向き合うべきだという機運は、二〇〇二年頃には台湾を対象とする人類学者の間で広く共有された。そして、最初の成果は、五十嵐眞子・三尾裕子編『戦後台湾における〈日本〉植民地経験の連続・変貌・利用』（風響社、二〇〇六年）としてまとめられた。その後、複数の日本学術振興会科学研究費補助金による研究プロジェクト（以下、科研プロジェクト）において帝国日本の植民地主義を問い、植野弘子・三尾裕子編『台湾における〈植民地〉経験——日本認識の生成・変容・断絶』（風響社、二〇一一年）、三尾裕子・遠藤央・植野弘子編『帝国日本の記憶——台湾・旧南洋群島における外来政権の重層化と脱植民地化』（慶應義塾大学出版会、二〇一七年）としてその成果を世に問うた。前者では、台湾の人々が「日本」をどう操作し、利活用しているのか、その主体性を問うことに重点を置いた。後者では、外来政権に複数回統治された重層性に目を向け、その中で「日本」を捉えなおした。これらの研究成果に続くのが姉妹本の本書である。

本書の成果の多くは、科研プロジェクト「帝国日本のモノと人の移動に関する人類学的研究—台湾・朝鮮・沖縄の他者像とその現在」（研究代表者　植野弘子、JP25244044）に負うものだが、この科研プロジェクトでは、日本対旧植民地ではなく、台湾と朝鮮半島というような旧植民地と旧植民地の関係を視野にいれ、かつモノが結ぶ帝国日本という視点で研究を行った。その調査を通じて、日本を中心として東アジアを見る見方から脱却できていない自分の認識の狭さを痛感することとなった。台湾の人々から見れば、日本本土も、沖縄も、朝鮮半島も、旧満州も、そして旧南洋群島も、自らが移動する選択肢、もしくは行かされる場所のひとつであった。私の台湾の知人は、父の仕事で旧満州に住み、その後、北京に居を移した。そこで終戦を迎えるが、彼は台湾に戻るものの、兄と姉は北京に残り、台湾と中国の対立のなか、数十年連絡さえとることができない関係となった。日本本土と台湾を見ているだけでは、零れ落ちる歴史の断面である。

今回、彼が住んだ旧満州での調査はできなかったが、長野県阿智村の満蒙開拓平和記念館をプロジェクトメンバーで訪ねた。記念館の協力を得て旧満州から引き揚げて来た方々からも直接話を伺うことができた。そこでは、移動にみる国策の暴力を痛感した。満州移民は昭和二〇（一九四五）年になっても続けられ、同年五月に旧満州に渡った人もいた。すでに関東軍は旧満州の多くの地域から撤退していたにも拘わらず、である。引き揚げた人々は、そこに住む人々の土地を奪って入植が成り立っていたことも知っていたし、旧満州の地に朝鮮半島の人々が先にいて手助けを受けたことも語ってくれた。満蒙開拓平和記念館が二〇一三年に設立され、一般の人々がその歴史を知ることができるようになったことは、貴重である。その後、敗戦直後、ソ連兵らの攻撃から免れるために村の女性を彼らに差し出した事実も明らかになるなど、多くの過去がいまだに埋もれていることを思い知った科研プロジェクトでもあった。

また、過去の人とモノの移動に目を向けることは、文化の雑多性にも改めて気づかせてくれた。台湾人の移住者が持ち込んだ石垣のパイナップルは石垣の名産になっており、台湾の植民地期の建築物のなかには、その出自が忘れられて、台湾の人々に利用されているものもある。わざわざ過去を掘り返して、「あなたたちの文化には、日本の植民地支配が影響している」と言う必要はない。しかし、ピュアな日本文化も韓国文化も台湾文化も存在しないことは事実である。それにも拘わらず、歴史の忘却は、文化の雑多性を排除することを容易にしている。

この文化の雑多性の忘却は、現在、私たちが、国民国家の単位で思考することにどっぷり浸っていることのあらわれであろう。私には、このような状況が、特に日本では、かつて帝国日本であった地域で起こっていることを他人事としてとらえる要因になっているように思えてならない。例えば、慰安婦問題は、韓国対日本の構図で語られているが、大日本帝国で生じたことであり、「韓国はいつまでもしつこい」と語る前に、自分たちの歴史として見るべき過去がある。

このような「今、ここに」ある東アジアの姿をその歴史的過程を無視して理解することは、「国民性」や「民族性」という非常にあいまいな概念が跋扈する要因でもあろう。様々な歴史的経緯や政治的、経済的状況のもと、「今、ここに」がある。したがって、それは一時的なもので、変わりうるものである。時間軸のない「国民性」や「民族性」では、説明できない。それにも拘わらず、このような類の説明が受け入れられているのは、自分たちが理解できないあり方を「国民性」や「民族性」に帰してしまい、それ以上考えることを放棄し、過去をひも解く面倒な作業を回避できるからだろう。

本書と姉妹編は、ともに帝国日本と現在を結ぶ研究の成果である。『人の移動』では、中国、韓国、台湾で揺れ動く韓国華僑の思い、宮古島に住んだ台湾人の足跡、植民地と研究者の関係などが、そして『モノの移動』では、中華料理が朝鮮半島や日本で根付く過程、複数の帝国の関係のもと盛衰するパイナップル産業、台湾や朝鮮半島に残る日本由来の「表札」などが、帝国日本と現在を結ぶ結節点として論じられている。ゼミや授業で本書を読む学部生や院生、または書店で手にしてくれた方が、本書を通じて、文化の雑多性や、そこに込められている歴史を学び、安直な東アジア理解に疑問を抱いてくれたら、望外の喜びである。

最後になったが、この科研プロジェクトの現地調査においてご協力いただいた皆様に御礼を申し上げたい。文化人類学を勉強して四半世紀になるが、現地の人々の協力無しでは、研究成果をひとつもあげることはできない。そういう学問だと本当に痛感する。辛い記憶を話してくださる方もいた。本書は、日本語で書かれてはいるが、過去の出来事と現在の人々を結び、そして、東アジアの人々が互いを理解する一助となれば、幸いである。

なお、本書と姉妹編の成り立ちから、あえてまえがき・あとがきは共通のものとした。

●目次

まえがき……………………………………………………上水流久彦 1

序　帝国日本における人の交錯……………………植野弘子・上水流久彦 17

はじめに 17

一　帝国日本と人類学研究――帝国期から現在へ 18

二　帝国における移動と出会い――植民地の近代 29

三　帝国日本における植民地支配の特異性――繋がる現在と記憶 33

四　帝国日本における人の移動 37

五　本書の構成 41

むすび 45

植民地研究の断絶と継承――秋葉隆を中心に……………………崔　吉城 61

はじめに 61

一　調査方法 65

二　植民主義 75

三　継承と断絶 82

●コラム　親日イメージと台湾の複雑な思い
――戦後の台湾と日本の出会い方…………………上水流久彦 91

目次

国際交流事業における在日コリアンの参与
——対馬と下関の朝鮮通信使再現行列を中心に……中村八重 95
はじめに 95
一 朝鮮通信使の意義と行列再現 98
二 対馬の朝鮮通信使行列と在日コリアン 100
三 下関の朝鮮通信使行列と在日コリアン 110
四 地域振興としての朝鮮通信使行列と在日コリアンの役割 119
おわりに 122
●コラム 近代の味——あんぱんの一〇〇年……中村八重 129
韓国華僑と台湾
——台湾の大学への「帰国」進学者を対象に……冨田 哲 133
はじめに 133
一 台湾の大学における「僑生」 137
二 僑生受け入れの歴史 139
三 韓国華僑へのインタビュー 141
四 インタビューの考察 155
おわりに 163

●コラム　朝鮮半島における「洋食」の普及……林　史樹　173
沖縄県の台湾系住民をめぐる記憶の連続・断裂・散在
――宮古地方と八重山地方を比較して……松田良孝　177
はじめに　177
一　八重山の「台湾」　180
二　植民地台湾から宮古に渡った台湾人の概要　184
三　宮古在住台湾人T家のT商店をめぐる考察　189
四　来間島の高齢者の記憶に見る宮古在住台湾人の姿　196
五　連続・断裂・散在する記憶　200
●コラム　「帝国の焼菓子」
――パイナップルの焼菓子にみる日本帝国とその後……八尾祥平　211
大東亜戦争に巻き込まれた人類学者、鹿野忠雄
――鹿野学の漂流と移動……全　京秀（金　良淑・訳）　217
はじめに　217
一　分野移動――動物学、地理学から人類学へ　219

二　思想移動――反植民から反戦へ　230
三　帝国日本が輩出した世界的人類学者、鹿野忠雄　247
おわりに　251

あとがき　261

写真・図表一覧　266

索引　272

装丁＝オーバードライブ・浜岡弘臣

姉妹編
『帝国日本における越境・断絶・残像——モノの移動』目次

まえがき

序　帝国日本におけるモノの交錯　植野弘子・上水流久彦

日式表札の成立と越境
——旧日本植民地における諸相とその後　角南聡一郎

近代建築物にみる沖縄の近代化認識に関する一試論
——琉球・沖縄史の副読本にみる歴史認識を踏まえて　上水流久彦

日本統治期台湾における税関制度の変遷　林　玉茹（杉本房代・訳）

植民地台湾における綿布消費の嗜好と商社の活動　谷ヶ城秀吉

戦前・戦後期の日韓にみられた粉食中華の普及過程
――「食の段階的定着」の差に着目して　林　史樹
パイン産業にみる旧日本帝国圏を越える移動
――ハワイ・台湾・沖縄を中心に　八尾祥平

●コラム
ある朝鮮総督府警察官の移動　冨田　哲
神社をもつ「日本神」廟　三尾裕子
「ヘッチする」とは？――移動する漁民の世界と言葉　西村一之
在朝日本人の植民地経験　鈴木文子
「帝国日本」で共有された職人の技と道具　角南聡一郎
あとがき
写真・図表一覧・索引

●帝国日本における越境・断絶・残像——人の移動

序　帝国日本における人の交錯

植野弘子・上水流久彦

はじめに

グローバル化した現代においても、日本とその近接する地域の人々との間には、他の地域とは異なる特別の思い、関係がある。見た目には似ているもの同士の近さ、気安さ、そして生活様式の類似性。しかし、歴史認識の差異は、いまも常に外交上の大きな課題となる。さらに、日本に対する「親日」と「反日」、あるいは最近の日本人がもつ「嫌中」「嫌韓」の感情などは、近接するがゆえに複雑に交錯している。こうした他者に対する感情、イメージは、近代において日本が帝国として東アジアの諸地域をその勢力下におき、支配してきたことを抜きに語ることはできない。帝国期には、宗主国日本のための政治・経済的支配がなされ、それに伴い多くの人が移動した。日本の敗戦によって帝国が崩壊したとき、三〇〇万人以上の日本人が、帝国の勢力下にあった植民地、旧満州などにいたということは、今の日本人には、想像しにくいことであろう。そして、逆の流れは、日本に多くの在日コリアンを生み出した。

また、植民地の人々も動員され、時には戦争へとかり出され、他の土地への移動を余儀なくされた。帝国における移動は、人に留まらず、モノも流通する。そこに他者との出会いが起こり、同様のモノを目にする人々が生まれる。こうした移動によって生み出された、今にいたる他者に対する認識を、人が想像しうる生活に密着した視点から、東アジア内の諸地域、特に、日本帝国期に植民地となった台湾と朝鮮、そして「准植民地(1)」といえる沖縄から問い直そうとするのが本書の目的である。帝国期に人はいかに接触し、あるいはモノがいかに動き、それに伴い日常生活が相互にいかに影響を受け、他者に対するいかなるイメージを持つことになったのか。さらにそれは、今といかに繋がっているのか。生活者の視線に映る他者の姿を描き、他者とのつながりを考えてゆく。

一　帝国日本と人類学研究——帝国期から現在へ

生活者の視点から、帝国における他者との出会いを問おうとする本書の研究は、人類学的アプローチが主たるものである。そこで、まず、人類学と植民地主義の関わりを、移動に着目しながら考えてゆきたい。人類学は、「植民地主義の申し子」として、植民地をその主たるフィールドにして学問的確立を遂げるが、当初、植民地支配がもたらすものについて無関心あるいは無批判的であり、また人類学者自身の立ち位置についても無自覚的であった。帝国日本における人類学者はいかなるものであったのか。今、その過去を問う人類学徒として、帝国において移動し植民地を研究する人類学者の研究について、日本の人類学史研究［山路　二〇〇二、二〇一一、中生　二〇一六参照］をもとに省みるべきであろう。特に、植民地に置かれた研究拠点への日本人研究者の移動、現地の人々あるいは研究者との出会いとそれに対する植民地支配終了後の評価、さらに研究者の他者に対する視線、そして研究倫理に対する認識について、述べておきたい。

1　移動する研究者と植民地の出会い

近代日本の最初の植民地である台湾においては、植民地統治開始後、臨時台湾旧慣調査会が一九〇一年に組織され、植民地統治のために、とくに立法に必要な慣習の調査が、日本人の指揮の下で行われていく。一九二八年に台北帝国大学が創設され[2]、文政学部に「土俗学、人種学」講座が設けられ、ハーバード大学で文化人類学を学んだ移川《うつしかわ》子《ね》之蔵《のぞう》が教授として招聘された。これが日本における最初の文化人類学の研究室の誕生であった。その後、当該研究室は、台湾の原住民族[3]の民族史に関する詳細な調査に基づく研究書『台湾高砂族系統所属の研究』（台北帝国大学土俗・人種学研究室編　一九三五年）を発刊する。その調査を実質的に行った馬淵東一は、台北帝大に移川が赴任することを知って、東京帝国大学を退学して台北へと移動して、入学したのであった[4]。台北帝大の教員は、ほとんどすべてが日本人であったが、この研究室も、例外ではなかった。しかしながら、馬淵は、現在の台湾の学界においても、原住民族研究の第一人者としての評価は揺るぎなく、戦前の研究は、現在の日台両地域の台湾原住民族研究に受け継がれている［宮岡　二〇一二］。

台湾の漢民族の民俗文化の研究については、雑誌『民俗台湾』が、植民地期の研究をめぐる状況を物語るものである。『民俗台湾』は、一九四一年七月に発刊され、一九四五年一月まで、検閲を受けつつも発行されていた。この雑誌の実質的編集者である池田敏雄（当時、台湾総督府情報部嘱託）によれば［池田 一九八二］、皇民化で変化を余儀なくされている在来の習俗を記録するための雑誌を刊行しようとし、台北帝大医学部教授・金関丈夫に協力を求めた。金関は、考古学・人類学・民俗学等のやや一般向け総合雑誌『ドルメン』式の肩のこらない雑誌にと提案し、読者の投稿を歓迎するものとなった。まもなく太平洋戦争が始まる一九四一年七月に、台湾の旧慣を記録しようとする『民俗台湾』が発刊されたのは、急進的な皇民化運動の見直しがなされる政策の転換の隙間をぬってタイミングよく現れてきたもの［呉 二〇〇二］といえよう。掲載された内容からみるならば、『民俗台湾』は、本格的な学術雑誌とはいえず、また執筆者たちも、民俗学の専門家といえる者は殆どいない。台湾在住の日本人と台湾人が日本語で執筆し、変わりゆく民俗を書き残そうとし、また、その方法を日本の民俗学に倣おうとしていた。池田敏雄は、幼い頃に内地から台湾へと移住した人物である。『民俗台湾』の発起人には、台湾人も含まれるが、植民地に移動した日本人が中心になっていた。『民俗台湾』に対しては、戦後長く日本でも台湾でも、台湾の民俗に対して心血を注いで研究した人々の編集した雑誌として、肯定的評価が与えられてきた。しかし、一九九〇年代以降、『民俗台湾』の編集者の姿勢、雑誌の目指すものに対する批判とその反論がなされ、『民俗台湾』は植民地主義と研究者の視点を考察する格好の題材となってきた（後述2項参照）。

植民地朝鮮では、一九三四年に京城帝国大学が開校され、その後、法文学部において、赤松智城《ちじょう》と秋葉隆によって、人類学的研究が行われていく[5]。秋葉の研究に関しては本書の論文を執筆した崔吉城の諸研究［崔 二〇〇〇、二〇一一、Ch'oe 2003 など］で検討されているが、その調査には、朝鮮人の助手、通訳が研究を補助する役割を果たしており、戦後においても、その研究の系譜は継続していた。また、同時期に朝鮮人研究者によって、被植民地者の立場から、朝鮮民俗学の樹立が図られていた。総督府による調査事業は、戦後の韓国においては、政治目的のために行われたもので現場から乖離しているなどの批判を浴びている［崔　二〇〇〇：一八二］。その後、日本統治期の研究については、韓国においても関心が払われ、日本の研究者との共同研究が進められる現状にある［朝倉　二〇一二］。植民地統治終了後において、宗主国主導の研究、あるいは宗主国出身者の研究に対する評価は、台湾と韓国においても一様ではなく、植民地期をいかに捉えるかという課題と連動しているのは明らかである。

　沖縄における民俗文化に関する研究は、琉球国から沖縄県にいたる、所謂「琉球処分」時期に行われた旧慣調査から始まるといえよう。[6] 植民地や旧満州、中国における日本の占領地でも、同様の調査は行われており、沖縄の旧慣調査はその先鞭をなすものである。その後、自らの文化、歴史を探究しようとする沖縄出身者の研究者が現れる。その中心人物は、「沖縄学の父」といわれる伊《い》波《は》普猷《ふゆう》である。伊波は、第三高等学校、東京帝大で学んだのち、明治末期に沖縄に戻り、研究を進めていく。その研究は、沖縄人のアイデンティティに関わるものであり、また当時は、日琉同祖論に繋がるものであった。彼の研究は、柳田國男や折口信夫の関心を引くものであったが、戦前においては本土からの研究者による沖縄研究の拠点は、沖縄に築かれることはなかった。台湾・朝鮮では、その地に設置された帝国大学が研究の拠点となったが、沖縄では、大学のみならず、旧制の高等学校や高等専門学校といった高等教育機関も設置されなかった。そして、戦後のアメリカによる統治の下、沖縄出身者による沖縄アイデンティティの模索のなかで、戦前の沖縄研究は戦後へと引きつがれ、また本土から訪れる人類学者の研究も、こうした先行研究をもとに行われていくことになった。沖縄には本土からの研究者が移動して研究の拠点を築くことはなかったが、沖縄はやはり植民地主義的な研究の対象となったのであった（後述2項参照）。

帝国日本内で移動していた研究者は、特に戦時下には、その移動がより広範になり、また、戦争に協力することを余儀なくされた[7]。移動して行く先は、帝国の植民地のみならず、占領地へと移っていく。こうした研究者の一人が本書で論じられる鹿野《かの》忠雄である。鹿野は、台湾の紅頭嶼（蘭嶼）をはじめとする原住民族社会の研究を精力的に行ったが、戦時には、日本が占領したフィリピン、ボルネオにおいて、軍の嘱託として調査研究を行うことになる。戦時期の移動は、帝国の移動の本質が、非常に先鋭化してあらわれるといえよう。

2　研究者の視角と倫理

植民地に移動する宗主国の研究者は、いかなる視点と姿勢で植民地の社会と文化に対したかが、のちに問われることになる。その一つの問題点は、宗主国の学知によって、植民地を理解しようとすることである。台湾の漢民族研究、そして朝鮮の民俗文化の研究は、日本人研究者が主導的立場に立ちながら、現地の人々を研究の補助者とし、あるいはまた自身の文化の表現者となる場を提供してきた。そうした中で、日本人研究者は、いかなる研究活動を展開したであろうか。この問題について、台湾における『民俗台湾』を例にみていこう［植野　二〇〇四、二〇一二］。

先述したように、『民俗台湾』に対しては、戦後も長く、台湾と日本の双方において、肯定的評価が与えられてきた。しかし、川村湊の批判を嚆矢として、こうした状況は大きく変わる。川村は、人類学者金関丈夫の研究をレイシズム的であり、「大東亜民俗学」をめざしたとし、『民俗台湾』が「台湾趣味」

というエキゾチズム（あるいはコロニアリズム）に惑溺したものであるとして批判した[8]［川村　一九九六］。また、小熊英二も、金関に関して、民族優生政策構想によって地域横断的調査活動の手足となる協力者と組織の必要性を感じていた金関にとって、『民俗台湾』の計画は渡りに船となり、彼はその優生政策論を隠して『民俗台湾』に参加していたと論じている［小熊　二〇〇二］。さらに、池田敏雄に対しても、池田は「生活の改善」をすることが「文明化」であるとし、これを肯定的に見ていると坂野徹によって論じられている［坂野　二〇〇三］。

こうした『民俗台湾』の参加者や、依って立つ学問が植民地主義性や優生思想をもつとする諸批判に対して、三尾裕子は、当時の社会状況のなかで、参加メンバーたちは、皇民化政策に総論として賛成することが『民俗台湾』の存続の最低条件であることを受け入れながら、植民地政策への貢献のベクトルと「民俗」を武器にした抵抗のベクトルの双方をない交ぜにした「グレーゾーン」の中に、彼らの意図を滑り込ませたと分析している。こうした研究をとりまく状況を考慮せず、また明確な抵抗以外の言説を植民地主義的であると断罪し、自らを安全地帯の高みにおいたまま批判するのは、「見る者」の権力性に無意識であるという点において、植民地主義と同じ誤謬を犯していると指摘している[9]［三尾　二〇〇四、二〇〇六］。

また、川村らの批判は、『民俗台湾』の実態にそっていないという問題がある。「大東亜民俗学」は、柳田國男にとっても茫漠としたものでしかなく、金関も『民俗台湾』が大東亜民俗学の一翼を担うのは愉快なこととしながらも（三三号編集後記、一九四四年三月）、その後の『民俗台湾』の記事にそうした内容はみられない［植野　二〇一二］。しかし、植民地で発行される『民俗台湾』が、宗主国日本の民俗学をモデルとしていることは、確かである。ツウ・ユンフェイ〔Tsu 2003〕は、『民俗台湾』は、行きすぎた同化を牽制して台湾の文化を保存すると同時に、同化を進める側面を持っていたとする。さらに、この雑誌の参加者は、日本人と台湾人ではあるが、彼らはある部分では同等ではない、つまり、彼らはみな日本語で書き、しばしば日本を起源とする調査のモデルに言及しているとし、日本の学知をもとに『民俗台湾』が存在していることをツウは指摘している。また、『民俗台湾』は、その研究の方式を、日本本土の「民間伝承の会」の機関誌である『民間伝承』に倣おうとしていた〔植野 二〇一二〕。一九四三年一二月発行の三〇号に掲載された柳田を囲んだ座談会においても、金関は、以下のような趣旨の発言をしている。[10]「『民俗台湾』において、特集のテーマを作るために「民俗採集帳」などを基準にしたらいいのではないかとも考えたが、やはり、台湾の民俗採集帳を作らなくてはならない。そのためには、台湾の民俗の実状を相当に知ることが必要であり、これを行なった後にテーマが出てくる。このようなことは、初めからは簡単ではないので、『民間伝承』の毎月の特集の題を、その後に『民俗台湾』の毎月の題としてもよい」。台湾独自の調査項目を作らなければならないと考えることは当然ではあるが、やはり宗主国の学問から学ぶという姿勢は明確である。柳田國男という権威を借りることによって、『民俗台湾』の存続を図ろうとしているともいえる。[11]このように植民地の学問研究は、宗主国のそれに従属的な構造の中にある。こうした構造にあることに無自覚的なまま、他者である植民地の人々を、またその文化をみていたのでは、生活の実態や、変わりゆく社会を捉えていくことには、困難があったと言わざるを得ない。

宗主国の研究者がもつもう一つの問題は、植民地の他者を人格のあるものとして接することも出来なくなってしまい、人に対して、モノに対するように接することにある。この問題が、いま、端的な形で現れているのが、京都大学総合博物館に保管され、返還が要求されている琉球人の遺骨である［松島二〇一八］。松島泰勝は、京大関係者による遺骨の収集について以下のように述べている。

京都帝国大学教授であった清野謙次は、日本人の起源を探るため、石器時代から現代人骨にいたるまで、日本本土に留まらず、沖縄そして外国の人骨を収集した。その広がりは日本の帝国主義が拡大する過程と並行していた。「清野コレクション」は、清野が京大を去る一九四〇年には、一三八四例となっていた。のちに台北帝大医学部教授となる金関丈夫は、一九二八年一二月から翌年一月にかけて沖縄に滞在し、人骨収集を行っている。沖縄県庁警察部長の許可を得て、百按司墓から遺骨を収集しているが、金関の収集に際して、警察や村長などが許可しても、地域住民からの同意があったわけではない。［松島　二〇一八：二一―二二、五〇―五九］

金関は、その後、一九三二年に台北医学専門学校に赴任することになり、改組によって、一九三六年に、台北帝大医学部教授となる。一九三六年七月には、第二次霧社事件の死者の骨を収集し、また台湾各地域の廃棄される墓や無縁の墓の遺骨を収集している。[12] 霧社事件の首謀者モーナ・ルダオの骨は、台北帝大土俗・人種学研究室の標本室に保管されていたが、一九七三年になって、遺族の要求によって、台湾大学考古人類学系標本室から霧社に戻され祀られることとなった。[13] 骨は研究の対象としてのみ扱われ、死者となった人に対して、また骨が一族をつなぐものとされる民俗観念に対して、敬意が払われていなかったといえよう。

帝国における研究者の移動は、植民地統治のために利用される学問と知識のありようを示すことは、改めていうまでもない。さらに、人が研究の対象だけの存在として扱われたことは、返されない遺骨に象徴されるように、いまも意味をもって繋がっている。

3　植民地主義研究への批判を受けて

植民地主義に関わる人類学的研究への批判に対する対応の一つは、歴史的な脈絡のなかに対象を位置づける試み、「歴史化」を行う［栗本・井野瀬　一九九九：一八―二二］ことである。その一つの方向は、過去の人類学的研究を歴史化し、人類学と植民地主義との関連を再検討することであり、また人類学者の置かれた植民地状況とその経験が民族誌に与えた影響の批判的な読み取りである。この流れは、オリエンタリズム批判、『文化を書く』人類学者への批判に応じるものであった。もう一つの方向は、調査対象の植民地経験の歴史を民族誌の主題とすることであり、植民地化される人々の視点から植民地状況を描くことである。植民地支配においては、支配者も被支配者も多様である。支配者側には、植民地官僚もいれば、移住して来る貧しい農民もいる。被支配者とされる者にも、支配者のために働く者もある。こうした植民地状況を読み解くには、植民地の人々の日常の生活実践に織り込まれた抵抗から植民地支配の暴力性を明らかにする［松田　一九九七］という、日常生活からの視点［松田　一九九九］が求められる。

このような日常的生活実践からの考察を目指した本書の意図を明らかにするために、これまでの日本の植民地主義に関する人類学的研究と、本書のもとになる研究プロジェクトの経緯について、述べておきたい。

日本の植民地主義に関する日本人による人類学的研究は、長く行われることはなかった(14) [山路 二〇〇二：三〇]。日本人による海外での継続的な人類学的研究が、最も早くなされたのは、植民地となった台湾であった。しかし、日本人によって、台湾の植民地主義に関する人類学的研究が行われるようになったのは、ここ二〇年のことである。台湾では、戦後は中国国民党による独裁政権が続き、一九八七年に三八年に亘る戒厳令がようやく解除され、その後は民主化運動に拍車がかかる。また「台湾」を問う動きが顕著となるが、これらは植民地主義研究とは無縁ではない。一九九〇年代以降、台湾史研究の興隆とともに、人類学においても、日本による植民地統治期の台湾の人々の生活とその変化、統治終了後に人々がいかにその時代を捉えるのかといった関心に基づく研究が行われるようになった。そして、日本と台湾を繋ぐものを探るいくつかの人類学的研究プロジェクトが組織され、シンポジウムなどが開催され、その成果が公刊されている [三尾編 二〇〇四、二〇〇六、五十嵐・三尾編 二〇〇六、植野・三尾編 二〇一一]。さらに、旧南洋群島と台湾の植民地統治の比較研究においては、日本統治終了後に外来政権によって支配される中で、いかに脱植民地化がなされるかが、論じられた [三尾・遠藤・植野編 二〇一六]。こうした一連の研究を経て、日本による帝国支配が、西洋列強によるそれとは異なることが、現在の日本認識に繋がる問題として大きな意味をもつことを、随所で考えさせられることになった。また、戦後における日本への評価は、社会情勢によって操作されるものであることが明らかになるとともに、台湾をつねに「日本の旧植民地」とし、そこから発想して台湾像を描くという植民地主義研究の落とし穴に陥ることへの自戒を深くするものであった。

こうした台湾研究から浮かび上がった課題を考察していくには、韓国研究者との共同研究は不可欠である。韓国は、台湾と同じく日本の植民地支配を受けながら、その統治終了後には台湾とは異なる政治体制、民族の葛藤を経験し、また対日感情が大きく異なるとされる。韓国においても、日本人漁業移民による文化変容の研究［崔編 一九九四］、植民期の変化を社会の諸相から重層的に描いた歴史民族誌的研究［板垣 二〇〇八］など、当時の生活の実態、変化から考察しようとする研究は進められてきた。そこで、台湾と朝鮮を比較検討して考察をすることとした。さらに沖縄は、特に独自の存在として注目しなければならなかった。先に述べたように、沖縄は、かつては琉球国としてひとつの国家でありながら、琉球処分によって日本に組み入れられた「準植民地」といえる存在であった。その歴史的経緯を踏まえずに、沖縄を宗主国日本の中に入れ込んで考えたのでは、帝国期から戦後、そして現在も、その存在が東アジアの中でもつ意味を問うことはできない。こうして、帝国時期の人々が、いかに接触し、モノがいかに移動し、それによって互いをいかに認識していたのか、さらに今にいたる戦後の他者像を探っていくことにした。これが、本書のもとになる、科学研究費補助金による研究プロジェクト「帝国日本のモノと人の移動に関する人類学的研究―台湾・朝鮮・沖縄の他者像とその現在」にいたる経緯である。

帝国日本における他者との交わりを、日常レベルから考察するために、人がいかに移動し接触したか、またモノがいかにもたらされ生活に埋め込まれたかという具体的な動きを問うのが、この研究プロジェクトの目的の一つであった。本書は、そのなかで、人の移動を論じた論文、さらに主としてモノの移動に関連するコラムを収録している。

人の移動においても、モノの移動においても、帝国日本における移動とそれによって生まれる他者像を考えるとき、大きな二つの課題がある。第一の課題は、その移動は、優位なる宗主国と劣位なる植民地との出会いであり、そこに近代化という価値が付随し、他者像が認識されたという、この様態を明らかにすることである。第二の課題は、帝国日本においては、宗主国と植民地が近接し、文化的に近似的であるという、西洋列強による植民地支配とは異なる特質があり、それが帝国崩壊後も両者の他者像、歴史の記憶に大きな意味をもつことを描くことにある。

まずは、この課題二点について整理し、さらに帝国日本における人の移動の特徴について述べていくこととする。

二　帝国における移動と出会い――植民地の近代

植民地には、宗主国によって支配関係を内在した社会制度が導入され、経済的投資がなされるが、しかし、それが植民地の民を支配搾取するために行われるのだということは、支配者からは決して語られない。語られるのは、「文明化の使命」である。これは、西洋列強が、非西洋地域の植民地を後進・野蛮な地として、そこに文明の恩恵を授けることが、文明国である自らの植民地支配の使命とした、自文化中心的論法である。結局、「文明化」は、宗主国のための「近代化」として現れ、「植民地近代（colonial modernity）」というべき状況を作りだした。

しかし、日本が中華文明圏において行った植民地支配については、単純な「文明化の使命」は、通らない論法である。日本が最初の植民地とした台湾は、当時、中華文明圏の中心であった清朝から割譲されたものであり、日本が単純に「文明化」を進めるべき対象ではない。支配されることになる台湾の知識人たちは、漢字に支えられた自らの文明を誇りこそすれ、日本を見習うべき手本とする過去はなかった。そのため、日本は、みずからが西洋から仕入れた近代化を、支配する者の権威としていった。ここで、植民地に宗主国がもたらす近代化とはなにか、そしてそれを被植民統治者はいかに受け止めたかが問われなければならない。

西洋起源の近代化が日本の植民地支配の論理と権威となることによって、植民地の人々がそれまで行ってきた慣習は「弊習」として扱われ、宗教活動に対する制限を受ける。対して、学校教育においては、西洋起源の近代、つまり衛生、国家への忠誠などが教えられ、また日本的史観の植え付けが図られる。しかし、日本が持ち込む「近代化」と見えるものは、西洋列強の近代化と同様とは言い難い。日本自身が近代化を達成しきれずに植民地支配を始めているのである。

植民地での近代化をいかにとらえるかは、これまでも多くの議論がなされてきた。韓国史研究においては、日本による植民地支配と近代化の関連に関する課題は、一九九〇年代の「近代化論争」として、日本の支配下の植民地での近代化を認めるのか否かが論じられた。この論議を経て、「植民地近代」とは、近代化・近代性を肯定的に捉えるのではなく、植民地には近代が、暴力性や差別性をもった構図の中で持ち込まれるのであり、それぞれの植民地の脈絡の中で、矛盾と葛藤を含んだ特有の負の意味を生み出す「近代」として捉えるべきものとなっている。[15] 台湾においては、そもそも日本統治期の歴史研究は、一九九〇年代に至る以前は、政治的制約を受けたものであった。その後、植民地統治に関する自由な論議がなされるようになっても、植民地期に近代化が行われたことは否定されず、近代化の主体としての台湾社会の政略的な能動性への評価が論じられるという様相を呈していた［高岡・三ツ井　二〇〇五：四］。しかし、その後は、「植民地近代」という植民地に持ち込まれる近代の負の部分に目を向けることの必要性が喚起されている[16]。また、沖縄の近代化については、本書の姉妹編で上水流論文が論じるところであるが、時代としての「近代」は琉球処分から始まる苦難の時代であり、ヤマトへの同化の強制と製糖業に重きをおいたバランスを欠いた経済構造によって、人々は疲弊し、他地域へと多くの人々が移動していった時代である。そして沖縄戦によって、たとえば那覇の繁栄を表象する近代化した建築物のおおかたは破壊され消えてしまっている。経済的な発展をした時代としての「近代」は、沖縄でも、単純には受け入れがたいものとなっているといえよう。

「植民地近代」を考察するには、経済や政治レベルでの近代化とその支配を語るのみならず、その時代を生きた人々の日常レベルにおいて、「植民地近代」に向かい合う戸惑いや葛藤の経験、あるいはそれとは無縁の生活に目を向けることが必要である。近代化が、実態として、植民地のどれほどの人々を取り込むことになっていたのか、さらに近代化から疎外された要素を含めた「構造」として「植民地近代」を捉えるという考え方が現れてきている[17]［松田　二〇一三：四］。いま、まさに、このような視点で植民地の実態を捉え直すことが求められている。

植民地の近代化を論じる際に、問題となるのは、その時代が「進歩」した時代と捉えられ、便利で豊かになったと見える側面と、そこに含まれる植民地の抑圧の問題をいかに切り分け得るかということである。これには、「植民地近代」に関する論議を踏まえた、ジョルダン・サンドの「帝国的近代」の概念が、一つの方向性を示すものといえよう。サンドは、「文明の利器」といえる鉄道や電信などの投資対象、また徴兵や都市計画の制度をグローバルな近代とし、対して「帝国的近代」を以下のように述べている。

植民地帝国主義の内部でその権力によって移動し、それを押し付けた植民地帝国が崩壊したとき概ね放棄された、近代の投資と制度の組み合わせもあった。これらを「帝国的近代」と呼ぶ。現実には、グローバルなものと帝国のものはつねに互いに組み込まれていた。しかし、グローバルな近代性と帝国の近代性を、建築や物質文化の異なるあり方、異なる行動様式によって見出すことができる。討伐と撫育（pacification）、凱旋門、帝国の祝祭とページェント、従属と忠誠を他国の君主に誓う押し付けられた儀式、他の形の帝国の統制と教化の手段などは、すべてになんらかの形で、人種ヒエラルキーを体現、あるいは象徴するものであった。……（中略）……脱植民地化の過程で、制度と物質的遺産がふるいにかけられ、あるものは保存されあるものが破壊されてきた……。［サンド　二〇一五：一四―一六］

「植民地近代」の「近代」が意味しているふたつのもの、つまり利便的な進歩である近代化と、それとは異なり宗主国のためになされる近代化を切り分け、後者に対して「帝国的近代」の概念を打ち出した点で、サンドの定義は意味あるものといえよう。帝国的近代は、民族的アイデンティティに対して、より暴力的であるとサンドが述べるように［サンド　二〇一五：一六］、決して平等的ではない帝国内の権力構造の中で、近代の名の下に、新たなモノがもたらされ、また異なる民族が移動し、そこに他者像が生まれていた。しかし、帝国的なものが帝国崩壊後においても残る、あるいは操作される、そうした事象を見なければ、ポスト植民地支配の複雑な状況を描くことは難しい。帝国崩壊後、こうした他者像は、いかに変化するのであろうか。帝国的近代とグローバルな近代が、互いに組み込まれていたものであれば、それは帝国支配が終わったのち、それほど明確に分けられたのであろうか。また、近接の民族による帝国化では、いかなる特徴が現れるのか。姉妹編で論じられる「日式表札」、また本書のコラムで扱う「あんぱん」は、日本による統治終了後も旧植民地に残ったが、それは、近代的な制度、あるいは西洋的な嗜好を内在するが故ともいえる。植民地期に発祥の起源をもち、いまも存在するモノは、そこに「日本」の残存を見出すことだけでは、そのモノを生み出した日本と植民地の出会いとその後に継続する関係の意味を問うことにはならない。

三　帝国日本における植民地支配の特異性――繋がる現在と記憶

日本の植民地支配には、西洋列強による植民地支配にはない、「近隣性」と「近似性」とが存在した。このため、「文明化」した西洋列強が絶対的に優位な他者となり、「未開」の地に福音をもたらすとして行う植民地支配による他者像とは、異なる他者像、そして相互認識が存在した。それは、単に近接する地域にあり、共通の文化圏に位置づけられるというだけのことではない。日本とその植民地となった台湾・朝鮮半島、そして准植民地ともいえる沖縄は、中華文明圏そして儒教文化圏の内に包摂され、漢字による知識、また倫理道徳の共通性を有する場所であった(18)。ここにおいては、日本は周縁に位置づけられる存在であったが、近代化を進める中で、華夷秩序の中にあった琉球国を一県として組み入れ、かつては学ぶべき中華文明の圏内に位置する台湾を最初の植民地として手に入れ、さらに朝鮮半島をも植民地とした。しかし、それによって、日本が中華文明の中心に位置づけられるわけではない。宗主国の優位は、借り物の西洋文明を取り込んだ日本が、自らを近代化をした存在とすることによって保とうとしたものであった。

こうした状況のもと、日本がいかに植民地支配統治上のヘゲモニーを獲得したかについて、三尾裕子は以下のような指摘を行っている［三尾 二〇一六：八―一一］。三尾によれば、日本は相矛盾する二つの論法を取る。一つは、日本自身がまだ習得途上であった西洋文明を日本のもっている「文明」に読み替えて、同化を計ろうとした。また、もう一つは、彼我の近接性を統治の手段として利用することである。つまり、漢字という共通の知識によって、西洋「文明」を和製漢語で導入し「植民地漢文」を利用して普及をはかり［陳培豊 二〇一二］、また日本を被支配者の側に置くことで、被支配者を天皇の赤子として組み入れていく［橋谷 一九九一］。さらに、日本人が被支配者たちとの相違ではなく類似を強調することで、日本人が彼らを統合することを正当化していたとするティアニーの論［Tierney 2010］を、三尾は取り上げている[19]。三尾が指摘するように、こうして同質性の虚構のなかで、同化が計られることになる。また、日本が植民地支配において「同化」を計ろうとするとき、朝鮮半島や沖縄においては、日本人とは祖先が同じとする「同祖論」が唱えられ、そして帝国の崩壊とともに、他者を近いものとして統治の正当性を謳った歴史は、忘れ去られてしまっている[20]。

近似性を利用した統治は、政治や法の制度の導入、教育の普及、宗教の布教あるいは統制など、生活全般において現れるものであり、日本の統治の特徴を示したといえる。さらに、皇民化のような同化政策がとられるとき、この近似性は、日本によって同化を正当化するために利用される。しかし、異なるものである以上、近似性をもって覆い隠しきれない異質性が存在していることは、言うまでもない。同化を迫られる人々は、同化をされつつも、自らの独自性は維持しようとする［Ching 2001］。また、公的な場では「日本化」しても、家庭内での変化は容易には進まない［植野　二〇一一、二〇一六］。こうした異質であり続ける存在からの抵抗、またその葛藤を踏まえつつ、「帝国」の中で行われていた施策を把握し、人々が接触の中で生み出した他者像を見つめることが、求められている。

帝国内での接触、つまり「宗主国—植民地」、そして「植民地—植民地」のあいだでの人とモノの移動の経験が、いかに現在の他者イメージにつながるかは、「記憶」をめぐる問いといえる。「記憶」にいかに向き合うかは、歴史学のみならず、人文・社会諸科学においても、多面的に常に問われていることは、改めていうまでもない。板垣竜太らは、フランスの歴史家ピエール・ノラによる「記憶の場」の研究は、「国民感情」の起源と生成を研究することを目的とし、「国民」的に継承されてきた記憶に構築主義的に介入するものであるとする。そして、〈東アジアの記憶の場〉においては、国民主義的な限界を徹底的に克服すると述べている［板垣ほか　二〇一〇：九—一六］。板垣らの編著『東アジアの記憶の場』には、関羽、力道山、桜、運動会などが取り上げられており、東アジアにおいて、ある集団では記憶の場となるものは、他の集団では想起の対象からはずされ、また記憶のされ方が異なるとする［板垣ほか二〇一〇］。つまり、「国民」的スケールでみたのでは捉えられないものに、他者認識の基を探ることこそが求められる。今、東アジアにおける人とモノの移動によってうまれる他者像の研究において我々が問うべきは、日本の、台湾の、あるいは韓国や沖縄の人々の記憶ということではなく、地域間の関係性のなかで共有される、あるいは忘却され、ときには変形していく記憶の動態である。これこそが、互いへの理解を促すことに繋がるものといえる。

こうした視点から考えるべき課題は、台湾における日本の記憶に関する研究のなかに見出せる。上水流久彦は、植民地期の建築物から「日本」がいかに操作されるかを分析している〔上水流 二〇一六〕。まず、「外部化」として、植民地期の建物の破壊・放置がある。次に、日本出自のものを自らの歴史に不可欠ではあるが、近代化を疎外したものとして否定的に捉える「内外化」があり、対して「日本」を肯定的に理解し、他者との差異化をはかる「内部化」がある。さらに「溶解化」は、日本出自は問題とされなくなっているものである。こうした「日本」の現れ方は、台湾の政治的、経済的、文化的要因によるものであり、植民地支配があったがゆえに台湾で「日本」が可視化されているというのでは説明にならない〔上水流 二〇一六：二八三〕。「内部化」「溶解化」は、他者像が自画像に変わったともいえる。他からもたらされたモノがいかにその場に組み込まれたのか、あるいは疎外されたのかを、それをとりまく「場」のあり方から理解することが必要である。

戦後の台湾において構築される、日本に関わる記憶についての論集『台湾のなかの日本記憶――戦後の「再会」による新たなイメージの構築』〔所澤・林編 二〇一六〕においては、現在の台湾における歌謡、映画、日本家屋、同窓会などが取り上げられており、台湾の社会生活、文化活動において、植民地期の記憶の操作、再構築がいかになされているか、またその意味を問うている。こうした生活に密着した「日本」記憶が明らかになるのも、またそれを研究の対象としているのも、これは現在の台湾であるがゆえともいえる。(21) かつての戒厳令下の台湾ではできなかったことである。

　また、韓国においても、植民地期の生活から探る「日本」とその記憶をめぐる研究が新たな展開を見せている。在朝日本人に関する研究[22]は、一九七〇年代から行われているが、二〇〇〇年代になって、韓国においても盛んになっており、それは帰還者の記憶や語りが日本に与える影響、あるいは語りそのものが、日本人の植民地観として関心をもたれているためである[23]［鈴木　二〇一九：四三］。特に、朝鮮における日本人と朝鮮人の日常的な接触あるいは非接触の状況、またその他者観に関する諸研究[24]は、現代に通じる他者観を紐解くものとなろう。さらに、日本時代の遺物を活用して観光化した群山に関する一連の研究［문（ムン）二〇一一、金賢貞　二〇一二、金中奎　二〇一五］は、韓国において日本の記憶をいかに扱うのかを問うものとなっている。これらの研究がいかに評価されていくのか、それ自体が記憶をめぐる論議となろう。

四　帝国日本における人の移動

　帝国日本における植民地であった台湾と朝鮮、そして沖縄も、その「植民」の形態は、宗主国から大量の移民が「無主地」とされた地を開墾するといった形態ではなく、そこに住む人々を支配することによって、日本と日本人が利を得ていく形態を取っていた。支配機構の中で働く官吏や軍人、公営企業などの勤務者、さらに教育関係者の中核は、当然ながら日本人である。官吏には、本国や他の植民地から随時投入される「移入官吏」と、各植民地を最大の異動範囲とした「在来官吏」[25]とがあった［岡本　二〇〇八］が、いずれにおいても、内地人官吏は植民地出身者とは異なる優遇された待遇を受けていた。内地人官吏は植民地に移動してきた者あるいはその子孫であり、移動によって他者に対して権力をもった出会いをなす。植民地内での内地人官吏の移動の様態は、姉妹編のコラム「ある朝鮮総督府警察官の移動」に示されているとおりである。こうした官吏による支配構造によって、宗主国日本を中心とした帝国としての統治が維持されていたが、教員においても、同様のシステムは働いていた。特に、高等教育の教員は、日本人が大勢を占め、彼らはまた、それぞれの専門の研究者として、帝国の統治と無関係ではあり得なかった。「知」による植民地支配が行われていたといえよう。

日本の帝国期には、日本とその植民地や勢力範囲にあった旧満州の間に、また植民地の間に、今よりも多くの人の移動がなされた[26]。なかでも大量の移動としては、日本本土から植民地と旧満州・旧南洋群島への移動、反対方向の移動としては、朝鮮半島から日本への移動が主たるものであったといえる。また、朝鮮半島からは陸続きの旧満州に大量の移民が渡っている。こうした移動については、これまでの多くの研究がなされてきたところである。しかし、植民地と植民地の間での移動も注目する必要がある。これは、帝国の体制ゆえに起こる移動であり、帝国後もその他者イメージに関わっている。

植民地の間の移動についてはは、これまでその研究は蓄積されてこなかったが、注目すべき研究としては、崔吉城によるサハリンの朝鮮人に関する研究［崔 二〇〇七］がある。戦前のサハリンでの朝鮮人・日本人・ロシア人の混住状況、ソ連の参戦によって起こる混乱の中での日本人による朝鮮人虐殺、戦後も帰郷できなかった朝鮮人、そしてようやく戻った人々と現代韓国社会との摩擦が描かれ、日本の植民地支配によって引き起こされた、今に続く問題を提示している。

台湾と沖縄の間にも、多様な人とモノの移動がなされている。琉球処分によって沖縄は日本に編入され、その後、台湾が日本の領土となることによって、国境がなくなった両地域の間での人の移動は、より活発なものとなり、特に台湾と八重山の間では、双方向的に大量の移動がなされた。労働のために、また交易のために相互に行き来がなされるが、ここには他者に対する認識が対立的にも、親和的にもなる状況があった。また、帝国期の台湾と宮古の移動に関しては、その研究は、本書の松田論文が嚆矢といえようが、米の販売を通して、台湾と宮古とのつながりが見えてきたところである。沖縄と台湾の間の移動・交流については、既に多くの研究がなされているが[27]、他者像の研究はいまだ十分とは言いがたい。

台湾と朝鮮の間の人の移動に関しては、これまであまり注目されてこなかった。しかし、帝国期に台湾に渡る朝鮮人［陳　二〇一〇］、また朝鮮に留学する台湾人［陳　二〇一三］、そして戦前・戦後に台湾に渡る韓国華僑の研究［林　二〇〇七、上水流・中村　二〇〇七］は、この二つの地域の交流の重要性、また現代に至る両者の他者像に関わる課題の検討の必要性を喚起している。

旧植民地間の移動についての研究の希薄さは、宗主国からみた植民地の関係を中心に当時の帝国内の人とモノの移動全体を考えることに起因するといえる。しかし、帝国日本の支配は、ある植民地と他の植民地の間、そして、旧満州や中国大陸の諸地域との間にモノと人の流れを作ったが、その出会いは、帝国の差別的構造によるものであった。台湾には朝鮮から多くの労働者が渡っており、そこに台湾人による朝鮮人像が形成される。台湾と沖縄の間でも双方向的な移動の中で、他者像は作られていた。

また、帝国臣民、つまりは日本人とされていた台湾人や朝鮮人が、日本の傀儡政権による「満州国」

に移動した状況は、帝国における支配される人々の特徴的な出会いとなる。台湾から旧満州に渡った者は、最も多い時には、五〇〇〇人であった［許　二〇一五：v］。職業としては、医師が多く、満州国の官僚、国策会社社員や教師もいた(28)［許　二〇〇二］。許雪姫は、台湾人が旧満州に渡るのは、勉学、就職、商売のためであり、台湾の日本統治への不満、さらに満洲に対して「故国」としての思いがあると、日本語ができ漢文が読解できる台湾人が旧満洲に渡る諸要因を指摘している［許　二〇一三：四一六―四一九］。「日本人」である台湾人であるがゆえに、満洲国において活路があったといえる。

朝鮮半島から旧満洲への移住は、日本帝国期以前にも既に行われていたが、「日韓併合」以後に急増し、満洲国期には自由な移動が事実上可能となり、さらに計画通りには進まなかったものの日本政府による朝鮮人の開拓移民もなされ、終戦時には約二三〇万人の朝鮮人が居住していたとされる［田中　二〇〇八］。朝鮮半島からの移民は、小作農を中心とした農業従事者が多く、都市居住者においても、おおむね生活困窮の状態にあった［花井　二〇〇八：三四六］。しかし、在満朝鮮人のなかには、官公吏となり、警察官僚、警察官を務めるという状況もうまれてくる［廣岡　二〇〇九、趙　二〇一〇］。植民地では被支配者である台湾人・朝鮮人は、満洲国においては支配者側に立つこともあり得た。

帝国日本期の多方向の移動は、多様な出会いを生み出し、民族間の関係は複雑な様相を呈することになる。帝国の支配においては、宗主国による植民地の民族に対する差別や抑圧を生むのみならず、支配される民族間においても、対立が生まれる構造が存在する。これこそが多数の異民族を支配する帝国による統治の真髄である。こうした人の移動によって生まれた他者像が、今日の他者への眼差しに無縁のはずはない。さらに、戦後においても、台湾と韓国、また台湾と沖縄の間の人の移動も、時の政治情勢に縛られてきたことは、本書の冨田論文、姉妹編の八尾論文からも知ることができる。

五　本書の構成

本書は、帝国日本における人の移動を論じた論文を中心に編集されているが、その内容を紹介しておきたい。

植民地朝鮮での日本人の研究が、戦後の韓国でいかに継承されたかという、非常に語りにくい課題に取り組んだのは、崔吉城「植民地研究の断絶と継承——秋葉隆を中心に」である。植民地朝鮮で研究を行った代表的な文化人類学者である秋葉隆について、その調査方法、記録、通訳に関して検討し、秋葉が有能な現地の研究補助者とともに研究をしていたことを明らかにしている。また、秋葉の原稿にみられる植民主義的な言説が取り上げられる。戦後の韓国民族学・民俗学においては、戦前の研究は、植民地歴史観に基づくものとして排撃された。しかし、秋葉の研究は、その調査に協力した弟子たちによって継承されている。それは、秋葉に対する評価は、「親日と反日」という枠を越えて、教育・研究の世界での評価であったからに他ならないと、崔は述べている

帝国日本の人の移動の中でも、大きな流れの結果として生まれた在日コリアンという存在が、今日、いかに日韓の国際交流に関わっているのかを、中村八重「国際交流事業における在日コリアンの参与——対馬と下関の朝鮮通信使再現行列を中心に」では検討している。現在、日韓友好のシンボルともいえる朝鮮通信使の再現行列が各地で行われている。本論文では、在日コリアンや民団の状況が異な

る対馬と下関における行列再現に関わる動きを追って、日韓の友好を謳う行事でありながら、在日コリアンは主たる役割を演じていないことを明らかにしていく。さらには、朝鮮通信使が友好使節団であったことのみが強調され、帝国日本の時代の移動の歴史とは断絶していること、さらに朝鮮通信使が自治体による地域振興の道具となっている現状に意識的になることの必要性を、中村は主張している。

朝鮮半島と台湾のつながりを、韓国にいる華僑の台湾の大学への進学という興味深い状況から分析したのが、冨田哲「韓国華僑と台湾――台湾の大学への「帰国」進学者を対象に」である。日本統治期の朝鮮に、主として山東省から渡った人たちとその子孫が韓国華僑と呼ばれる人々である。戦後において、彼らにとって制度的な祖国中国となるのは、台湾に存在する中国国民党政権の中華民国であった。台湾の大学に「帰国学生」として進学する彼らは、民族としての、また国民としてのアイデンティティの中で悩み、生きる場を探していく。時代と世代の経過の中で、韓国華僑の意識も変化していくことは明らかである。しかし、韓国華僑が日本帝国期から繰り返した苦難の移動の歴史は、台湾において、移民渡来の歴史叙述の重要な柱となるべきであると、冨田は指摘している。

松田良孝は、これまで台湾と八重山の関係について多くの発信を行ってきたが、「沖縄県の台湾系住民をめぐる記憶の連続・断裂・散在――宮古地方と八重山地方を比較して」において、宮古にも目を向けた。八重山では、台湾からもたらされたモノとして、パイナップルや水牛があり、台湾人は顕在化しやすい。しかし、宮古の台湾人については、その記録も非常に少なく、研究も行われていない。松田は、「米」に注目することで、その商いを担う宮古の台湾人の姿を浮かび上がらせ、また宮古の人々が語る台湾人の記憶を書きとめている。宮古においても、台湾人の存在が現地の人々の経済活動に大きな意味をもっていたことが、本論文によって明らかになっている。

全京秀「大東亜戦争に巻き込まれた人類学者、鹿野忠雄――鹿野学の漂流と移動」は、戦時中、ボルネオで行方不明となった鹿野の学問的軌跡を、著者自身が収集した豊富な資料をもとに追いながら、帝国日本が生み出した、しかし帝国日本に留まることのなかった鹿野の人類学の可能性を論じている。鹿野が、もっとも心血をそそいで研究したのは台湾紅頭嶼であり、その研究は現地の人々と同じ視点に立つものである。鹿野は、研究が政治に組することを嫌うと同時に、そうした権力と果敢に闘う。鹿野が、マニラにおいて、捕虜収容所にいたフィリピン人類学の祖であるオートリー・ベイヤーを救出し、研究を行える環境を整えるくだりは、鹿野がどのような研究者であるかを如実に物語る。東南アジア研究を見据えながらも、陸軍嘱託という身分で行方不明となった人類学者の存在を、日本の人類学界はいかに考えるのか、強く語りかける論考である。

さらに、帝国日本の移動と記憶に関する四編のコラムを収録している。上水流久彦「親日イメージと台湾の複雑な思い――戦後の台湾と日本の出会い方」では、日本人が抱く単純な台湾のイメージと台湾人の思いのずれ、「親日」だけは語れない台湾人の複雑な思いが様々な場面を通して描かれる。中村八重「近代の味――あんぱんの一〇〇年」は、近代遺産を観光化に利用した韓国群山において、日本統治期から今にいたるまで人気であるあんぱんを、近代という切り口から見直している。林史樹「朝鮮半島における「洋食」の普及」は、朝鮮半島における洋食の普及を、西洋諸国からの影響だけではなく、日本との関わりから捉えた考察を行っている。そして、八尾祥平「「帝国の焼菓子」――

パイナップルの焼菓子にみる日本帝国とその後」では、ハワイ、日本、台湾、そして沖縄の人やモノが、ハワイのパイナップル産業の確立期から現在に到るまで、多様に繋がってきたことを、パイナップル菓子を通して描いている。

以上の諸論考は、帝国日本の人とモノの移動に関わるものではあるが、無論、網羅的にこれを語るものではない。しかし、これまでの研究で、触れることの少なかった、あるいは等閑視されていた課題が、取り上げられている。まずは、日常生活に根付いた人間関係やモノに視点をおいた考察がなされていることである。それは、フィールドワークによって、またインタビュー調査によって、あるいは文献調査においても、当事者の目線から移動と他者像を探ろうとする著者たちの立ち位置が現れているといえよう。そのことは、移動が生み出す多様な様態が、帝国期もそして現在も、われわれの生活にも浸透していることを改めて考えさせるものとなっている。

研究活動を取り上げた論文からは、他者を見る視線に自覚的になることの必要性が喚起されている。人類学的研究は、他者の社会に入り、そこで自らの立ち位置、他者との間合いを確認し、他者の目で自らをみることが求められる。こうした研究者の姿勢は、移動する誰もが経験するものであるともいえよう。

また、本書では、これまであまり語られていなかった地域の間――台湾と朝鮮半島、台湾と宮古との間における「移動」を問うている。さらに、帝国日本の移動に注目しながらも、その範囲内に止まらない移動を視野にいれなければ、帝国の移動自体も考えられないことも示されている。戦時期には、動員、徴兵によって、国家の意図のもと、帝国内のみならず帝国を超えて人の移動は行われ、モノも統制され動き、あるいは略奪の対象となる。さらなる帝国の拡大とともに、現地の人とモノは、帝国日本の搾取・収奪の対象となっていったことは、歴史の示すところである。(29)

むすび

旧帝国日本の諸地域の人々、特に台湾、朝鮮半島、沖縄の人々が、日本人と自らを、また他地域の人が互いをいかに認識しているのか。本書では、この課題を日本が植民地を支配した時代に遡り、移動によって接触した人々、また日常に埋め込まれたモノから探っている。今、こうした視点で、他者観を問うことの必要性は、どこにあるだろうか。

それは、忘却している他者との出会いのあり方を、思い直すことといえよう。序の冒頭にも述べたように、日本と東アジアの諸地域の他者像、そして東アジアの諸地域同士の他者像も、その形成には長い歴史はあるが、今現在のそれには、明治期以降、日本が帝国となって他者を支配した歴史を無視することはできない。そのときに形成された他者像とは、いまも繋がっている。そのことに自覚的にならなければ、われわれを取り巻く状況を、客観視することはできない。また、日本における生活と同様のモノを使い、同様の嗜好をもつ東アジアの人々を見るとき、「そもそも同じなのだ」というような単純な本質的類似性に帰してしまうこともできない。どのようにそのモノが導入されたのだろうかと考えなければ、なぜ「同じ」と映ることになったのかも理解できず、そのモノを使う他者への思いを馳せることもできない。同様のモノが存在するのは、帝国の構造によって運ばれ、意義づけされたモノの導入であることを認識しなければならない。

帝国期には、人の出会いは、宗主国の人々が、帝国の理念を担った優位・上位の存在とされ、植民地の人々は、下位に位置づけられ、宗主国の理念を学ばなければならない存在である。それが故に、宗主国の者は、他者を理解しようという努力を忘れがちである。研究者もまさに同様である。『民俗台湾』を編集し、台湾の民俗への愛を述べる金関丈夫が、台湾や沖縄において、遺骨を、子孫あるいは地域の人々の許しなく収集するということは、理解しがたいところがある。金関にとっては、「骨」は遺伝を探るモノでしかないのであろう。金関自身も、また彼の父親と二人の息子も、死後、献体されて骨格標本となっている[30]。自身がそうしているから、あるいは死後の骨には標本以外の価値を認めないからとして、墓から骨を取り出してよいわけはない。そこに欠けているのは、他者にとって骨は異なる意味をもつことを思いやることである。科学的研究のためであれば、すべてが許されるのではなく、それは価値の押しつけであり、他者への抑圧であることを自覚しなければならない。そして、過去の差別的構造が、いまにも続く問題であることは、遺骨返還の要求が教えてくれるところである。

本書のどの論考においても、かつての帝国の時代においては、今よりも多くの日本人が他者の近くにいたことがわかるであろう。三〇〇万人以上に及ぶ日本人が、当時の植民地、旧南洋群島、旧満州など日本の勢力範囲へと移動していたのである。さらに終戦時には、ほぼ同数の日本軍が海外に派兵されていた。これも人の移動である。この歴史を忘却した、「日本人はそもそも外とは関わりが少ない、内向きである」といった日本人イメージは、日本人自身が作っている。これでは、「外」の他者がもつ日本に対するイメージには、思いも至らない。また、戦前から日本本土にも、特に朝鮮半島から多くの人が移動して来ている。他者と日本の中で出会うことは、グローバル化した現在に始まることではない。こうした過去の他者との多様な出会いの果てに、現在の我々を取り巻く出会いが生まれていることは、今一度、思い返す必要があろう。

本書において、東アジアにおける移動、それによって形成された他者像とその変化を語り尽くしたとは、もちろん、いえない。しかし、他者像が作られる場を考え、それが今とはいかに異なるものかを知ること、また今といかに繋がるかを考えることの大切さを、本書が少しでも伝えることができるならば、それは他者に近づく一歩に繋がるものであると願いたい。

注

（1）沖縄に対して、「植民地」という語を敢えて用いるのは、以下の理由による。植民地とは、ある国（宗主国）の政治的・経済的支配下におかれ、継続的に従属させられる地域といえる。沖縄は、かつては琉球国という一つの政治体を有していたが、日本政府によって、清朝との冊封関係を断絶させられ、琉球処分を経て、日本の一県となった。一県となる経緯は、日本からの政治的・軍事的脅威をもって服従を余儀なくされた、まさに植民地化のプロセスである。しかし、その後は、沖縄は制度上は「沖縄県」となり、「外地」とは位置づけられなかったことから、「准植民地」として沖縄を捉えていくこととする。

（2）台北帝国大学については、呉［二〇〇五］、全［二〇〇六］、酒井・松田編［二〇一四］参照。

（3）台湾においては、漢民族移住以前に居住していた先住民に対しては、「原住民族」が正式の名称であり、憲法の条文にこの語が用いられている。本稿では、台湾の先住民に対して、「原住民族」と記述する。

（4）馬淵の台北帝大への入学の経緯は、馬淵自身が『馬淵東一著作集第三巻』（社会思想社　一九七四年）のあとがきに書いているが、笠原政治は、馬淵の渡台理由に関する古野清人の異なる推測について触れている［笠原二〇一〇：一七］。

（5）朝鮮における人類学的研究については、全［二〇〇四、二〇〇六］を参照。

（6）沖縄の旧慣調査に関しては、平良［二〇一一］を参照。

（7）戦争時の日本の人類学者に関しては、Bremen［2003］を参照。

（8）これに対する反論そして再反論［国分　一九九七、川村　一九九七］が行われている。

（9）駒込武は、日本台湾学会シンポジウムのパネルディスカッションにおいて、三尾の指摘について、『民俗台湾』の歴史的位置づけ、植民者と被植民者の間の亀裂に対する考察が不十分であるとの批判を行っている［駒込　二〇〇九：八三―八四］。対して三尾は、日常の生活世界における植民者と被植民者との関係を、搾取・被搾取あるいは抗日・協力といった枠組みのみで捉えることへの疑問を論じたのであると反論している（「日本台湾学会設立一〇周年記念シンポジウム　パネルディスカッション質疑応答録」『日本台湾学会報』第一一号所収二〇〇九年）。

（10）座談会「柳田國男氏を囲みて――大東亜民俗学の建設と『民俗台湾』の使命」は、一九四三年一〇月一七日に東京の柳田國男邸で、柳田・橋浦泰雄・岡田謙・中村哲・金関によって行われ、その内容が『民俗台湾』第三〇号に掲載された。

（11）中生勝美による国分直一に対するインタビューにおいて、国分は、『民俗台湾』が検閲で削除をうけ、発刊自体も危ぶまれるなか、柳田との座談会によって、台湾の民俗研究が、いかに「大東亜民俗学」という国策に有益であるかを発言してもらったと語っている［中生　二〇一六：八七］。

（12）金関の霧社での遺骨収集、廃棄される墓からの骨の収集については、台大原住民族研究中心の童元昭・黃維晨・巫淑蘭［二〇一七］を参照した。

（13）モーナ・ルダオの骨が、いかにして台北帝大土俗・人種学研究室に運ばれ、その後、国立台湾大学考古人類学系標本室に置かれていたかをめぐるいくつかの言説は矛盾している。松島は、台北帝大に遺体を運んだのは金関とする［松島　二〇一八：四一］が、呉俊瑩［二〇一一］によれば、彼の遺骨は、一九三四年に総督府警務局の斡旋で土俗・人種学研究室に運ばれた後、医学部に移され、一九七二年に標本室に戻されたとする。一九七二年に台湾大学考古人類学系に戻されたとする考古人類学系の文書がこの記事に掲載されている。この間、山路勝彦が指摘するように［山路　一九九九：七五］、野上弥生子は一九三五年に「土俗学の研究室」で彼の遺骨を見ており［野上　一九八〇：一四四］、一九三七年発行の井出季和太著『台湾治績志』にも、「土俗人種学陳列室に保存」として、写真が掲載されている［井出　一九三七：七九四］。しかし、河原功は一九六九年に、標本室にあった遺骨を見ている［河原　二〇一四］。

(14) 戦後の日本の人類学における植民地主義に関する研究については、山路［二〇〇二］において、論じられている。

(15) 韓国の植民地近代に関する議論については、板垣［二〇〇四］を参照。「植民地近代」の概念、東アジアにおける課題については、Barlow［1997］を参照。

(16) 台湾の植民地近代の論争については、駒込［二〇〇三］、川島［二〇〇四］、張［二〇〇四］を参照。

(17) 松田利彦は、植民地権力に回収しきれない人々の心性や底辺社会の諸相を重視すべきとする趙景達［二〇〇八］の研究をとりあげ、また近代から疎外をされた要素も含めた「構造」として「植民地近代」を捉えるという板垣［二〇〇八］などの研究を挙げている。

(18) 台湾においては、当時、「生番」とされた清朝の支配の及ばない先住民「原住民族」については、中華文化圏内に位置したとは、言い難い存在であった。植民地の支配者日本も彼らを「未開」なものとして扱うことになった。

(19) 三尾も指摘しているように、こうした「同質性」の虚構は、台湾の先住民、旧南洋群島の住民に対しては、強引な論法となっていく［三尾　二〇一六：一二］。

(20) 「同祖論」と植民地支配、さらにその後に関しては、小熊［一九九五、一九九八］など。

(21) 台湾においては、日本統治期に持ち込まれた新たなモノに関して、コラムニストの陳柔縉が当時の広告、写真などから分析を行っている［陳柔縉　二〇〇五、二〇〇九、二〇一二］。この一連の研究は、新たなモノが日常に埋め込まれる例としての資料的価値があるに留まらず、今現在の台湾の人々がもつ過去のモノに対する視線、記憶の有り様を示すものとなっている。

(22) 朝鮮における日本人に関する先駆的な研究として、梶村［一九九二a、一九九二b］（初出一九七四、一九七八）、木村［一九八九］、総論的研究としては、高崎［二〇〇二］がある。

(23) 鈴木文子は、在朝日本人研究、日本人と朝鮮人の交流に関する日本と韓国における研究について、整理紹介をしている［鈴木 二〇一九：六三―六四］。

(24) 木村［二〇〇一］、鈴木［二〇一〇、二〇一九］など。日本人移住による変化を中心とした研究として、崔編［一九九四］、坂本・木村［二〇〇七］、布野ほか［二〇一〇］などがある

(25) 日本の植民地の官僚に関する研究として、岡本［二〇〇八］、松田・やまだ編［二〇〇九］などがある。

(26) 帝国時代の人の移動を俯瞰できる論集としては、蘭編［二〇〇八］があり、樺太さらに東南アジアへの移動に関する研究も含まれている。

(27) 又吉［一九九〇］、松田［二〇〇四］、上水流ほか編［二〇一七］など。台湾と八重山の関係の研究に関しては、松田ヒロ子が整理を行っている［松田 二〇〇八］。

(28) 台湾から旧満州に渡った台湾人の生活については、許編［二〇〇二］、許ほか訪問［二〇一五］のインタビュー記録から知ることができる。坂部晶子による許編［二〇〇二］の解説もある［坂部 二〇〇八］。

(29) 戦争に関連した移動、特に近代の東アジアにおけるこの課題を考えることの重要性は、全京秀教授からご指摘をいただいた。本書のもとになる研究プロジェクトでは、戦争に関わる移動と他者像について、全体としては本格的に論議するところではなかったため、本書と姉妹編の各論文においては、「戦争」の表れ方は差異がある。しかし、「帝国日本」の移動を考える場合に、戦争によって「帝国」が生まれることを踏まえて、戦争による移動、他者像、またその記憶の操作は、取り組まなくてはならない課題である。ここに記して、今後の課題としたい。

(30) 『西日本新聞』二〇一八年四月二三日。

参考文献

蘭信三編
　二〇〇八　『日本帝国をめぐる人口移動の国際社会学』東京：不二出版。

朝倉敏夫
二〇一一　「植民地期朝鮮の日本人研究者の評価——今村鞆・赤松智城・秋葉隆・村山智順・善生永助」山路勝彦編『日本の人類学——植民地主義、異文化理解、学術調査の歴史』一二一—一五〇頁、兵庫：関西学院大学出版会。

Barlow, Tani T.
1997　Introduction: On "Colonial Modernity", In Barlow, Tani T. (ed.) *Formation of Colonial Modernity in East Asia*, pp.1-20, Durham & London: Duke University Press.

Bremen, Jan van
2003　Wartime Anthropology: A Global Perspective, In Shimizu, Akitoshi and Jan van Bremen (eds.), *Wartime Japanese Anthropology in Asia and the Pacific*, Senri Ethnological Studies no.65, pp.13-48, Osaka: The National Museum of Ethnology.

陳培豊
二〇一二　『日本統治と植民地漢文——台湾における漢文の境界と想像』東京：三元社。

陳柔縉
二〇〇五　『台湾西方文明初体験』台北：麦田出版。
二〇〇九　『人人身上都是一個時代』台北：時報文化出版（『日本統治時代の台湾——写真とエピソードで綴る一八九五〜一九四五』天野健太郎訳、東京：ＰＨＰ研究所　二〇一四年）。
二〇一二　『旧日時光』台北：大塊文化出版。

陳姃湲
二〇一〇　「在殖民地臺灣社會夾縫中的朝鮮人娼妓業」『臺灣史研究』一七（三）：一〇七—一四九。
二〇一三　「植民地で帝国を生きぬく——台湾人医師の朝鮮留学」松田利彦・陳姃湲編『地域社会から見る帝国日本と植民地——朝鮮・台湾・満州』四九一—五二八頁、京都：思文閣出版。

Ching, Leo T. S.
2001　*Becoming Japanese: Colonial Taiwan and the Politics of Identity Formation*, Berkley: University of California Press（『ビカミング〈ジャパニーズ〉——植民地台湾におけるアイデンティティ形成のポリティクス』菅

野敦志訳　東京：勁草書房、二〇一七年）.
趙景達
　二〇〇八　『植民地期朝鮮の知識人と民衆――植民地近代性批判』東京：有志舎。
趙甲済
　二〇一〇　『朝鮮総督府――封印された証言』東京：洋泉社。
張隆志
　二〇〇四　「殖民現代性分析與台湾近代史研究――本土史学史與方法論芻議」若林正丈・呉密察主編『跨界的台湾史研究――與東亜史的交錯』一三三―一五〇頁、台北：播種者文化。
Ch'oe, Kilsŭng
　2003　War and Ethnology/Folklore in Colonial Korea: The Case of Akiba Takashi, In Shimizu, Akitoshi and Jan van Bremen (eds.), *Wartime Japanese Anthropology in Asia and the Pacific,* Senri Ethnological Studies no.65, pp.169-187, Osaka: The National Museum of Ethnology.
童元昭・黄維晨・巫淑蘭
　二〇一七　「骨骸――關於死亡、挖掘與爭議」国立台湾大学原住民族研究中心　http://www.cis.ntu.edu.tw/blog/2017/06/28/humanremains　二〇一九年三月一〇日閲覧。
布野修司・韓三建・朴重信・趙聖民
　二〇一〇　『韓国近代都市景観の形成――日本人移住漁村と鉄道町』京都：京都大学学術出版会。
呉密察
　二〇〇二　「『民俗台湾』発刊の時代背景とその性質」（倉野充宏訳）藤井省三・黄英哲・垂水知恵編『台湾の「大東亜戦争」』二三一―二六五頁、東京：東京大学出版会。
　二〇〇五　「植民地大学とその戦後」（倉野充宏訳）呉密察・黄英哲・垂水千恵編『記憶する台湾――帝国との相克』二九三―三二九頁、東京：東京大学出版会。
呉俊瑩
　二〇一一　「莫那魯達遺骸帰葬霧社始末」台湾與海洋亜州サイト https://tmantu.wordpress.com/　二〇一九年三月一〇日閲覧。

花井みわ
　二〇〇八「満洲における朝鮮人の社会と教育」蘭信三編『日本帝国をめぐる人口移動の国際社会学』三四三―三五八頁、東京：不二出版。
橋谷弘
　一九九一「近代日本は植民地で何をし、何を残したのか」『争点日本の歴史　6　近・現代編』二六二―二七三頁、東京：新人物往来社。
林史樹
　二〇〇七「「韓国華僑」の生成と実践――移民集団の括り方をめぐって」『韓国朝鮮の文化と社会』六：一二四―一四八。
廣岡浄進
　二〇〇九「満州国間島省の官僚構成――朝鮮総督府との関係を中心に」松田利彦・やまだあつし編『日本の朝鮮・台湾支配と植民地官僚』六七六―七二五頁、京都：思文閣出版。
井出季和太
　一九三七『台湾治績志』台北：台湾日日新報社。
五十嵐真子・三尾裕子編
　二〇〇六『戦後台湾における〈日本〉――植民地経験の連続・変貌・利用』東京：風響社。
池田敏雄
　一九八二「植民地下台湾の民俗雑誌」『台湾近現代史研究』四：一二一―一五一。
板垣竜太
　二〇〇四「〈植民地近代〉をめぐって――朝鮮史研究における現状と課題」『歴史評論』六五四：三五―四五。
　二〇〇八『朝鮮近代の歴史民族誌――慶北尚州の植民地経験』東京：明石書店。
板垣竜太・鄭智泳・岩崎実
　二〇一〇「序文〈東アジアの記憶の場〉を探求して」板垣竜太・鄭智泳・岩崎実編『東アジアの記憶の場』七―三五頁、東京：河出書房新社。
梶村秀樹

一九九二a 「植民地と日本人」（初出一九七四）、『朝鮮史と日本人』（梶村秀樹著作集第一巻）一九三―二一六頁、東京：明石書店。
一九九二b 「植民地朝鮮での日本人」（初出一九七八）、『朝鮮史と日本人』（梶村秀樹著作集第一巻）二一七―二四三頁、東京：明石書店。
上水流久彦
二〇一六 「台湾の植民地経験の多相化に関する脱植民地主義的研究――台湾の植民地期建築物を事例に」三尾裕子・遠藤央・植野弘子編『帝国日本の記憶――台湾・旧南洋群島における外来政権の重層化と脱植民地化』二六一―二八八頁、東京：慶應義塾大学出版会。
上水流久彦・中村八重
二〇〇七 「東アジアの政治的変化にみる越境――台湾の韓国華僑にとっての中華民国」『県立広島大学論集』一一（二）：六一―七二。
上水流久彦・村上和弘・西村一之編
二〇一七 『境域の人類学――八重山・対馬にみる「越境」』東京：風響社。
笠原政治
二〇一〇 「序――生誕一〇〇年を機に」笠原政治編『馬淵東一と台湾原住民族研究』一―一九頁、東京：風響社。
河原功
二〇一四 「一九七三年の「霧社事件」騒動」『日本台湾学会ニュースレター』二六：三―四。
川村湊
一九九六 『「大東亜民俗学」の虚実』東京：講談社。
一九九七 「植民地主義と民俗学／民族学」『AREA Mook 民俗学がわかる。』一三六―一四〇頁、東京：朝日新聞社。
川島真
二〇〇四 「「殖民地近代性」特集解説」若林正丈・呉密察主編『跨界的台湾史研究――與東亜史的交錯』六五―七〇頁、台北：播種者文化。
木村健二

一九八九　『在朝日本人の社会史』東京：未来社。

二〇〇一　「植民地下新義州在住日本人の異文化接触」戸上宗賢編『交錯する国家・民族・宗教――移民の社会適応』七三―九八頁、東京：不二出版。

金賢貞

二〇一二　「「近代文化都市」韓国群山《グンサン》市の負の遺産とまちづくり」『日本民俗学』二六九：三五―六六。

金中奎

二〇一五　「群山の近代文化都市開発事業」『アジ研　ワールド・トレンド』二三六：一四―一七。

国分直一

一九九七　「『民俗台湾』の運動はなんであったか――川村湊氏の所見をめぐって」『しにか』八（二）：一二二―一二七。

駒込武

二〇〇三　「台湾における「植民地近代」を考える」『アジア遊学』四八：四―一三。

二〇〇九　「台湾研究の動向と課題――学際的な台湾研究のために」『日本台湾学会報』一一：七五―八九。

栗本英世・井野瀬久美恵

一九九九　「序論――植民地経験の諸相」栗本英世・井野瀬久美恵編『植民地経験――人類学と歴史学からのアプローチ』一一―四六頁、京都：人文書院。

許雪姫

二〇〇二　「台湾人の「満洲」体験　一九〇五～一九四五」（岡田秀樹訳）『植民地文化研究』一：一七二―一七六。

二〇一三　「満州国政府における台湾籍高等官（一九三二～一九四五年）」（湯原健一訳）馬場敦・許雪姫・謝国興・黄英哲編『近代台湾の経済社会の変遷――日本との関わりをめぐって』四〇七―四三三頁、東京：東方書店。

許雪姫編

二〇一五　「編者序」許雪姫・黄子寧・林丁國訪問『日治時代台湾人在満州的生活経験』（第二刷）v―xi頁、台北：中央研究院台湾史研究所。

二〇〇二　『日治時期在「滿洲」的台灣人』台北：中央研究院近代史研究所。
許雪姫・黄子寧・林丁國訪問
二〇一五　『日治時代台湾人在満州的生活経験』（第二刷）台北：中央研究院台湾史研究所。
又吉盛清
一九九〇　『日本植民地下の台湾と沖縄』沖縄：沖縄あき書房。
松田ヒロ子
二〇〇八　「沖縄県八重山地方から植民地下台湾への人の移動」蘭信三編『日本帝国をめぐる人口移動の国際社会学』五二九―五五八頁、東京：不二出版。
松田素二
一九九七　「植民地文化における主体性と暴力――西ケニア・マラゴリ社会の経験から」山下晋司・山本真鳥編『植民地主義と文化――人類学のパースペクティヴ』二七六―三〇六頁、東京：新曜社。
一九九九　「西ケニア山村から見た大英帝国――個人史が世界史と交錯するとき」栗本英世・井野瀬久美恵編『植民地経験――人類学と歴史学からのアプローチ』一九七―二二〇頁、京都：人文書院。
松田利彦
二〇一三　「序」松田利彦・陳姃媛編『地域社会から見る帝国日本と植民地――朝鮮・台湾・満洲』三―八頁、京都：思文閣出版。
松田利彦・やまだあつし編
二〇〇九　『日本の朝鮮・台湾支配と植民地官僚』京都：思文閣出版。
松田良孝
二〇〇四　『八重山の台湾人』沖縄：南山舎。
松島泰勝
二〇一八　『琉球　奪われた骨――遺骨に刻まれた植民地主義』東京：岩波書店。
三尾裕子
二〇〇四　「以殖民統治下的「灰色地帯」做為異質化之談論的可能性――以《民俗台湾》為例」『台湾文献』五五（三）：二五―六一。

二〇〇六　「植民地下の「グレーゾーン」における「異質化の語り」の可能性——『民俗台湾』を例に」『アジア・アフリカ言語文化研究』七一：一八一—二〇三。
二〇一六　「台湾と旧南洋群島におけるポストコロニアルな歴史人類学の可能性——重複する外来政権のもとでの脱植民地化と歴史認識」三尾裕子・遠藤央・植野弘子編『帝国日本の記憶——台湾・旧南洋群島における外来政権の重層化と脱植民地化』一—三〇頁、東京：慶應義塾大学出版会。

三尾裕子編
二〇〇四　「「在台湾発現日本」特集」『台湾文献』五五（三）：一—一六四。
二〇〇六　「特集——台湾における日本認識」『アジア・アフリカ言語文化研究』七一：三九—二〇三。

三尾裕子・遠藤央・植野弘子編
二〇一六　『帝国日本の記憶——台湾・旧南洋群島における外来政権の重層化と脱植民地化』東京：慶應義塾大学出版会。

宮岡真央子
二〇一一　「台湾原住民族研究の継承と展開」山路勝彦編『日本の人類学——植民地主義、異文化理解、学術調査の歴史』七七—一一九頁、兵庫：関西学院大学出版会。

문예은（ムン・エイン）
二〇一一　「근대문화유산을 둘러싼 담론의 경쟁 양상 분석——군산시를 중심으로（近代文化遺産をめぐる論争の相克状況の分析——群山史を中心に）」『지방사와 지방문화（地方史と地方文化）』一四（二）：二六五—三〇四。

中生勝美
二〇一六　『近代日本の人類学史——帝国と植民地の記憶』東京：風響社。

野上弥生子
一九八〇　『野上弥生子全集　第一五巻』東京：岩波書店。

小熊英二
一九九五　『単一民族神話の起源——〈日本人〉の自画像の系譜』東京：新曜社。
一九九八　『〈日本人〉の境界——沖縄・アイヌ・台湾・朝鮮　植民地支配から復帰運動まで』東京：新曜社。

二〇〇一　「金関丈夫と『民俗台湾』――民俗調査と優生政策」篠原徹編『近代日本の他者像と自画像』二四―五三頁、東京：柏書房。
岡本真希子
二〇〇八　『植民地官僚の政治史――朝鮮・台湾総督府と帝国日本』東京：三元社。
崔吉城
二〇〇〇　「日帝植民地時代と朝鮮民俗学」中生勝美編『植民地人類学の展望』一七一―二一〇頁、東京：風響社。
二〇〇七　『樺太朝鮮人の悲劇――サハリン朝鮮人の現在』東京：第一書房。
二〇一一　「朝鮮総督府調査資料と民族学――村山智順と秋葉隆を中心に」山路勝彦編『日本の人類学――植民地主義、異文化研究、学術調査の歴史』一五一―一七三頁、兵庫：関西学院大学出版会。
崔吉城編
一九九四　『日本植民地と文化変容――韓国・巨文島』東京：お茶の水書房。
坂部晶子
二〇〇八　「重層的被支配の狭間の経験――台湾から満洲へ」蘭信三編『日本帝国をめぐる人口移動の国際社会学』六七一―六七五頁、東京：不二出版。
酒井哲哉・松田利彦
二〇一四　『帝国日本と植民地大学』東京：ゆまに書房。
坂野徹
二〇〇三　「漢化・日本化・文明化――植民地統治下台湾における人類学的研究」『思想』九四九：四二―六九。
坂本悠一・木村健二
二〇〇七　『近代植民地都市　釜山』東京：桜井書店。
サンド、ジョルダン
二〇一五　『帝国日本の生活空間』（天内大樹訳）東京：岩波書店。
鈴木文子
二〇一〇　「記録と記憶の比較から――朝鮮安眠島における植民という日常」『佛教大学文学部論集』九四：三七―五六。

二〇一九「交錯する人と記憶――朝鮮混住地における植民地経験」『佛教大学歴史学論集』九：四三―六七。

所澤潤・林初梅編
二〇一六『台湾のなかの日本記憶――戦後の「再会」による新たなイメージの構築』東京：三元社。

平良勝保
二〇一一『近代日本最初の「植民地」沖縄と旧慣調査　1872-1908』東京：藤原書店。

高岡裕之・三ツ井崇
二〇〇五「東アジア植民地の「近代」を問うことの意義」『歴史学研究』八〇二：一―五、六一。

高崎宗司
二〇〇二『植民地朝鮮の日本人』東京：岩波書店。

田中隆一
二〇〇八「朝鮮人の満洲移住」蘭信三編『日本帝国をめぐる人口移動の国際社会学』一七七―一八九頁、東京：不二出版。

Tierney, Robert Thomas
2010　*Tropics of Savagery: The Culture of Japanese Empire in Comparative Frame,* Berkeley and Los Angeles: University of California Press.

Tsu, Yun Hui
2003　For Science, Co-Prosperity, and Love: The Re-imagination of Taiwanese Folklore and Japan's East Asian War. In Shimizu, Akitoshi and Jan van Bremen(eds.) *Wartime Japanese Anthropology in Asia and the Pacific,* Senri Ethnological Studies no.65, pp.189-207, Osaka: National Museum of Ethnology.

植野弘子
二〇〇四「植民地台湾における民俗文化の記述」『茨城大学人文学部紀要　人文学科論集』四一：三九―五七。
二〇一一「台湾の日常と日本教育――高等女学校生の家庭から」植野弘子・三尾裕子編『台湾における〈植民地〉経験――日本認識の生成・変容・断絶』一四一―一八四頁、東京：風響社。
二〇一二「『民俗台湾』にみる日本と台湾の民俗研究――調査方法の検討を通じて」『東洋大学社会学部紀要』五〇（二）：九九―一一二。

二〇一六　「植民地台湾の生活世界の「日本化」とその後――旧南洋群島を視野にいれて」三尾裕子・遠藤央・植野弘子編『帝国の記憶――台湾・旧南洋群島における外来政権の重層化と脱植民地化』一四五―一八二頁、東京：慶應義塾大学出版会。

植野弘子・三尾裕子編

二〇一一　『台湾における〈植民地〉経験――日本認識の生成・変容・断絶』東京：風響社。

山路勝彦

一九九九　「「梁山泊」の人類学、それとも？――台北帝国大学土俗人種学研究室」『関西学院大学社会学部紀要』八五：七三―八九。

二〇〇二　「人類学と植民地主義――研究史を俯瞰する」山路勝彦・田中雅一編『植民地主義と人類学』三―四二頁、兵庫：関西学院大学出版会。

二〇一一　「日本人類学の歴史的展開」山路勝彦編『日本の人類学――植民地主義、異文化理解、学術調査の歴史』九―七三頁、兵庫：関西学院大学出版会。

全京秀

二〇〇四　『韓国人類学の百年』（岡田浩樹・陳大哲訳）東京：風響社。

二〇〇六　「植民地の帝国大学における人類学的研究――京城帝国大学と台北帝国大学の比較」（本田洋訳）岸本美緒編『「帝国」日本の学知　第三巻　東洋学の磁場』九九―一三四頁、東京：岩波書店。

〈新聞〉

『西日本新聞』

二〇一八年四月二三日（https://www.nishinippon.co.jp/nnp/national/article/410821/　二〇一九年三月一〇日閲覧）。

植民地研究の断絶と継承——秋葉隆を中心に

崔　吉城

はじめに

植民地朝鮮での日本人の研究が戦後韓国でどう継承されたかを考えるために、本稿では代表的な文化人類学者と言われている秋葉隆（一八八八—一九五四）を中心に考察したい。まず日本での評価を見る。戦前、岩崎継生は「輝かしい業績」だと次のように評価した。

従来朝鮮においては、民俗学の出発点となるべき学問的操作の訓練が全く欠けていた。（中略）われわれは、先ず朝鮮民俗学に厳密なる学問的操作を与えつつある京城帝国大学法文学部に一瞥を投じよう。ここには、秋葉隆教授の苦心の結晶たる朝鮮民俗品参考室[1]があって、民俗学研究資料は豊富に、しかも整然と蒐集され、新しい文化の波にさらわれんとしている朝鮮民俗品のパノラマを見ることが出来る。（略）既に幾多の輝かしい業績を示して、半島民俗学の指向を与えつつある〔岩崎　一九三三：一一二―一一五〕。

村武精一は、秋葉隆の研究は巫俗を朝鮮の全体的社会構造の中に捉えて、その社会的意義を明らかにした〔村武　一九五五：六一―六四〕とし、特にIntensive Studyによって同族部落を明らかにしようとされたものであり、実のある現地調査研究であると評価した。また「本書は全編を通じて朝鮮民俗の基底に横たわる巫俗的原理の上に装える儒教の礼俗、仏教文化のヴェールを一枚々々明らかにされると共に、又そのcomplexityにもよく注目され、なお立論の範域内での歴史的考察と比較民族学的考察の併用は、その叙述に一層の鋭さを得たものと思う」と、歴史的視点をもった比較民族学の研究として評価した。

伊藤亜人は巫俗研究と社会組織研究の両分野にわたって、また現地調査と理論的研究の両者において、つねに学界の中心的な役割を果たしてきたのが秋葉隆であったと指摘している。

秋葉隆の朝鮮研究を貫く方法論的な基本となったものは、本人が繰り返し強調している「深化的方法」（Intensive method）に尽きるといえよう。これは本人が述懐しているように、ロンドン大学に留学中に、マリノフスキー（Bronislaw Kasper Malinowski）から受けた影響に負う所が大きい。それは、「一全体としての社会における要素の役目を理解することなしに、個々の要素を分離して比較考察することの危険性」を強調しつつ、「諸要素の互いに結び付き合へる生ける一全体としての文化」を対象とする研究姿勢であった。

秋葉は、朝鮮の社会・文化を相対的に理解するに二重構造のモデルがあると指摘した。今日なお、韓国社会をフィールドとして人類学・民俗学の研究を志す者たちにもっともよく読まれ、大きな影響を与えてきたのも秋葉隆の研究であり、韓国の研究者からも高く評価されている。つまり「複雑社会」（complex society）を対象とする機能主義的、総体的（holistic）方法を実践してきたものと評価した［伊藤一九八八：二一〇―二一三］。

次に秋葉の深化的方法について紹介してみたい。

茲に"Intensive method"或は"Intensive study"と称するは、従来の所謂"Survey work"従つて舊式の"Comparative method"即ち"Extensive study"に對して起つて来た、具体社会の研究、殊に未開社会の現地研究に於ける最近の傾向を指す。

吾々はフレーザーやウェスターマークの尨大な著作の中に盛られてある、驚くべき豊富な資料の展開に對して、多大の敬意を表するものではあるが、其の取扱つた資料の個々の吟味、例へばそれが如何なる時代に、如何なる民族の間に、如何なる事情の下に存在せる現象であるか、如何なる社会圏の中に、他の文化要素と如何なる関係に於て存在せるものであるか、換言すればそれは如何なる背景の中に浮出した前景であるかという問題が、凡べての場合に於て完全に吟味されて居るものとは思はれない。そこでともすれば、従来の不用意なる旅行者の見聞録や、偏見に駆られ勝ちな宣教師達の報告等からの、断片的資料の蒐集に對して浴せられた非難と、同様の非難をすら蒙むることがあった。例へばダーイーのフレザー批評、クノクのウエスターマーク攻撃、イノグラドフのマリノフスキー揶揄の如きは、其最も代表的なものであらう。

実際旧式の比較研究に於ては、時代や民族に関して深い考察を払ふこと無く、殆んど偶然的に蒐められた、多少類似せる事実の寄集めであるか、乃至は予め想定された理論の枠に盛るに、此等の事実の中から己れの理論を構成するに好都合なるもののみを以てして、天晴れ実証的研究を得たものの如く装ったものが珍らしくない。斯くの如き方法が大きな欠陥を持って居り、大なる過誤を犯して居るといふことは勿論であるが、對象が餘りに広汎に失し、従って比較の範囲が廣過ぎた關　係上、当然陥らざるを得なかった弱点でもあったと思はれる。

そこで近来に、斯くの如き廣汎なる領域に亘る、皮相的比較研究に對する、学問上の價値を疑う傾向が強くなり、之に對して、極めて領域を限局せる、而も主として研究項目を限定せる現地研究が重んぜられる様になって来た［秋葉　一九二九：一―二］。

以上のように秋葉の研究は日本では肯定的に評価され、特に調査方法論が紹介された。一方、韓国ではどうであったか。反日独立、民族主義により秋葉の研究を読めず、読まず、行政や警察を動員した植民地政策用の施政資料であり利用する資料的価値さえないなど、植民地談論などをもって否定する空論のようなものが多い。しかし、反日と言われている韓国においても、秋葉の研究は戦前、戦後の韓国人に大きく影響したといえる［任　一九七六：九一七、崔　一九八七、Matsumoto 2015: 229-232］。ここでなぜ日本人である秋葉の研究が戦後韓国でも継承されているのかを考察してみる。

一　調査方法

秋葉は現地語である朝鮮語の使用はどうだったのだろうか。調査において朝鮮語を使ったという情報はない。一九三〇年代の「国語」の普及率は低く、一九四二年でも二〇%弱であり、朝鮮では朝鮮語が一般的に使われた［山田　二〇一〇：一六六］。彼は後述するように「言語上の不便は勿論政治的、傳統的にも、その他種々なる方面で、いろいろの障害」があったと述べている。これは謙遜した表現とも思われるが、当時の言語政策を考えると朝鮮語の不通、植民地という政治的問題などが障害になっていたこととして理解できる。それは当時、帝国大学の教授は学者や研究者でありながら官僚や植民地支配者の意識を持たざるを得なかったことが背景的に想像できる。日本語が「国語」であり、日本語で調査することに違和感があったとは思われない。赤松と秋葉の両教授がシャーマンの儀礼を現地調査をするのに警察が同行している写真があるが、そこから見て取れるように、行政力や警察力を動員した状況を勘案すれば良い［ソウル大学博物館　二〇〇四：一七］。

秋葉は朝鮮での生活が長くても、朝鮮語を使うことはなかったのではないだろうか。筆者は朝鮮で生活していた泉靖一も朝鮮語が全くできなかったことを、彼を案内しながら確認することができた［泉　一九六六］。しかし当時植民地期においては日本人の行政者、管理者などにとっては、現地語朝鮮語が「外国語」でなくなる。

韓国併合（一九一〇年）により朝鮮は外国ではなく、日本の一部となったとされ、朝鮮語は「外国語」

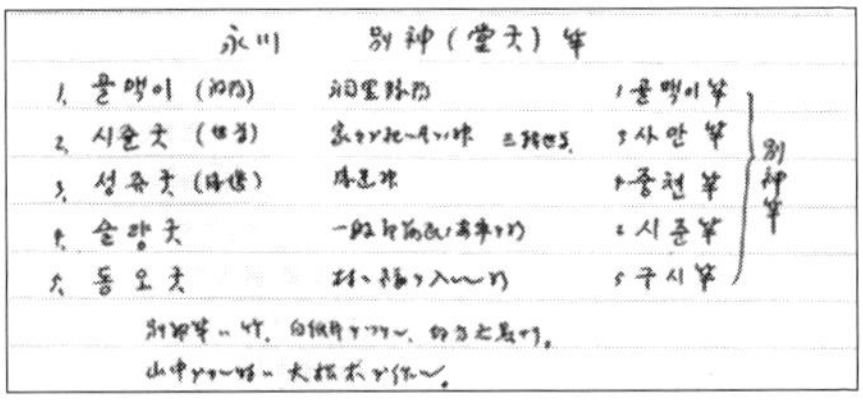

図1　秋葉隆手稿〈村祭り〉
（出典：Guillemoz［1991-1992］）

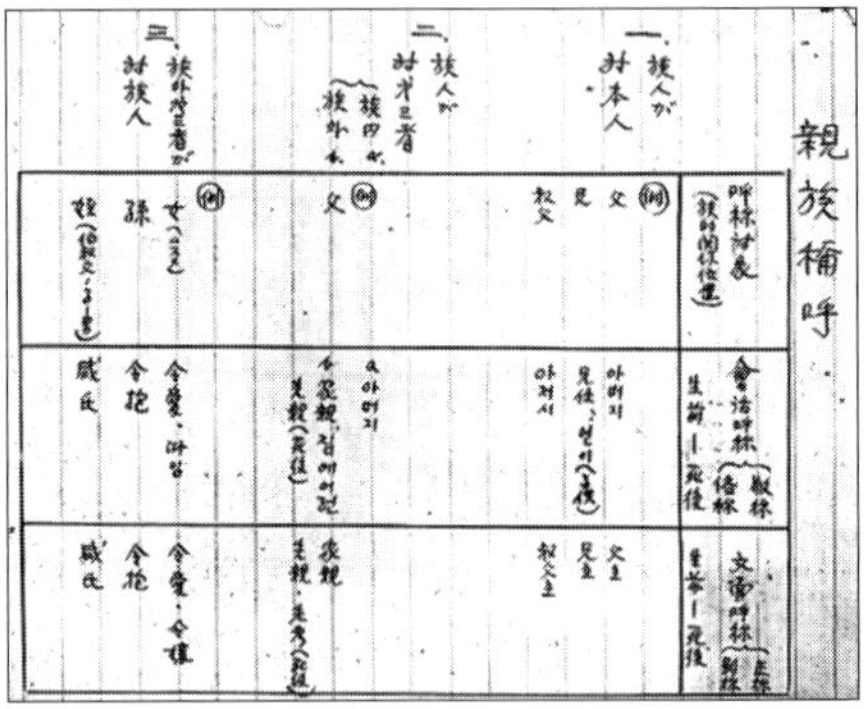

図2　秋葉隆手稿〈親族称呼〉
（出典：Guillemoz［1991-1992］）

とは呼べなくなり日本語の「方言」であるという意識があったように思われる[2]。従って公には使われていなかった。シャーマンの巫歌などは一般人も聞き取りにくいが、彼の著書などでは朝鮮語の巫歌が膨大に採録されている。どういう方法で行われたのだろうか。筆者はそのシャーマンの活動の現場で生まれ育ったので、その聞き取りの難しい言葉を記録に残したことが不思議だったが、その記録はネーティヴの協力者によるものであった。一般的に文化人類学的研究では、現地語でのコミュニケーションは重要な要件とされているが、それで研究者や研究の質を測れると思われない。マックス・ヴェーバは現地語ができなくても偉業を残している。

彼の調査ノートには十数語の朝鮮語、英語、フランス語、図、記号、絵などが記されている。右図のように親筆で朝鮮語の固有名詞はハングル（諺文）で書かれている。例えば「굿（巫儀）」「골매기（村神）」「갱과리（楽器）」「잣나무（松の実の木）」「뫼（墓）」、親族名称「아버지（父）」「아저시（叔父）」「짐에어런（目上の方＊誤字）」「따임（娘）」などである（図1・図2）。

1 通訳

現地調査においては、秋葉は通訳に頼らなければならなかったようである。秋葉にはよい助手や協力者がいた。『朝鮮民俗誌』〔秋葉 一九五四〕に名前が散見する通訳者や協力者が数人いる。加藤灌覚、金東弼、柳洪烈、泉靖一、任晳宰等がいた。「韓悌泳氏の報告に依れば」前掲書『朝鮮民俗誌』(六〇頁、以下頁のみ)、「権稷周の報告に依れば」(六二頁)、「任晳宰の調査に依れば」(六二頁)、「任晳宰氏談」(一三六頁)、「張鴻植氏談」(一三六頁)、「全羅北道高敞の任晳宰氏の報告に依れば」(七八頁)、「金東弼氏談」(七四頁)、「加藤灌覚氏談」(九二頁)、「崔秉憲の報告に依れば」(八一頁)などの協力者がいたことがわかる。

特に朝鮮総督府の嘱託であった加藤灌覚をはじめとして多くの人が通訳や翻訳を行った〔赤松・秋葉 一九三八〕。秋葉は加藤について「昭和三年十月九日加藤灌覚氏と共に京城郊外桃花洞の峠に老巫徐姓女の家を訪れて以来私が全鮮六十余の地点に亘って訪問した巫家の数は恐らく三百を越えるであろう」(「朝鮮巫家の母系的傾向」『小田先生頌壽記念論集』)と述べた。また彼は「在鮮一年余」で「浅い経験」、「言葉の不十分な自分」といいながら「尚自分の野外研究は、加藤灌覚氏の Field worker としての才能に負う所が大であり、殊に平南瑞興の調査に於ける氏の努力を深謝せねばならぬ」〔秋葉 一九二八〕といった。加藤灌覚は朝鮮語に堪能な朝鮮総督府の嘱託であって、多くの人の通訳や翻訳をした。『朝鮮巫俗の研究』(上)の序文〔赤松・秋葉 一九三八〕で秋葉は現地調査について「巫歌の採録及び翻訳に当っては各篇首に記せる口伝者を始めとして、金東弼、李大志、張鴻植、文学士孫晋泰、文学士権稷等の諸君に負う所極めて多く、校正には特に文学士柳洪烈君の労を煩はしたので、茲に深く感謝の意を表したい」と協力者への謝辞も記載している。

戦後、孫晋泰は民俗学、柳洪烈はカソリック史、任晳宰は昔話の先駆的な学者であった。拙稿「孫晋泰の韓国巫俗の研究」(一九八三)で「私は秋葉隆と孫晋泰を代表的な学者として挙げたい」と書いた。彼は秋葉の巫俗研究、特にシャーマンや巫病の定義を継承した。二人は巫俗を歴史的脈絡から現地調査をし、そして広く中国などとも比較する点が共通していた。孫晋泰は戦後民族学や歴史学で「新民族主義者」として先駆的研究をリードした[韓国歴史民俗学会 二〇〇三]。柳洪烈は天主教史の権威者となった[柳洪烈 一九九二]。任晳宰については後述する。

2 ノート

フランス・パリ第七大学のギリモーズ(Alexandre Guillemoz)所蔵秋葉隆手稿の中にはノートが含まれている(図3)。その一つのノート「見学日記より」と書かれているものがある。それから分かるように秋葉は「備忘録」「見学日記」という調査ノートを書いていた。「折角とった備忘録も整理して見ると彼も此れも見忘れた聞忘れた忘れ物だらけで、至って不完全なものではあるが、敢へて此不完全な日記の中から一二のものを抜いて発表することにした」[Guillemoz 1991-1992]と書かれている。それらを基に、発表の下書き、原稿、寄稿文、調査報告が書かれたようである(図4)。

秋葉の「小生の手記」と合綴された筆体が異なっているノートもある(図5参考)。この完成度の高い原稿を見る限り、ノート作者はただの通訳者ではなく日本語と研究への深い知識を持っている助手、あるいは研究者であったと推測できる。これだけではなく、シャーマンの歌の歌詞などの採録などもほぼ

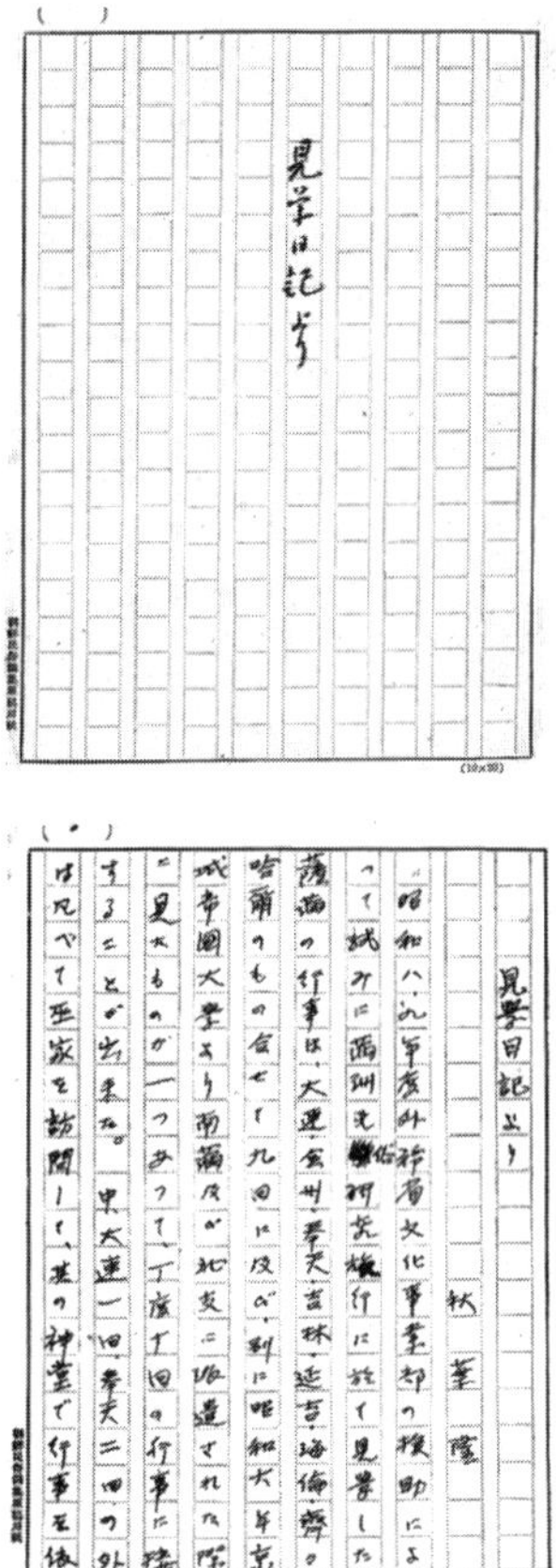

図４　秋葉隆手稿〈見学日記より〉
（出典：Guillemoz［1991-1992］）

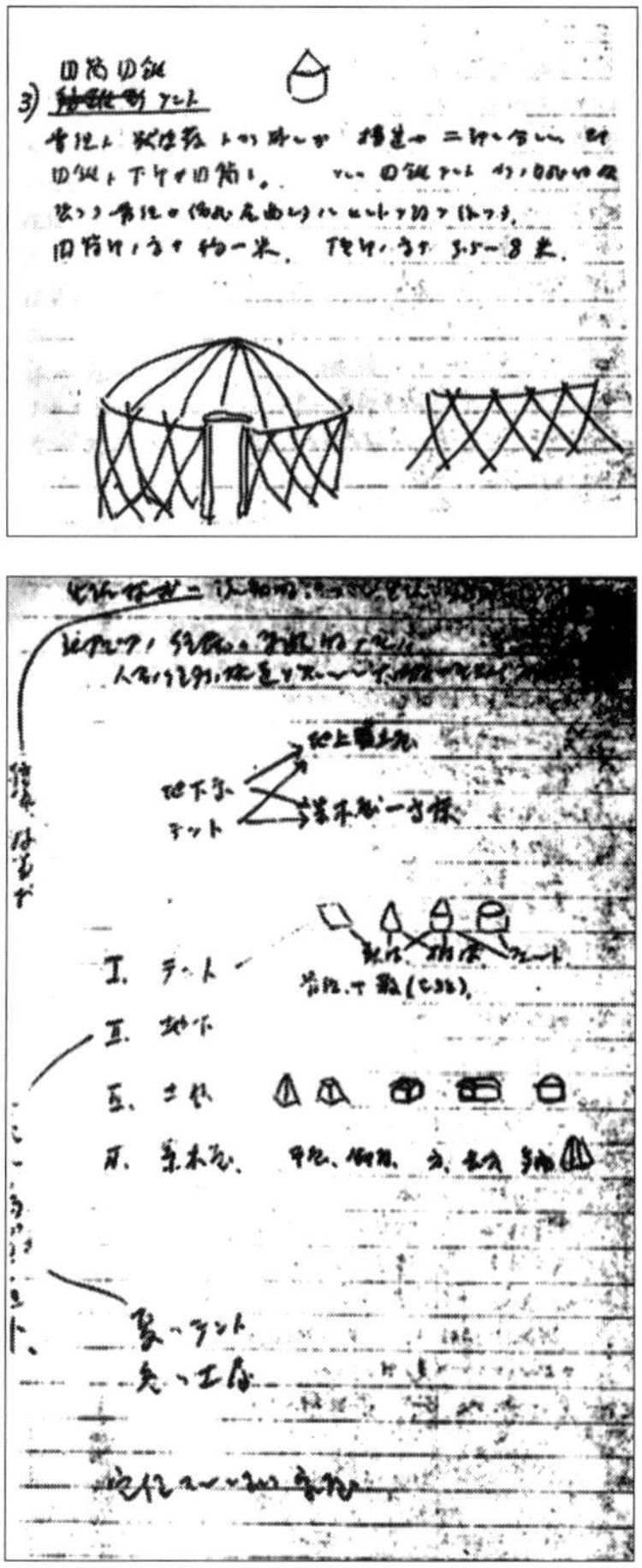

図３　秋葉隆手稿〈北アジアの民俗〉
（出典：Guillemoz［1991-1992］）

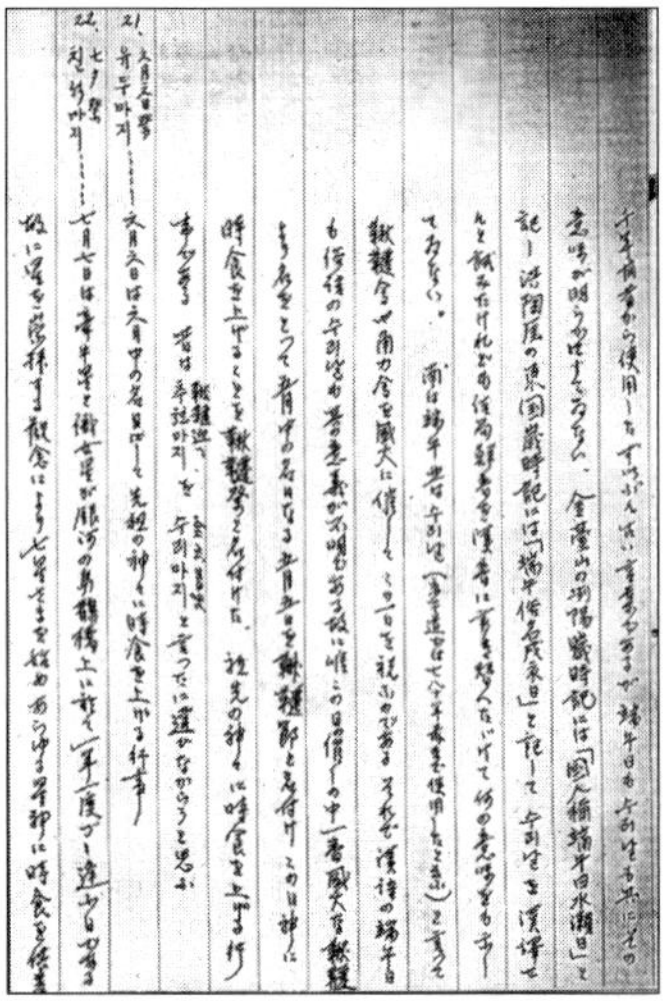

図5　他の人のノート
（出典：Guillemoz［1991-1992］）

朝鮮人によって行われたのである。秋葉のメモによって作られたものか、このノート作者が作ったものかは不分明であるが、協力者のノートと思われる。二つは書き方が異なる。秋葉の「月《タル》迎《マヂ》」とあるノートとは異なって、他のノートでは「달《月》마《迎》지《へ》」となっている。後者はネーティブのようである。秋葉が京城大学法文学部の用紙を使っているが、他のノートは京城シノサキ印行の用紙を使っている（図5）。

3　現地調査 Intensive Method

秋葉隆のいう深化的調査方法［秋葉　一九二九：七］とは何かを考えたい。朝鮮は単純な社会ではない、長い歴史を持つ複雑な社会ということで深化的社会学的方法の「集中的な方法（Intensive Method）」を主張し、従来旧式の比較研究を批判した。なぜならそれは時代や民族に深い考察がほぼ無く、類似な事実を集めて自己の理論構成に好都合なものを以て実証的研究を装ったものであるから無価値であり有害なるものと批判した。

一方、ウェスターマークが、毎夏の休暇を利用して北アフリカに調査し、毎春にはロンドン大学で講義するということに注目した［秋葉　一九二九、一九四三］。秋葉も講義と調査を両立的に行った。まず京城からそれほど遠くない楊州を調査地として、家族制度やシャーマニズムをテーマにして現地調査を行った。そしてそのフィールドは在住のソウルから近い所からより拡大していった。しかし、長期滞在式のフィールドワークはしなかった。

『朝鮮民俗誌』に散見する現地調査の行跡を辿ってみると、「歩き」「滞在」「現時調査」「出講」「見學」の調査である。

「私は昭和三年（一九二八）一月四日の雪霽の日、京畿道楊州郡、楊州邑内の李氏の家」九六

「私は昭和三年（一九二八）の夏、この嶺東山神祭の名残を探るために、江原道の所々をあるいてみた」一一、一六三

「私は昭和六年十月この島に渡って、南岸の西帰浦に滞在中」二〇三

「私は昭和七年十一月、慶尚江原の東海岸を経て、大関嶺を越え、原州に至る旅行」一五九

「私は昭和十一年の夏、多島海に旅行した際」一四八

「私は昭和十七年の夏、慶尚南道統営に開催された夏季大学に出講」二二八

「私は昭和十八年三月、通称朴氏村（Poksi-chon）と呼ばれる京畿道抱川郡蘇屹面直洞里の調査」一二

「前後三回の登山を試みた。第一回は昭和三年五月末、開城の観燈行事を見學しての帰途、初夏の日光を浴びつつ山頂の神殿に舞ふ老巫の賽神を一見して帰り、第二回は昭和六年二月、京城の老巫裴女が山上に神事を行ふ機会に、その子金君と三人連で、折柄の雪を冒して長湍口から登山し、巫家の温突に一夜を明かして、裴女の賽神を見學すると共に、山の巫女達と相知って、冬の

夜長を語り更かした。而して最後の第三回は、同年五月初め、山上の落葉に都堂祭（todang-kut）」
二四六

主に古老たちへのインタビュー調査を行っていた。こうした調査方法の代表的な成果の一例として、村武精一が集中的な現地調査による村落調査の成果だと捉えていた「同族の村」［秋葉　一九五〇］がある。京畿道抱川郡蘇屹面直洞里なる一農村での「研究旅行に於ける見学」時に関するもので、秋葉の教え子の呉氏の報告書を基に文章化している。なお、次の文章からは、調査開始や見学時の様子がよく分かる。

京城の恵化専門學校で私の社会學概論や郷土研究法の講義を聴いたことのある呉警鐸君が京畿道抱川郡の任地から出て来ての話に、同郡の住んでゐる地方には同族部落が多く、殊に直洞といふ所は全村殆んど密陽朴氏で他姓は殆んどない、といふことであった。私はこの話を聞いて心大いに動き、早速予備調査を呉君に依頼した上、機会を見て一度踏査に行く約束したのであったが、國民學校の先生といふ多忙な勤めを有ってゐる呉君は、よく私との約束を守り、私の与へた項目に基づいて蘇屹面全般に亘る面倒な調査を進め、その結果を自ら謄写までして報告してくれた。依って、私も呉君との約に従ひ、また与へられた研究課題との關係からも、喜んでこの村を訪問することにしたのである［秋葉　一九五四］。

この文を読むと呉君が調査を行っていて、調査の最後の段階で秋葉が訪問したようである。

昭和十九年三月の末に、石川泰三君と共に京畿道抱川郡の南端にある蘇屹面の通称直洞といふ山村に行って見た。それは北側に竹葉山（六〇六米）といふ楢櫟の繁った美しい山が聳え、南側にも、欝蒼たる蘇利峯があって、その間に漢江上流の支流が流れ、それが有名な光陵の森林を貫流する手前の谷間に、大小の群落をなして散在する村であった。流は直洞を流れる部分を直洞川と呼び、林中に入ると光陵川といつてゐるが、流に沿うて林間を行く緑蔭の道はまことに快適な散歩路をなしてゐる。なほ直洞から森林に入る入口に、朝鮮總督府林業試驗場の光陵出張所があり、林中最も繁参の深い形勝の地に、李朝七代世祖の陵、光陵があり、林を出外れた辺に湯若望の乾象坤輿圖の屏風で名高い奉先寺があるなど、観光地も少くない。京城からの交通は、京春バスの抱川行で行けば、議政府を経て祝石嶺の嶮を登りつめた所で車を捨て、それから東行徒歩二里ばかりで達する。また富坪行のバスで、退渓院を経て終点迄行き、それから徒歩一里林中を横ぎっても行ける。私は同行の石川君と二人で、往きは前者によって祝石嶺で呉君に迎へられ、復りは後者によってまた呉君に送られて来た。

美しい山が聳え、欝蒼たる蘇利峯、江の流れ、有名な光陵の森林、谷間、散在する村、深い形勝の地、名高い奉先寺、観光地などで呉君に迎えられ、復りは後者によってまた呉君に送られて、遊覧、観光客のような記述になっている。現在流行するような観光旅行式現地調査の感がある。学生を通して資料を整理したものであり、直接村中に留まるとか住むことはなかった。遊覧、観光客のような記述は報告文も同様である。

筆者は一九九六年三月二一日直洞里（一九九五年一〇月三一日現在二七六家口総人口八九三名）を訪ねて内村で朴先用氏らの住民にインタビュー調査を行った。植民地時代に作られた林業試験所と風光、森林を資源として発展したという。道路のアスファルト舗装により交通が便利になり、ソウルからの森林浴目当ての観光客が増えており、五〇余戸が鑑賞樹栽培の組合になっている。朴氏門中の故朴喜徳氏、息子敏用氏の妻の尹氏によると、村の変化はあっても同族部落の面貌を維持しているという。

渋沢敬三らとの調査記である「多島海巡航記」(3)〔朝鮮農村社会衛生調査会編　一九四〇〕に「美しい島である。木蔭から望んだ洛月里の風光も中々に佳い。砂浜が美しい弧を描いて、音も無く小波の寄せている。雨に烟る島々は墨絵のように美しいことであろう。銀鱗の躍るのを眺め、ぐーっぐーっという蛙のようなニベの啼く音を聞いて」と次のように書かれている。

湖水のような海面に浮ぶ美しい小島、島の田野で女性が盛に働いている。それは農村振興のかけ声のかからない昔からの風である。岸辺につないだ舟々……平和な田園風光南国的な面影があり、牛が三頭遊んでいる。少年時代の水遊びの快感が蘇って来る快さである。美しい浜を越え、林を抜けて行くと平坦な羽田里の農村がある。純朴な村人達はボートまで見送ってくれ、中には家鶏の産んだ卵をお土産に持って来てくれる者さえあって、ボートが沖へ出ても岸に立つ人々の小さな影がいつまでも見えていた。多島海の海の漫歩は美しい島々の自然と島人の温いなごやか

さとに恵まれつつ、見果てぬ夢の楽しさの中に終り、島の女性の健気な働き振りを強く印象づけられた。(4)

随筆的な文章であり、「農村振興のかけ声のかからない昔からの風」とは近代化されない原風景への感想ではあるが、朝鮮総督府の農村振興政策に関心を持っていることがわかる。

二　植民主義

1　研究協力者——村山智順と秋葉隆

秋葉は一九二四年一〇月（村武は一一月）から一九二六年まで約二年間ロンドン大学に留学した。マリノフスキー、エバンスプリチャードなどから社会人類学を学んだ。特にウェスターマーク教授の許では Marriage House in Japan を発表した。帰路では多くの博物館を観覧した。

一九二六年京城帝国大学設立と同時に助教授として赴任した。崔南善の「薩満教劄記」と李能和の「朝鮮巫俗考」が『啓明』一九号に発表された年である。当時、朝鮮には鳥居龍蔵、今村鞆、村山智順、李能和などによる先駆のシャーマニズム研究があった。一九三二年度には秋葉は赤松との共同研究「朝鮮及び満州に於ける巫俗の研究」、孫晋泰は一九三二年度と一九三三年度二年連続で「朝鮮土俗資料の蒐集並びに其研究」として科学研究補助金を受けた。秋葉は特に村山の研究から多くの資料や情報を得てシャーマニズムの研究へ進んだようである。秋葉は、日本学士院、外務省及び服部報公会などから研究補助金を受けた。先に朝鮮に来て巫俗信仰を調査研究している同学の村山智順からの影響が大きかったのは当然であろう。

秋葉は、自身よりも七年ほど先に朝鮮に来て調査研究をしていた村山智順に研究協力を得た。秋葉の村山智順との協力関係については拙稿「朝鮮総督府調査資料と民族学——村山智順と秋葉隆を中心に」［崔 二〇一一：一五一—一七四］で既に詳しく論じているのでそちらに譲りたいが、ここでは概要程度に触れておく。村山智順と秋葉隆は東京帝大の社会学専攻を卒業した社会学者である。村山が調査活動している中、後から秋葉がきて研究調査をはじめたので、約一〇年間、二人は時期的に重なっている。二人が影響しあったことは想像でき、特に村山から秋葉への影響は大きかったと思われる。調査において情報を共有し、場合によっては連携協力関係であった。村山は朝鮮総督府から一九三〇年全国警察を通して朝鮮巫俗に関する調査を行い、時には現地調査も多く行った。その調査の最中に秋葉隆が加わっており、二人は調査資料を共有し、学説的にも共通することが多く、それぞれの独創性やオリジナリティが不明な点が多い。

村山の最大のオリジナリティのあると思われるテーマは、「シャーマンになる動機」である。その動機について、世襲巫、霊感巫[5]とに分けた。しかし秋葉隆は「降神巫と世襲巫」と区分した。秋葉の「朝鮮巫人の入巫過程」では、村山智順の三分類を以て「世襲的入巫、降神的入巫、経済的入巫」と分類をした。特に世襲巫に関しては村山が現地調査を行っており、オリジナリティは村山にあるだろう。

村山と秋葉は、巫団、タンゴル制度に関しては、ほぼ共通のアイディア、認識をもっていた。

村山は一九三〇年一一月に全羅南道の世襲巫のタンゴル組織に関して直接、現地調査した［村山一九三二：四八二］。朝鮮半島南部に多く存在している世襲巫に注目した。つまり先祖代々巫業を受け継いで、その子孫もやはり巫業者になる者たちのことである。個人的に学習をするが、特定の過程を経てこれに合格して巫女になる。こうした成巫のための機関である〈神庁〉、〈卜庁〉、〈学習庁〉等と呼ばれるものについて現地調査を行った。全羅南道のタンゴル制の数例を詳しく記述している。これは巫女と信者との間に結ばれた信仰組織、宗教団体であるという。彼は仏教寺の檀家組織の視野からタンゴル制度に注目した。巫と信者との関係性を見逃してはならない。村山は次のようにその重要性について触れている。

現在あのところこの巫団制度の存在するのは、南鮮殊に全羅南北両道一円及び忠清南北道慶尚南道の一部であるから、これが朝鮮全体に渡って普及していた巫団制度であったか否かは即断を許さないが、この制度は朝鮮における巫の需要から考察して極めて興味あるものである。［村山 一九三二：四七五］

この情報は秋葉にも伝わり、共有したのであろうか、秋葉がその翌年一九三三年一一月一六日全羅道タンゴル調査・長興神庁などを訪れ、より詳しく調査をした［秋葉 一九五〇 図録二四、二五］。秋葉は村山からのタンゴル巫に関する重要な情報を得て追跡調査を行ったと思われる。総督府（村山）の情報に基づいて秋葉が現地調査を行って、「朝鮮の巫団」を一九三二年『社会学』五号に寄稿した。後に『朝鮮巫俗の研究』に再掲載した論文では、「村山智順・朝鮮の巫覡四八一―四八二頁」と記している。(6)秋葉は前書では引用や付記もせず自分のアイディアで調査したように書いたようである。しかし、世襲巫に関するオリジナリティについていえば村山にあるだろう。村山と秋葉の巫団、タンゴル制度に関してはほぼ共通のアイディア、認識であった。村山は巫と信者との関係から巫の需要に注目していたが、秋葉は巫団を秘密結社的に見た。

2　植民主義と研究

植民地朝鮮における研究であるので、秋葉隆についても、当然「植民」という状況との関係を見落すことはできない。はじめには文化人類学者として朝鮮を公平に見ようとする意識がなかったわけではないが、一九三七年の日中戦争の開始以来、第二次世界大戦末期に帝国主義的に傾いていき、一九四〇年代に入ると彼はさらに積極的になって、著書、エッセイ、講演会（原稿）などから植民主義が著しくなったことがわかる。ここでパリで発見された秋葉隆の筆記ノートと調査記［Guillemoz 1991-1992］などを中心に研究方法を検討する（図6）。

一九四三年『朝鮮』に寄稿したエッセイで全羅南道の朝鮮人青年の話をもって書いている。「君が征く南の海の島々に飛へり立つ日の御旗かな」「吾々はアジア解放のため、大東亜建設のために、同生共死を誓える」「朝鮮民族の人口は二千五百万を数え、日本人口一億の四分の一を占めるに至り、一視同仁の聖慮の下、新しき日本民族として、大東亜指導者の見習士官とでもいうべき、朝鮮史上空前の栄誉と重責とを与えられたのである」「朝鮮の信仰を立派にするのであり、国民精神の拡大深化をしてこそ内鮮一体が東亜協同体の中心となり、八紘一宇の理想実現の根本力となると思う」。秋葉が呼びかけ志願の手続きをとった若者も多いといわれた〔藤本　一九九四：一八四〕。筆者は別稿〔崔　二〇一二〕に説明したように日中戦争後の政局や政治、大東亜共栄圏の影響により多くの朝鮮の知識人が転向したのも、戦局によるものではないかと想像しながら、研究とは分離して考えていた。

筆者が彼の植民主義に気が付いたのは大量の未発表原稿に接してからである。一九九〇年代なかば国際日本文化研究センターで行われたある研究会でフランス人の日本研究者であるバタン（Burton）氏から、パリ（Paris）第七大学の韓国学教授のギリモーズ（Alezandre Guillemoz）氏が秋葉の資料を持っていることを知らされた。ギリモーズ氏は一九七〇年の東海岸のシャーマン儀礼に一緒に行ったこともある知人であり、筆者はすぐパリに行く予定があり、彼に手紙を書いたが返事がないので再度パリ訪問のスケジュールを送った。その後、彼の論文〔Guillemoz 1991-1992〕と秋葉が原稿用紙に書いた原稿、放送の原稿や講義ノートなどのコピーが届いた。なかには既に発表された秋葉の一二本の論文原稿以外に二三本の未発表の原稿があった。原稿はクリップで固定されていた。直筆のメモやノートそして終戦直前のラジオ放送の原稿に視線を奪われた。筆者は二〇〇三年八月一八日にパリでギリモーズ氏に会って入手経緯を聞くことができた[7]。彼の教え子である崔権幸氏が韓国ソウルで古書店から購入し、一九七七年、一九八九年二回に亘ってギリモーズ氏に郵送したという手紙も読ませてもらった（図7）。

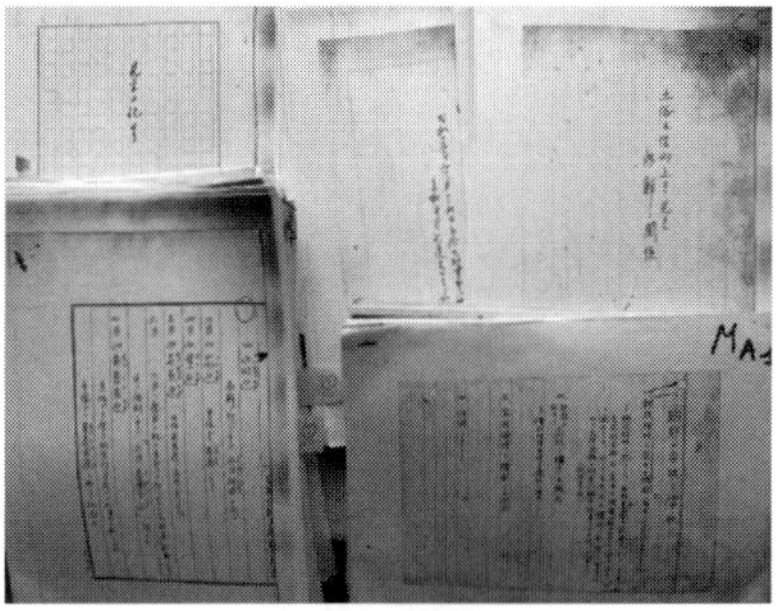
図6　パリで保管されている資料。
（出典：Guillemoz［1991-1992］）

これらの資料により秋葉の植民主義を知ることができる。しか

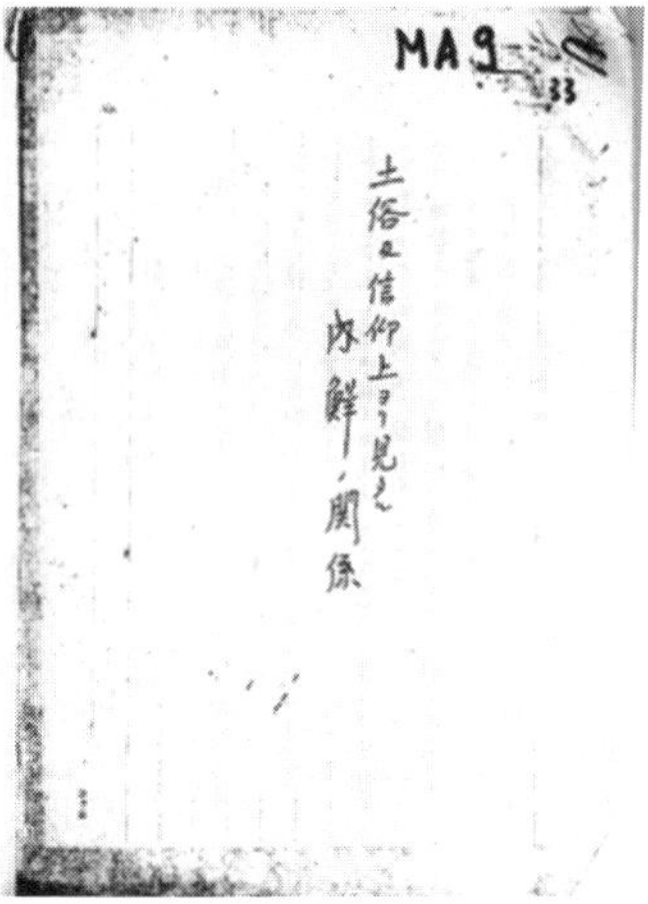
MA9

土俗及信仰上ヨリ見タル
内鮮ノ関係

図7　A・ギリモーズ氏

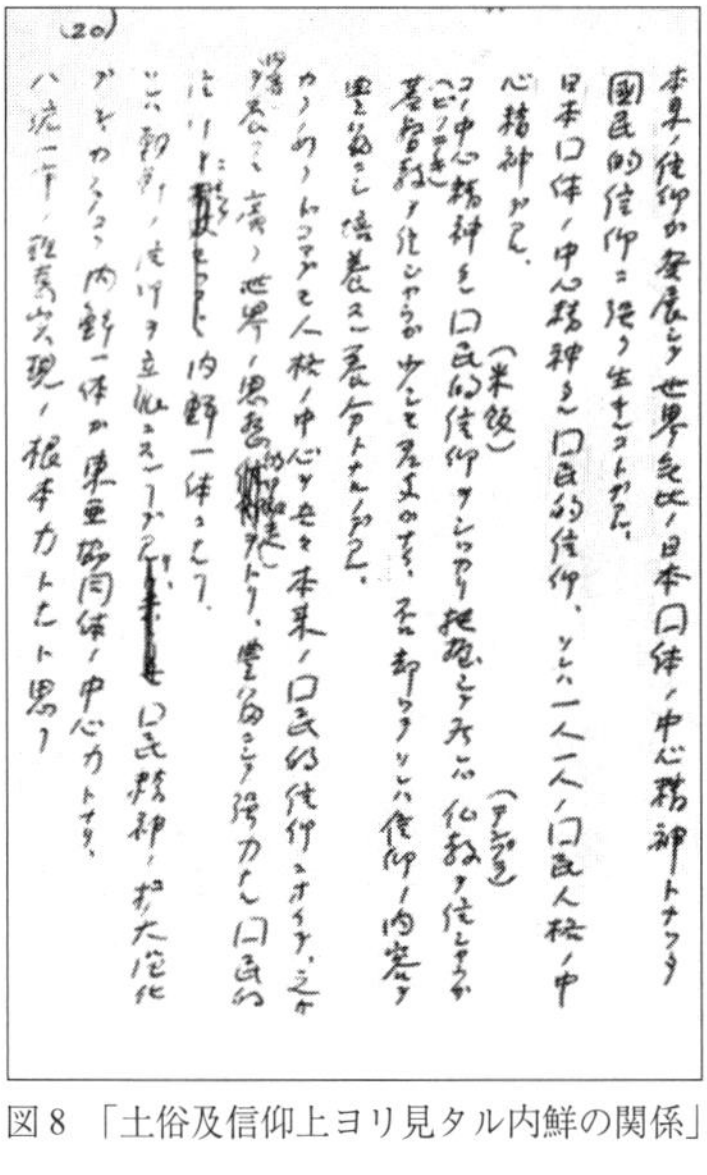

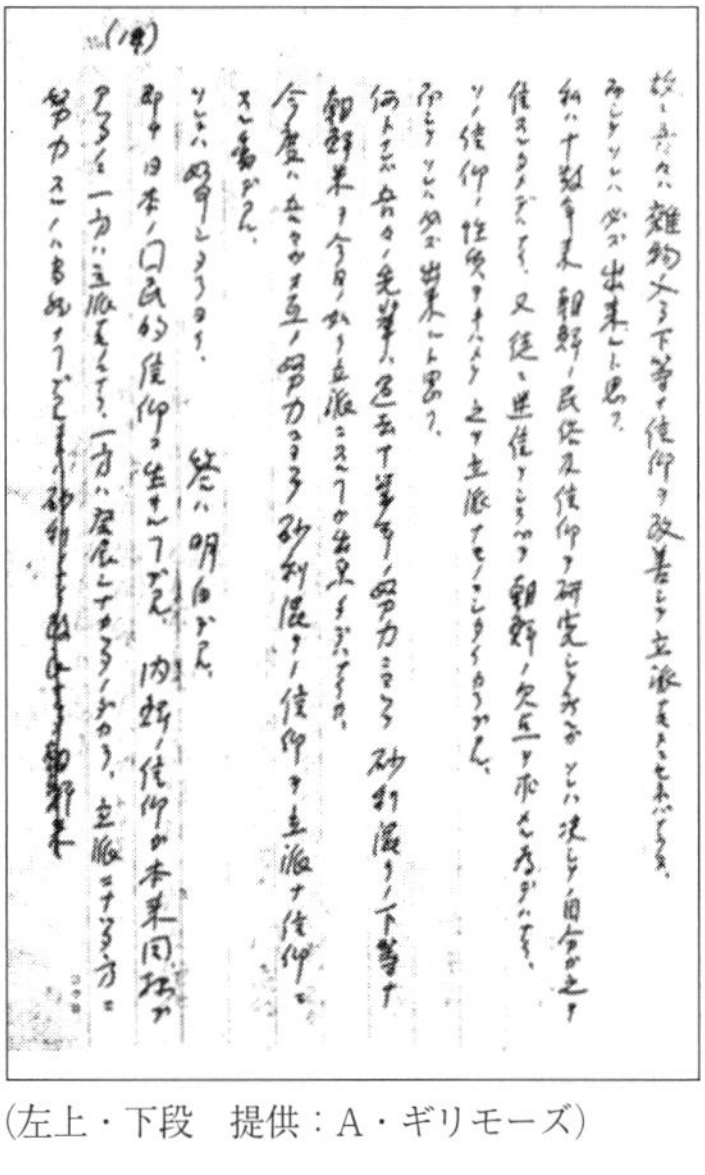

図8　「土俗及信仰上ヨリ見タル内鮮の関係」（左上・下段　提供：A・ギリモーズ）

し、彼は植民主義によって研究を行ったのではない。ただ研究成果をもって政治的あるいは植民主義的発言や著書などを出したと思われる。それについては別稿「日本民族学者の植民地朝鮮認識」（二〇一二）で詳しく叙述したのでそちらに譲るがここではその主意だけを述べておきたい。

彼の研究と植民地の関係がよく分かるような「土俗及信仰上ヨリ見タル内鮮の関係」を紹介したい。

> 内鮮人の祖先は身体と食べ物とが類似又は同様である。精神信仰の方面は如何、これが問題。朝鮮の神の祭りと内地の原始神道とは驚くほど似通っている。（中略）答えは明白である。即ち日本の国民的信仰に生きることである。本来の信仰が発展した世界無比の日本国体の中心精神となった国民的信仰に強く生きることである。（中略）それは一人一人の国民人格の中心精神である。（中略）朝鮮の信仰を立派にすることであり、国民精神の拡大深化であり□□□□□内鮮一体が東亜協同体の中心力となり、八紘一宇理想実現の根本力となると思う(8)（図8）。

彼は日本と朝鮮における類似する信仰を当時のキャッチフレーズ「内鮮一体」として主張した。ただの政治的なプロパガンダではなく、彼は自分の研究によって信念をもって語っていた。それを内鮮にとどまらず大東亜民族の大東亜共栄圏に拡大した。従来の東亜と異なり、彼はアジアを南北に分けて北方のウラルアルタイ系民族、満州、トルコ、モンゴル、ツングースの民族とシベリア、南方に中国、チベットとニューギニア、インドなどを広く考え、日本人は大東亜の主導者であると主張した。

彼は朝鮮民族は日本民族であると主張した。朝鮮と日本が最も近い、すなわち朝鮮語と日本語は母音調和などの文法的に共通する特徴を持っている。朝鮮民族は日本の人口一億の四分の一に至り、新しい日本民族として、大東亜のリーダーの「下士官」であり、「朝鮮史上の栄光」だと言っている。「アジア解放のための聖戦」を実行するという。朝鮮人が立派な日本民族になれること、特に徴兵制の実施を歓迎した。朝鮮青年として帝国に命を捧げられて靖国神社に祀られることを述べた。彼は植民地を普遍的な現象としてとらえ、植民地支配を当然と認めたようである。つまり彼は日本人に対しては朝鮮の保護者、朝鮮人に対しては日本帝国主義者の代弁者のような態度をとったと思われる（図9）。

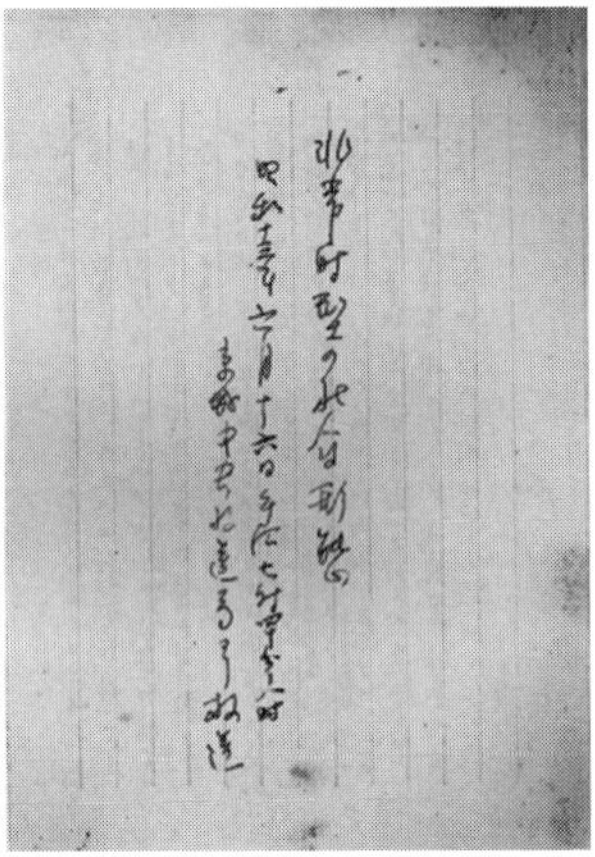

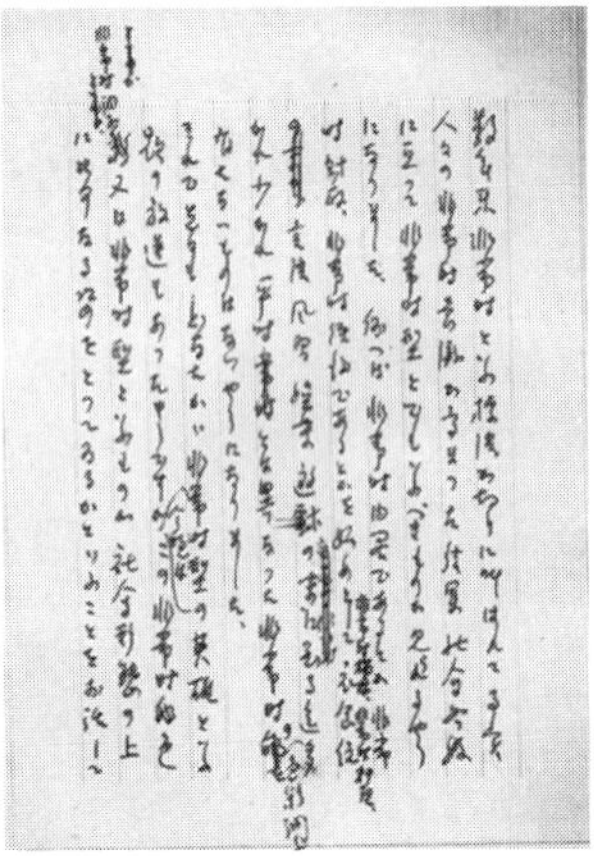

図9　非常時型の社会形態。
（提供：A・ギリモーズ）

三　継承と断絶

戦前と戦後、継承と断絶の議論がある。戦後の韓国民俗学・民族学においては、戦前の研究を植民地歴史観いわば「皇国史観」として排撃した。日本人の研究は読まず読めず、反日愛国主義的であり、民族主義的傾向があり、戦前の調査資料などを無視する傾向が一般的であった。特に、文化論や歴史学など国学分野では日本人の研究について触れることは稀であり、あまりにも国粋主義的な方向へ傾斜していった。客観性を核とする文化人類学者の中にも、民族主義に呪縛されている人は多い［川村一九九四：八八］。一般的に戦前の植民地日本人学者の研究成果は、韓国において戦後すぐには継承されることはなかった。特に民族主義的反日感情を持っている人は、それら戦前の日本語の資料を読めず、読まず、鳥居龍蔵、今村鞆、村山智順や秋葉隆らの日本人研究からは断絶、崔南善、孫晋泰などの韓国人研究からは継承という対立的な現象が起きた［崔一九八八：一四五―一八八］。主に朝鮮人の研究、民族主義的なものが継承されていた。

一方、主に国文学者たちは、秋葉隆研究を継承するが、日本人の研究を理論的に継承するというよりは資料的価値を最小限に認めるべきだといい、秋葉の調査資料、特に巫祖神話「鉢里公主」などのいわば巫歌が利用された［崔一九七六：一一九―一四四］。そして社会学的要素は軽視されていた。先述したように村武と伊藤の両氏が強調したような社会学的方法論などには、全く触れられなかった。

しかし、実は、秋葉隆の研究は、密かに継承されていた。それは、筆者の二人の恩師の任晳宰と李杜鉉の両先生によって行われた。両先生は、秋葉隆の研究を継承して現地調査を続けたと思われるが、筆者もかなり後に気が付いた。任晳宰先生は「筆者はこの数年来、現在半島の民間に語られている説話の蒐集を試みて来たが、此の度図らずも、「恩師秋葉教授」の推挽により、その一部を本誌に継続発表することになった」［任一九三八：八九］と書いたものがある。彼は秋葉の論文によくインフォーマントとして引用されており、学生として講義を聴いたし、秋葉の誘いで楊州の仮面劇も調査した。

任晳宰は一九二九年秋葉の楊州仮面劇の調査において通訳をした。通訳だけではなく、仮面劇の台詞を採録し、手伝った。戦後に戦前の調査を続け、仮面劇を調査研究した。それは秋葉との縁があったからであった［崔 一九九三］。学問的に秋葉博士の影響を受けたと語った。同僚であった李杜鉉［李 一九九〇］の楊州の仮面劇の研究も任の影響からだと思われる。秋葉の弟子の一人であった任晳宰が秋葉先生に教えられた故、つまり植民地現地の弟子が育っていて、その弟子によって秋葉が肯定的に評価され続けたということである。それは、秋葉が、当時現地の若い研究者に通訳や記録を依頼して、ともに研究を進めるという形で次世代の研究者を育てたからなのであろう。秋葉本人は、マリノフスキーのような人類学者が行う長期滞在型フィールドワークをせず、そのかわり他者に資料収集を依頼する、あるいは補助を頼むことで、結果的に現地の研究者が育っていったということになる。また、その弟子たちにとっては、教師を植民者としてより、研究者や教育者として評価したということである。(9)

筆者が秋葉隆という名前を知ったのは、大学の初年次の頃に、任晳宰・李杜鉉の両先生を通してであった。筆者には新鮮なショックであった。任先生は文化人類学の講義で時々楊州の仮面劇に触れて話をした。筆者は二人の恩師に導かれて楊州調査へ同行させていただいた。筆者の生れ故郷の楊州が秋葉隆・任晳宰・李杜鉉の三人の先生のフィールドであり、そこには我が家がいつも依頼するシャーマン（タンゴル巫堂）の趙英子が住んでいた。一九六〇年代末、秋葉隆の弟子である泉靖一先生に会って、一九七〇年一〇月には楊州の我が家の先祖代々のお抱えシャーマンの趙英子が行うクッに先生を案内した[10]。筆者が秋葉から社会、文化人類学的に影響されたのは事実である[11]。

村山智順、秋葉隆が関心を持った巫俗の宗教組織のタンゴルに筆者は焦点を当てた。そして全羅・慶尚の南道の世襲巫について現地調査を行った。現地調査をして村山智順の『朝鮮の巫覡』と秋葉隆の『朝鮮巫俗の現地研究』に巫の実名が載っている長興のタンゴルのリストと海南の朴得春を探すことによって、タンゴルと信者関係、タンゴル同士の内婚による巫業ネットワークを調査した。巫人たちの隠語、学習により巫儀を磨くこと、社会的に差別される身分の世襲と婚姻による巫業圏、信者との組織の拡大などを調査した。その資料を持って日本に留学したのである。そしてシャーマニズムの社会人類学的研究で博士論文を書いた[12]。

秋葉は植民者として住みながら、また韓国語の障害を持ちながら多くの朝鮮人の協力を得て研究を成し遂げたことは確かである。多くの助力者によりシャーマンの歌詞を採録するなど大きい成果を残している。秋葉と助力者の関係はどうであろうか。ソウル大学博物館が秋葉隆ガラス原版写真を出版した『彼らの視線で見た近代』には、以下のようにある。

　シャーマンの儀礼の現場の後ろには二人の調査者の秋葉と赤松、そして日本人警察が見守っている。この一枚の写真を通して我らは当時の強圧的な現地調査の雰囲気を知り、当時の大部分の民俗調査写真が作られた脈絡を確認することができる。実際に当時の民俗調査の場合、警察力や行政力を利用するのが普通であったし、このような状況では基礎的な資料の歪曲が起こることが多かったと言える。特にこのような歪曲は朝鮮半島の人々のアイデンティティを強調するに一助になりうるが、これは植民支配に対する正当性を付与することにも利用されている［ソウル大学博物館　二〇〇四：一七］（筆者訳）。

現地調査に日本人警察官のいることから、秋葉と協力者の関係は、支配者とコラボレーター、植民者とその手先の関係とみなされるが［ソウル大学博物館　二〇〇四：一七］、秋葉は、揶揄されることも処罰の対象とされることもなかったとも言われる[13]。これは植民地、「親日と反日」という枠を超えて教育、研究の世界への理解であったとしか思えない。文化人類学と植民地状況を今の視点や価値観で批判することはできない。当時の研究状況を理解しなければならない。植民地時代に限らず教育と研究には普遍的な価値観が存在し、それは持続的に存在するものであろう。研究において植民地と国際化は本質的にそれほど違わないといえるかも知れない。さらに言うならばいかなる悪状況でも普遍的な教育や研究は可能であるといえる。それは研究者にとって希望と夢であろう。

植民地化と国際化は人や物の移動、接続など共通点がある。日本の植民地と戦争によりアジアで広く異民族が接し、交流することとなった。植民は宗主国と被植民との関係に限られる。植民地から植民地へ、植民地から宗主国へなど広く人口移動が行われた。日本植民地に限らず他の先進国でも起きた現象である。例えばイギリス植民地であったインドや東南アジアからアフリカへ異動したことが指摘できる。植民地における言語活動もさまざまに行われた。これらの現象は現在の国際化と共通するところが多い。人によっては植民地化と国際化を比較するのを非難するだろう。しかし普遍性があることには注意すべきである。

〔謝辞〕Alexandre Guillemoz 氏に対して、所蔵の秋葉隆手稿の提供に感謝を述べたい。

注

(1) 一九四一年九月京城帝国大学付属陳列館開館。
(2) 山田寛人氏のコメント。
(3) 初出は「島の自然と女性」『朝鮮』一九三六：二五六。
(4) 「多島海巡航記」。一九三六年八月一三日、高橋文太郎、桜田勝徳、蟻貝勇、宮本馨太郎、小川徹、村上清文の諸氏と合流し、京城から来られた秋葉教授は車中から参加し、八月一七日朝木浦に着いた。金剛丸（総トン数三〇九・二七）に二泊三日の旅であった。
(5) 『秋葉隆著作集①韓国巫俗論』（ソウル・昨晟社、一九八三）の崔吉城解説を参照。
(6) 『朝鮮巫俗の研究』「一一章　巫の社会生活」〈巫と村落〉の註二六に「村山智順・朝鮮の巫覡四八一―四八二頁」と記している。
(7) 科研費による研究「ロシア・サハリンにおける日本植民地遺産と朝鮮人に関する緊急調査研究」平成一四―一五年度（代表崔吉城）。
(8) Alexandre Guillemoz 所蔵秋葉隆手稿 MA9; Ch'oe Kilsung, 2003: 169-187.
(9) 東洋大学の植野弘子教授のEメールによるコメント、二〇一七年八月二〇日。
(10) 泉清一は、『世界』に紀行文を寄せており、その中で私の名前はCになっている。
(11) 張籌根・崔吉城一九六七、（依田千百子『民族學研究』三三―一、日本民族学会、一九六八：九五―九八。
(12) 学位論文「韓国巫俗の社会人類学的研究」筑波大学、一九八四。
(13) ギリモーズ氏談（二〇〇三年八月一八日パリ大学にて）。

参考文献

赤松智城・秋葉隆編
一九三八 『朝鮮付属の研究』（上）京城：大阪屋号商店。

秋葉隆
一九二八 「奠雁考――朝鮮婚姻風俗の一研究」（五月二九日脱稿）『民族』三―五。
一九二九 「"Intensive Method" に就て」『社会学雑誌』五七：一―一一。
一九四三a 「再び Intensive Method に就て」『年報社会学』九：二七〇―二七二。
一九四三b 「君が征く」『朝鮮』三三三、朝鮮総督府。
一九四四 『大東亜民族誌』京城：近沢書店。
一九八〇（一九四四／一九五四）「同族の村――京畿道抱川郡蘇屹面直洞里」『朝鮮民族誌』一八〇―二〇二頁、大阪：名著出版（初出は「同族の村とは」（上）『朝鮮』六：一六―二九、同（下）『朝鮮』八：四二―五〇、朝鮮総督府。初版は『朝鮮民族誌』東京：六三書院、一九五四年）。
一九七六 「韓国巫俗における死霊祭と霊魂観――捨姫公主神話の構造」朝鮮学会編『朝鮮学報』七八：一一九―一四四。
一九八三 「孫晋泰の韓国巫俗の研究」『韓国学文献研究の現況と展望』六〇三―六一六頁、亜細亜文化社。
一九八七 「訳者後記――秋葉隆の韓国巫俗研究」秋葉隆『朝鮮巫俗の現地研究』（崔吉城訳）二二三―二二九頁、啓明大学出版部。
一九八八 「韓国における日本民俗研究の回顧と展望」『日本民俗学』一七五：一四五―一五八。
一九九三 「人間任晢宰」比較民俗学会『比較民俗学』一二五―一四六頁（ハングル）。
二〇〇二 『親日と反日の文化人類学』東京：明石書店。
二〇一一 「朝鮮総督府調査資料と民族学――村山智順と秋葉隆を中心に」山路勝彦編『日本の人類学――植民地主義、異文化研究、学術調査の歴史』一五一―一七三頁、兵庫：関西学院大学出版会。
二〇一二 「日本民族学者の植民地朝鮮認識」『近代日本意識の成立』。八六―一〇四頁、東京：東京堂出版。

朝鮮農村社会衛生調査会編
一九四〇 『朝鮮の農村衛生――慶尚南道達里の社会衛生学的調査』東京：岩波書店。

Ch'oe Kilsung
　2003　War and Ethnology/Folklore in Colonial Korea:The Case of Akiba Takashi,Akitoshi Shimizu and Jan van Bremen(eds.) *War Time Japanese Anthropology in Asia and the Pacific* (Senri Ethnological Studies No.65), pp.169-187, Osaka: National Museum of Ethnology.

藤本英夫
　一九九四　『泉靖一伝――アンデスから済州島へ』東京：平凡社

Guillemoz, Alezandre
　1991-1992　Manuscrites et Articles Oublies D'Akiba Takshi, *Cahiers d Extreme-Asie*, 6 : 115-149, Kyoto.

任東権
　一九七六　「秋葉隆の韓国巫俗研究」中央大学校『韓国学』九―一〇。

伊藤亜人
　一九八八　「秋葉隆」綾部恒雄編『文化人類学群像　三　日本編』、二一一―二三三頁、京都：アカデミア出版会。

岩崎継生
　一九三三　「朝鮮民俗学界の展望」『ドルメン』二（四）：一一二―一一五、東京：岡書院。

泉靖一
　一九六八　「シャーマニズムの世界」『世界』二六七：二二四―二三一。

韓国歴史民俗学会
　二〇〇三　『南滄孫晋泰の歴史民俗学研究』民俗苑（ハングル）。

金広植
　二〇一三　「朝鮮民俗学会の成立とその活動」『国際常民文化研究叢書』四：一七九―二〇〇。

川村湊
　一九九四　「朝鮮民俗学論」『思想』八三九：八八。

眞木琳（任晳宰）
　一九三八　「朝鮮の説話」朝鮮総督府『朝鮮』（一月号）二七二：八九―一〇三。

Matsumoto, Seiichi

2015　Comments: Anthropology of Japan in Korea and Anthropology of Korea in Japan, *Japanese Review of Cultural Anthropology* 16: 229-232.

村武精一
一九五五　「秋葉隆博士の新著『朝鮮民俗誌』を読みて」愛知大学総合郷土研究所「朝鮮の社会と文化をめぐる若干の社会人類学的覚え書」『所報』二輯、六一―六四。

村山智順
一九三二　『朝鮮の巫覡』朝鮮総督府。

李杜鉉
一九九〇　『朝鮮芸能史』東京：東京大学出版会。

李能和
一九二七　「朝鮮巫俗考」啓明倶樂部『啓明』一九：二―一六七。

梁永厚
一九八〇　「朝鮮民俗学の苦難」『伝統と現代』七一：一三五―一四二。

ソウル大学博物館
二〇〇四　『彼らの視線で見た近代』ヌンビッ（ハングル）。

山田寛人
二〇一〇　「植民地朝鮮における近代化と日本語教育」日韓歴史共同研究委員会『日韓歴史共同研究報告書』一四七―一六八頁。

柳洪烈
一九九二　『韓国天主教会史　上』カトリック出版社（ハングル）。

張籌根・崔吉城
一九六七　『民俗資料調査報告書　京畿道地域巫俗（楊州郡巫女趙英子篇）』。

●コラム

親日イメージと台湾の複雑な思い——戦後の台湾と日本の出会い方

上水流久彦

中華民国建国 100 周年を祝う総督府。
(台北市、2011 年 1 月 1 日 筆者撮影)

台湾は親日と語られることがある。日本の素晴らしさと日本との歴史的関係を肯定的に受け入れている台湾というイメージである。しかし、そのイメージのもと、台湾の複雑な対日感情が見落とされている気がする。

「おまえ、日本語、下手になったな」。これは、八〇歳代のある台湾人が日本人から言われた言葉である。この方は、戦前、台北工業学校を卒業した。戦後、数十年ぶりに開かれた同窓会での出来事であった。話した日本人同窓生は率直に言ったに過ぎないのかもしれない。ただ、日本敗戦後、国民党支配のもと、「国語」が日本語から中国語となり、日本語が敵性言語とされた歴史を考えると、無邪気な言葉である。敗戦後の台湾の紆余曲折の歩みと、国民党支配下で生きた日本語教育世代の苦悩は、日本人の同窓生にでさえ、なかなか理解されない。

戦前末期、人口約六〇〇万人の台湾には約三五万人の内地人（日本本土からの移住者）が居住していた。そのことが内地人と当時は本島人と言われた台湾の漢人の人々との日常的接触を必ずしも生んだわけではない。居住区は、内地人や本島人、琉球人、蕃人（先住民）とに分かれていた。したがって、二〇歳になるまで台湾に住んでいても、本島人の日常食である「大根餅（大根を千切りにしたものに米粉などを混ぜ、蒸して油で焼いたもの）」を知らない「湾生（台湾生まれの内地人）」が大多数である。私が参加した湾生の同窓会でも、四〇名ほどのなかで二、三名しか大根餅を知らなかった。ましてや当時、多くの本島人の日常言語だった閩南語をある程度話せる湾生は一名のみであった。彼は、父の仕事のため台湾島から西に五〇キロほど離れた澎湖島に幼少時代住んでいた。日本人が通う「小学校」がなく、本島人が通う「公学校」に通っており、本島人の子どもと遊んで閩南語を覚えた。

ところで、台湾と八重山は、戦前、往来が盛んな場所であった。進学や奉公のために八重山から台湾に行く者も少なくなかった。台湾での奉公から帰った八重山の女性はキラキラして見えたという証言を与那国で聞いたことがある。台湾は沖縄をはるかに超える先進地で、台北は帝国日本の大都会であった。

八重山で台湾との交流についてインタビューしていると、「台湾の人は沖縄の人には親切だった」や「親近感があった」とたびたび耳にした。当時、台湾では内地人が一等国民で、琉球人が二等国民、本島人は三等国民とされていたと語り、内地人から琉球人も本島人も差別されるから、互いに親近感があり、琉球人には本島人も優しくしてくれたという。だが、台湾でそのような話を耳にすることはなかった。逆に台湾から石垣島には多くの本島人が移り住んだが、石垣の人々と本島人との摩擦は絶えず、石垣の人々から差別されていた。

もちろん、差別と被差別だけで日台関係は語れない。私の台湾生活時の大家は、戦後、日本の食糧事情が厳しいと聞き、自分の恩師や恩人に、砂糖やコメを送っていた。戦前、日本人上司のおかげで命が助かり、医者にもなることができたと感謝していた。そのため、彼は日本人に感謝しているといい、何人もの日本人の若者を下宿させてきた。私もその一人であった。また公学校や国民学校（一九四一年から小学校や公学校の名前を国民学校に統一した）の恩師を台湾に招き、同窓会を開いた台湾人を多く知っている。私が鹿児島出身の広島在住であることから、彼らから鹿児島や山口に住む恩師にお土産を渡してくれとたびたび頼まれたこともある。いまだに恩師の恩を忘れないご高齢の台湾人は多い。だが、同時に彼らはこうも語った。「差別した嫌な先生は同窓会にはよびません！」。

最近、あるシンポジウムで若い台湾人発表者が、「日本は植民地時代台湾に、良いことをした。だから台湾は発展した」と言われ、複雑な気分になったことを紹介していた。彼は日本のある台湾講座に出て、戦前台湾人の蜂起もあったことを述べたら、そう言い返されたという。きわめて単純なことだが、同じ場所、同じ時間、同じ出来事を共有していても、立場によって持つ意味は大きく異なる。台湾と日本の関係を研究していて、近年、その単純なことが、親日台湾像のもと忘れられている気がする。

そのような思いを強くするのが、私がここ数年中心的に研究してきた日本統治期の建築物についてである。台湾では、それらが古蹟や歴史建築物として一五〇〇件以上、登録されている。そして、レストランやカフェ、商業施設となっているものも多い。これらの建築物は、湾生の日本人が日本統治期を懐かしみ、日本人観光客が失われた日本を見出す大きな文化資源となっている。総督府庁舎を壊した韓国とは対比的に、「日本を大事にしてくれている台湾」という認識を生み出す要因にもなっている。

台湾の歴史を専門とする松金公正氏は、日本統治期の建築物に関する私の発表に対して「戦後七〇年の歴史もあるのですよね。それはどう考えますか」と質問したことがある。例えば、一九一九年に完成した台湾の総督府庁舎だが、総督府庁舎の歴史は二六年に過ぎない。戦後は、一九四九年から現在まで中華民国の総統府として約七〇年使われている。総統府としての歴史が総督府のそれより、はるかに長い。果たしてこの建築物は誰のものなのだろうか。

日本と台湾の関係をめぐる認識の交錯とズレは、人にもモノにも存在する。そしてそれは過去だけではなく、現在にまで及ぶ。

国際交流事業における在日コリアンの参与
——対馬と下関の朝鮮通信使再現行列を中心に

中村八重

はじめに

日韓各地の朝鮮通信使にゆかりのある地域において、朝鮮通信使を見直し新たに顕彰しようとする事業が活発化している。地域の祭りに朝鮮通信使を登場させるなどして、国際交流を標榜してそれを観光開発や地域振興に生かそうとする動きである。朝鮮通信使に関する記録物が、二〇一六年三月に日韓の民間団体によって「世界の記憶」に共同登録申請され、二〇一七年一〇月に登録が決定したのも、この流れの一環ととらえることができる。

このような動きの背景には朝鮮通信使を日韓友好と平和の象徴として位置づけ、望ましい日韓関係構築のためにそれを現代に反映させようとする考え方がある。しかし、これに対して須田努は、朝鮮通信使が行き来した近世から日本民衆の中に朝鮮に対する蔑視観があったことを指摘し、朝鮮通信使を通じて日韓に良好な関係が構築されたという認識の広がりに危惧を抱く。「江戸時代の『善隣外交』

を強調することは、大日本帝国の時代を異質なものとして日本の歴史から切り離し、大日本帝国の暴力的植民地支配をイレギュラーな様態として蓋をしてしまうことになってしまう。さらに近代の日本民衆が朝鮮蔑視観を持ち、国家による朝鮮侵略を積極的に支持し、朝鮮人に暴力をふるった、という事実から目をそらすことにもなりかねない」と指摘している［須田 二〇一一：一〇四］。

現在の日韓の関係において平和や友好がことさら強調されなければならないのは、帝国日本による植民地の時代があったからである。三尾裕子は、一見「親日」に見える台湾とパラオを例に、帝国日本に包摂されながら生きるしかなかった旧植民地の人々が味わう「脱植民地化」の苦悩に、日本人は想像力が持てないのではないかと問う。旧宗主国であった日本人はその声に耳を傾け「脱帝国化」するべきであると論じる［三尾 二〇一六：二四］。このような意味でも、一見帝国日本とはなんら関わりのないように行われている日韓友好や平和の象徴としての朝鮮通信使行列事業が問われなければならないと考える。

そこで本稿では、朝鮮通信使行列事業における帝国の時代の移動の結果として作り出された在日コリアン[1]とその組織のひとつである民団[2]（在日本大韓民国民団、以下民団）を取り上げる。彼らが朝鮮通信使行列の登場する祭りの成立過程と実行にどのように関わっているかを検討し、帝国の時代、植民地の記憶が抜け落ちたり忘却されている国際交流事業の問題点を明らかにする。

具体的には、朝鮮通信使再現行列を地域の祭りの中で行っている自治体の中から、対馬と下関の事例を取り上げる。対馬と下関はいずれも朝鮮時代に朝鮮通信使が上陸し滞在した場所であり、帝国日本の時代には〈人〉と〈モノ〉の行き来が盛んなところであった。対馬は朝鮮半島との圧倒的な近さから往来が盛んであったが、戦後国境によって断絶された。後に述べるように現在では韓国人による観光によって経済的恩恵を受けている。下関は戦前は関釜連絡船、戦後は関釜・釜関フェリーが就航しており朝鮮半島と強いつながりを持ち続けている。在日コリアンに関しては対馬では圧倒的に減少したが、下関では多く在住しているという違いがある。

対馬と下関は、朝鮮通信使の活躍した江戸時代、そして帝国の時代を経て戦後も韓国と強いつながりを持ち続けた代表的地域でありながら、朝鮮通信使行列の成立はそれぞれ異なり、観光振興に対する姿勢も異なる。同時に、在日コリアンの姿も異なる。対馬の事例では単純に参加者が排除されているが、下関では一見包摂されているように見えて、そうではない姿が見えてくる。共通しているのは、朝鮮通信使を活用しようとするいずれの自治体でも、植民地に関してまったく言及されることなく、主として地域振興の文脈で理解されている点である。

朝鮮通信使行列の再現事業をはじめとした国際交流では、基本的に自治体や自治体からの支援を受けている民間団体が主体となっている。またその地域と交流する韓国の姉妹都市や近隣の韓国総領事館などが参与するようになっている。だが、それに対して在日コリアンや民団との関わりは希薄である。このことから、朝鮮通信使行列を通じて、日本社会が彼らにいかなる役割を期待しているか、あるいは期待していないかを知ることができる。すなわち、在日コリアンが帝国の時代に経験した差別や疎外といった記憶は問い直されることなく忘却され、現在の朝鮮通信使という日韓をつなぐものを再現する行事においても、やはり外部に置かれているということである。言い換えると、朝鮮通信使行列による日韓交流は、本来の理念であるべき歴史問題の克服や他者理解よりも、地域振興に利用されている状況にあるということである。本稿は、こうした今日の国際交流の問題点を二つの地域の朝鮮通信使行列に参与する在日コリアンを通じて考察してみようとするものである。

一　朝鮮通信使の意義と行列再現

朝鮮通信使は主に江戸時代に日本へ派遣された使節団である。朝鮮通信使が活用されるうえでの共通理解は、対馬藩の外交役をつとめた雨森芳洲の言葉である「誠信交隣」をキーワードにして、朝鮮通信使を現在の日韓関係の友好のモデルとするものである。

朝鮮通信使が残した多くの史料を世界の記憶にしようと、二〇一六年に日韓の民間団体が共同で申請を行った。その申請案件名は、「朝鮮通信使に関する記憶――一七世紀～一九世紀の日韓間の平和構築と文化交流の歴史」である。概要は次の通りである。

朝鮮通信使は、一六世紀末に日本の豊臣秀吉が朝鮮国に侵略を行ったために途絶した国交を回復し、両国の平和的な関係を構築し維持させることに大きく貢献した。

朝鮮通信使に関する記録は、（中略）朝鮮通信使が往来する両国の人々の憎しみや誤解を解き、相互理解を深め、外交のみならず学術、芸術、産業、文化などのさまざまな分野において活発な交流がなされた成果である。

この記録には悲惨な戦争を経験した両国が平和な時代を構築し、これを維持していくための方法と知恵が凝縮されており、「誠信交隣」を共通の交流理念として、対等な立場で相手を尊重する異民族間の交流を具現したものである。（中略）
ゆえに、この記録は両国の歴史的経験に裏付けられた平和的・知的遺産であり、恒久的な平和共存関係と異文化尊重を志向する人類共通の課題を解決するものとして極めて高い価値を有している。
［朝鮮通信使縁地連絡協議会・釜山文化財団　二〇一六］

申請を行ったのは、日本側の朝鮮通信使縁地連絡協議会（略称、縁地連）と、韓国の釜山文化財団(3)である。後述するように縁地連は対馬の呼びかけで成立したネットワークで、韓国側で朝鮮通信使事業を主管するのが釜山文化財団である。

朝鮮通信使の現代的活用の先駆けは対馬といえよう。対馬は朝鮮半島との地理的近接性を生かした韓国人の観光誘致に取り組む特徴ある地域であり、一九八〇年から夏祭りの中で朝鮮通信使の再現行列が行われている。この対馬の朝鮮通信使行列は各地に影響を与えた。対馬の行列を招聘したり、これを見本にして朝鮮通信使行列を新たにその地域の祭りに導入する自治体が増えた。二〇〇二年から二〇〇五年の間に順に下蒲刈、釜山、下関、川越で通信使行列が実施され始めた。二〇一五年からは京都の祭りで朝鮮通信使行列が登場するようになっている。

朝鮮通信使ゆかりの地は多く、通信使が残した資料は各地に散在しているが、そのままでは観光資源にはなりにくい。それゆえ可視化した再現行列(4)というパフォーマンスが受容されたといえよう。パレードの形で表現される行列が地域の特性を代弁する役割をもち、その地域の祭りの重要なアイテムとみなされるようになった。

世界の記憶への登録に向けた活動の仕方や、朝鮮通信使行列再現という共通したアイテムの利用にあたっては、自治体によって異なる認識や成立過程があることが容易に想像でき、平行して実動する行列を行う人々やそれを見る住民たちにも異なった認識があるのも事実である。次章からは、対馬と下関の朝鮮通信使行列の成立を検討しながら、日韓関係や歴史認識と最も関わりのある在日コリアンの参与について考察していく。

二　対馬の朝鮮通信使行列と在日コリアン

1　対馬の朝鮮通信使行列

最初に、対馬と朝鮮通信使行列について整理しておく。対馬は、最寄り空港がある福岡からよりも韓国からのほうが約五〇キロとはるかに近く、古代より中世、近代を通じて朝鮮半島と強いつながりをもってきた島である。古代は防人《さきもり》の島として知られ、中世から近世にかけては、朝鮮半島との交易と外交を一手に担ってきた。近代には、大陸に向けた要塞としての役割を期待された島であった。そして現在は、「国境の島」として、韓国からの観光客が急増していることで良く知られるようになっている。

対馬の観光は、何より朝鮮半島との歴史性と近接性に裏打ちされた戦前戦後の多様な人的、物的交流が基盤になっているといってよい。中でも朝鮮通信使をモチーフにした地域振興および観光振興が重要視されている。対馬は、朝鮮通信使の日本最初の上陸地であり、江戸城まで対馬藩の武士が随行していったという歴史がある。また朝鮮通信使行列再現や全国ネットワークの形成に熱心な複数のキーパーソンが存在した。彼らの活躍により朝鮮通信使行列が開始され、縁地連が誕生している。

朝鮮通信使の再現行列は、毎年八月の第一週の週末に開催される「厳原港まつり（以下、港まつり）」において行われている。かつて「対馬アリラン祭」の名前で良く知られていた祭りである。できるだけ歴史に忠実な衣装と工夫をこらした道具を用い、招待された韓国からの舞踊団や楽団などを含めておおよそ四〇〇〇人の規模で行列が行われている。

朝鮮通信使行列の始まりは、大阪で上映された朝鮮通信使研究家の辛基秀による記録映画『江戸時代の朝鮮通信使』をみた商店主の庄野晃三朗氏が感銘を受けたことに始まるとされる。庄野氏は対馬を盛り上げるために一九八〇年から地元の祭りである「港まつり」の出し物として仮装行列を始めた。対馬は一九七〇年代から韓国が見える「異国情緒」をキャッチフレーズにして国内からの観光誘致を進めていたときであった。異国情緒ただよう朝鮮通信使行列をメインイベントにすえ、祭りの名称に「アリラン祭」が使用されるようになる。一九九五年には朝鮮通信使にゆかりのある地域を結ぶネットワークである縁地連が結成された。こうして朝鮮通信使行列は日韓交流の象徴的イベントとして定着していき、「日韓交流の島」が対馬の新たなスローガンとなっていった［村上　二〇一四a］。

この過程で観光戦略も韓国からの観光客誘致にシフトしていった。二〇〇〇年には船による釜山からの定期国際航路が就航している。二〇一一年、東日本地震の余波で航路が一時的に途絶えたが同年中に路線は複数路線化、高速化した。このことにより、現在は最短で一時間一〇分ほどで釜山と結ぶようになり、観光客が急増している。[5] 二〇一五年には約二一万人が対馬を訪れている。対馬にとっては経済的波及効果が大変大きく、二〇一一年の韓国人による観光消費は五年前より一一億円増加し三三億円であったという〔『西日本新聞』二〇一四年一月八日付〕。

さて、「港まつり」は行列と韓国の舞踊団の公演を除けば、むしろ住民が歌や踊りなどの出し物を披露し、芸能人の歌を楽しみ、花火を鑑賞する地元の祭りである。日韓交流のシンボルでありながらも、地元に根付いた祭りであるという二面性をもつ。こうした形態になったのには観光振興が深く関係している。つまり、行列は当初余興的な意味合いで始まり、あくまでも地元の祭りを盛り上げるためであったのが、日韓交流の意味が後年に新たに付与され、観光振興の素材となったという経緯があるからである。

組織も二重の体制である。現在祭り全体を率いるのは「港まつり振興会」で、対馬市商工会厳原支部が中核となっている。それに対して朝鮮通信使行列は、創始者である庄野氏の遺志を直接的・間接的に継いだ有志によって構成される「朝鮮通信使行列振興会」が運営する。ただし、市が後援し、関係の来賓を招いた歓迎晩餐会は市主催で開かれているという意味で、朝鮮通信使を通じた国際交流は自治体が主導している形態である。

二〇一二年には、祭りにとって大きな転機となる出来事があった。いわゆる「仏像盗難事件」である。「仏像盗難事件」とは韓国人によって二体の仏像が盗まれた事件だが、韓国の地方裁判所が返還禁止命令を下し、今でも一体が返還されていない。この出来事に対する抗議として、二〇一三年の通信使行列の中止と、今後の「アリラン祭」の名称の使用中止が決定された。この年の祭りの名称は「厳原港まつり」と変更されている。こうした決定には「地元の人からの寄付が集まらない」という理由が挙げられ、「祭りは韓国のためにやっているのではない。対馬のものである」という祭関係者の声が聞かれた。一方で、島内外から友好の象徴である行列がなくなることへの危惧、また観光に与える影響を危惧する声があがっていた[6]。結果的に、翌年の二〇一四年は朝鮮通信使行列は再開が決まったものの雨により中止となり、実質的に翌二〇一五年から再開された形となった。この出来事を通じて明らかになったのは、朝鮮通信使による日韓交流を全面に出したい自治体に対して、韓国色をなくしたい祭りの実行者たちとの葛藤があったことである。

他にも、行列振興会のメンバーでも「祭りから『アリラン』がなくなったら何の祭りか分からない」との声もあった。また、長年続いてきた行列がないことにさみしさを感じ、復活を願う一般の人々の声もあり、多様な見解があった[7]。いずれにしても、朝鮮通信使を軸にした「日韓交流の島」のコンセプトは対馬の地域振興にとって重要であることが確認された出来事であった。

2　対馬の在日コリアン

それでは対馬において在日コリアンはどのように朝鮮通信使行列に関わっていただろうか。まず在日コリアンが対馬でどのような存在であったか整理しておく。対馬に住んでいる、あるいは住んでいた朝鮮半島にルーツをもつ人々の歴史は長いが、資料は多く残されていない。だが、戦前戦後の韓国とのつながりは、記憶として広い範囲で共有されている。年配の人々の中には、戦前に釜山へ映画館、美容院、病院などに行ったことを記憶している人もいる。そして、そういった思い出話を両親や祖父母から聞いたという人も少なくない。対馬から野菜や魚が出荷され、釜山の市場で売られていたと具体的に記憶している人もいる［上水流 二〇一四：一四二］。釜山に住んでいた人も多かったとみられ、ある程度の年齢層では、どの家のだれが釜山生まれであるという知識も持ち合わせている。

戦後、原則として自由な行き来が不可能になってからも、朝鮮半島との直接的な行き来をしていたことは対馬の人々に記憶されている。村上［二〇一四b］によれば、戦後、「変則貿易」という形で日韓の経済交流があったという。当時の法律では日本側からは正式な輸出入として、韓国の立場からは密輸入として貿易が行われており、韓国の船員が大量に品物を買っている様子を覚えている人も珍しくない。この貿易の形態は一九六五年の日韓国交正常化をもって終焉している。

戦後の在日コリアンのイメージはどうだろうか。豚肉に味付けをした「とんちゃん」という郷土料理が、現在も肉屋を経営しているある在日コリアンの店から始まったものだとされていることを除いては、現在対馬の人が語る歴史の中に在日コリアンが登場することはあまりない。対馬の人々の戦後の在日コリアンに関する記憶に一貫しているのは、彼らが炭焼きをしていて貧しかったことである。六〇歳代後半のある男性に韓国のイメージを尋ねると、「今は違うといっても、韓国人のイメージは炭焼きをしていたし、貧しい、みすぼらしいというイメージ」と語っているが、少なくない人々の記憶として残っている。

朝鮮半島にルーツを持つ人々のなかには、直接半島から来た人もいたが、九州などから移住してきた人々も多かった。対馬南部在住の在日コリアンのAさん（女性六〇歳代）は、父親が九州で働いていたところ、対馬で儲かると聞き結婚後移住してきたという。本人は対馬で生まれ、対馬では家族で山に住み炭焼きをしていたという。

戦前から炭焼きは多かったようで、宮本常一の著書には「日韓合併の後は朝鮮への日本人の進出がいちじるしく、釜山に向けての薪炭の移入がようやく多くなり、島の北部はその金によってうるおうた。と同時に業者たちは朝鮮人を炭焼きに雇うて焼かしめた。こうした人びとの群が一〇〇〇人近くもこの島に入り込んでいたことがあった」〔宮本 一九六九：二四〇―二四二〕とある。また「島の人々はなにほどもこういう仕事に従おうとはしない」〔宮本 一九六九：二四二〕としている。当事者も炭焼きの記憶を語っている。高澤秀次『辺界の異俗』には、昭和一〇年に伯父を頼って一九歳で慶尚北道から対馬へ移り住み炭焼きをしていた人物が、炭焼きをしていた人々の多さを語るシーンが収録されている。

炭焼きの仕事は、ここへきて覚えたんです。対馬に来た韓国の人は、みんな木炭生産する人ばかりです〔高澤 一九八九：二三七〕。

対馬では多い時には、韓国の人と日本人の数が大方半々に近いのではないかと思うほどおったですよ。何千人おったか〔高澤 一九八九：二三八〕。

この人物によると、日本人の親方に多く差し引かれ、借金がなかなか返せない状態であったという。この他、小熊英二・姜尚中編『在日一世の記憶』にも、対馬で炭焼きをしていた人たちのことが語られている。

向こうは「サネサラム」（山の人）いうか、炭焼きの人がほとんどじゃったんです、トンポ（同胞）はね。炭ジャンサ（商売）やってた人もいましたよ［小熊・姜編 二〇〇八：三三四］。

また漁師や海女として一定期間対馬に出稼ぎに来る人々も多く、定着する人もいた[8]。済州島出身（一九一六年生まれ）の女性が次のように語っているように、楽な仕事ではなかったようである。

お父さん（夫）は学校の仕事してた。朝鮮学校建てるため寄付をあつめたりして、家にお金を持ってけえへん。どうしてもあかんから、海女に行くことにしたんですねん。毎年三月から一〇月まで対馬に行ったよ。一つのグループは四、五人やけど、みんな合わせたら四、五〇人どころやない。親方さんは対馬の日本の人で、海を区切って買うんですねん。親方が借りてくれた家で、みんな一緒にご飯食べるし、一緒に寝るし。（中略）メリヤスの服の上にゴムの服を着て、海中メガネをして、朝八時に海に入ったら一一時まで潜るね。昼なったらあがって、また一時に潜って、五時に出てきた。取るのはアワビとサザエや。（中略）お金もらうのは四分六。一〇万円儲けたら四万円［小熊・姜編 二〇〇八：三八―三九］。

対馬で六〇歳代～七〇歳代の人々に聞くと、学校のクラスには必ず数人は在日の人がいたが、年を追うごとに減っていたという。筆者は調査中、在日の家族を対馬の外に逃がす手助けをしたという人に出会った。その家族は炭を運ぶトラックの会社で、まるで奴隷のように働かされており、見るに見かねて船を手配して大阪へ夜逃げさせてやったという。およそ五〇~六〇年ほど前のことである。この人の夫人が子どもの時も、ある日突然同級生がいなくなったことがあり、夜逃げしたのを後で知ったという。

対馬での就職先は限られており、生活のため、就職のために外に出ていく人が年々増加した。Aさん自身は、自営業を営み、住むところもいくつか変えながら働いてきた。対馬で高校に進学する人はほんの僅かで、ほとんどが島外で就職するために出て行ったという。「私たちみたいに韓国の人はこっち（対馬）に親戚がいない。外に出た子どもが親を呼び寄せる」といい、ますます対馬から在日コリアンが減ったと話してくれた。Aさんの記憶では、自分が中学生の頃一〇〇〇人いた在日コリアンの九割が外へ出て行ったという。

終戦のとき朝鮮半島の出身者は対馬に七〇〇〇人いたともいわれ、一九四九年に三〇〇〇人、その一〇年後に二〇〇〇人になったという［嶋村　二〇一三：六三、七二］。さらに時代を下ると減少は顕著である。新聞記事をもとに書かれた斉藤隼人『戦後対馬三〇年史』によれば、一九五二年に二四七三人だった「韓国・朝鮮人」が、製炭業の不振により京阪神方面へ流出し、一九六七年に七五〇人になったと記録されている［斉藤　一九八三：二〇三］。

在日コリアンの減少は、対馬の人口減少の構造とわずかの時間差を置いて相似している。働き口を求めて島外へ出る若い人は多く、対馬の人口もまた減少している。かつて、対馬の人口は明治末期で五万人いたとされ、最も多かった一九六〇年の約七万人をピークに減少し始め、二〇一六年七月現在で約三万二〇〇〇人となっている（対馬市の統計による）。

対馬には朝鮮総連の設立が先行し、一九五〇年に民団が結成されている。当時二五〇人が参加して厳原で民団設立大会を開いた［嶋村 二〇一三：五九］。通常、民団の地域本部は都道府県にひとつだが、当時、対馬には多くの朝鮮人が住んでおり、また島であったため、設立ができたようである。

しかし、在日コリアンの人口減少にともない朝鮮総連も早い段階でなくなり、厳原にあった民団対馬本部は支部であった比田勝に本部を移し、事務員ひとりの連絡事務所となった。近年団員は一〇戸に満たないほどに減少し、この事務所も二〇一六年八月に閉鎖されてしまった。当事者によると、現在の在日コリアンは二〇名程度で韓国籍を持つ者はその半数、あるいはそれ以下だろうという［上水流 二〇一四：一四九］。

3　在日コリアンの朝鮮通信使行列への参与と民団の衰退

では、在日コリアンや民団は朝鮮通信使行列や祭りにどのように関わっていただろうか。多くの資料は残されておらず、さらに調査が必要だが、民団は行列が登場した当初からある程度の関わりがあったようである。

「港まつり」が開かれる前日の夜には、市役所の主催で、姉妹都市である釜山市影島区など、主な関係者を招待した晩餐会が行われている。朝鮮通信使で交流する自治体、韓国からの招待客、日韓議員連盟の議員、日韓交流団体など各種団体の代表などが参加している。

比田勝にあった民団対馬事務所のBさん（女性六〇歳代）によると、「昔は団長が行列の輿[9]にも乗っていた。晩餐会にも出席していた。韓国からのお客さんも多かった」ということだった。しかし、その後、市役所は民団を相手にしてくれなくなったのだという。だが、市役所を定年退職した関係者によると、民団にはかつてホームステイ事業にも参加してもらっており、「厳原町[10]は民団を大事にしていた。団長に挨拶にも行った」という。祭りに関しては、「舞踊団派遣の口利きはしてもらったかもしれない」そうだが、それも「平成に入ったころまで」だという。

朝鮮通信使行列振興会の第一世代は、熱心に釜山やソウルに赴いて衣装の買い付けや交渉を行っていたそうである。しかし、例えば衣装や道具をそろえるのに苦労した思い出話の中には、便宜を図ってもらった韓国領事館などの話題が出ることはあっても、民団や在日コリアンの話題はほとんど登場しない。前述の関係者によれば、「平成になってから、民団自体が勢力を落とした。二桁になって、核になる人がいなくなった」のだという。一九八〇年に朝鮮通信使行列が登場し、「日韓交流」のシンボルとして成長していく中で、反対に対馬の民団は力を失っていったとみることができるだろう。

民団が力を失う過程には多くの在日コリアンが島外に流出していったことに加え、帰化者の増加も関係している。前述のAさんは、下の子どもが学校に上がるときに一緒に帰化したという。祭りに関しては、「見には行くけど。（交流は）民団の人たちがするでしょう。私たちは微妙な立場。帰化してしまって、日本人だし」と語った。一般に帰化した人々は民団とのつながりも絶ってしまうことが多いためである。一方で、実際には現在では民団は祭りに主体的に関与することはなく、市役所が様々な面で中心となっており、在日コリアンを含め一般の人々にも「市役所がしている祭り」、「一部の人が熱心にする祭り」のような理解をする人がいる。

朝鮮半島との関係が深く、多くの在日コリアンが住んでいた対馬で行われる日韓交流イベントには、韓国から来る来賓のみならず、在日コリアンが関与して当然に思えるが、実際には彼らは祭りからは疎外された形になっている。朝鮮通信使行列は日韓交流のシンボルであっても、韓国からの来賓や関係自治体との代表的な人々による国際交流としての側面が大きいという実態である。

三　下関の朝鮮通信使行列と在日コリアン

1　馬関まつりにおける朝鮮通信使行列

本章では、下関の「馬関まつり」における、朝鮮通信使行列の事例を検討してみよう。下関は、大量の貨物と旅客が輸送可能な関釜・釜関フェリーによって韓国とつながりを持ち、在日コリアンが数多く住む地域である。また下関は、壇ノ浦の戦い、巌流島の戦い、幕末・明治維新、下関条約など、歴史の観光資源が豊富である。下関には各種の祭りが存在するが、夏から秋にかけて行われる三つの大きな祭りの時期が観光のピークであるという。五月のゴールデンウィークの先帝祭、盆前後の花火大会、そして八月後半に行われる朝鮮通信使行列が出る馬関まつりである。

馬関まつりは、一九七四年に始まった祭りが前身で、市民が参加する歌と踊りがコンセプトであった。一九七八年から馬関まつりという名称を使用している。毎年八月の下旬に開催され、市内の数ヶ所で多数のイベントが行われるが、メインイベントは四〇〇〇人が参加するという平家踊りと朝鮮通信使行列であるが、近年はよさこい大会やディズニーパレードが人気を呼んでいる。

朝鮮通信使行列は、朝鮮通信使が上陸した地点近くの海沿いの公園をスタートして、関門海峡と関門橋をバックに華やかに行列する。スタート地点付近は写真を撮るには絶好のロケーションであるが残暑の厳しい時期に行われるため見物客はさほど多くない。

行列の運営における対馬との違いは、下関は行列の事務局を市役所におき、市の職員が行列担当者になる点である。何よりも大きな違いは、行列を姉妹都市である釜山市から来た釜山文化財団が主催して行う点である。釜山からすべての衣装や道具を持ち込み、着付けから行列の編成や、実際の行列の進行など、ほぼすべてのことを行う。行列の中での日本の部分である長州藩主と武士役の衣装だけは、毎年対馬の行列振興会から借りている。なお、着物の着付けは、地元の着付け教室のボランティアが行うことになっている。

行列は、韓国側から参加した釜山市民、舞踊団、楽団など合わせて一〇〇人程度と、一般に募集された下関の市民一〇〇人程度、合計二〇〇人程度で構成される。他にボランティアスタッフも参加しており、これらの一般の募集は市で行っている。下関側の参加者は年によっては萩市から参加する人もあり、毎年のその顔ぶれは変化する。

馬関まつりにおける朝鮮通信使行列は二〇〇四年から始まっている。市役所の職員によれば、二〇〇二年の日韓ワールドカップの頃の友好的雰囲気の醸成が直接的な契機となったという。毎年五月に行われている釜山の「朝鮮通信使祭り」のようなものを下関でもやりたいということで、当時の市長が友好都市の釜山に協力を申し入れ、現在の形になっている。行列を担当する市民課の資料によると、朝鮮通信使行列再現事業の内容は「まつりに華を添えるとともに、「善隣外交・誠心交隣」の精神のもと、下関市と釜山市両市の市民レベルでの文化交流を一層深めようとするもの」と記されている。

ただし、釜山文化財団の担当者にとって、下関の行列は「我々のイベント」である。釜山から大勢の参加者とスタッフを送り込み、大量の道具と衣装を持ち込んで全面的に彼らが作り上げる行列だからである。下関市民の中にも「釜山のイベント」と理解している人も少なくない。自分たちとは関係ないと考えているのである。

なお、行列の定例化以前には、二〇〇二年日韓国民交流年を記念した朝鮮通信使の全国縦断リレーイベントである「JAPAN―KOREA市民交流フェスティバル二〇〇二in下関」の際に、下関と釜山の市民が参加して朝鮮通信使行列が行われていたことがあった。この行列が下関市内を歩く形で行われた最初の朝鮮通信使行列とみられる。

これ以前も、朝鮮通信使に注目する動きはあった。下関市は朝鮮通信使縁地連絡協議会に早くから参加し、一九九六年に第二回協議会大会を開催している。だが、当時でも「朝鮮」に対するアレルギーと、朝鮮通信使が朝貢使であったという間違った認識があり、担当者は大変な苦労をしたそうである。この時は、対馬の朝鮮通信使行列振興会のメンバーが「衣装の再現」の意味で会場を一周している［『山口新聞』一九九六年一一月二四日付］。

現在では夏の風物詩として、馬関まつりの中の朝鮮通信使行列は定着したとみてよい。年々知名度を上げ、山口県の地元新聞である『山口新聞』では二〇〇九年から、馬関まつりの始まりを告げるイベントとして朝鮮通信使行列の写真を大きく一面に掲載するようになっている。

二〇一六年は下関市と釜山市の姉妹都市締結四〇周年を迎える年であった。朝鮮通信使行列に釜山市長が参加したほか、いくつかの記念イベントが行われた。しかしながら、釜山市と下関市は都市規模において対等なものとはいいがたい。下関市の観光交流担当職員によると、釜山市と姉妹提携している福岡市に比べると圧倒的に都市規模が小さいため、下関のほうが「釜山に思いを寄せている」のだという。そのため、関釜・釜関フェリーをはじめとした、釜山とのつながりの強さを生かしたいという。

2 民団と朝鮮通信使行列

人口の減少に伴って在日コリアンの参与が希薄になった対馬とは異なり、下関では馬関祭りに民団がある程度関わっている。まず、民団山口県下関支部の婦人会が毎年馬関まつりの出店スペースに出店し、チヂミやビールを販売している。また、下関市主催の朝鮮通信使行列再現事業歓迎夕食会には山口県地方本部団長、下関支部団長、各支所婦人会長をはじめとした幹部が多数出席するのが恒例になっている。

下関支部のCさん（男性、七〇歳代）によれば、行列の創生期には釜山側からの要請もあって様々な支援をしたという。釜山から来るスタッフや参加者に弁当やお茶を差し入れし、市内観光に連れて行ったりもしていたが、予算の関係上長く続けられなかったという。そこで行列に参加する方向に転換し、数年前から毎年人数の増減はあるものの、数人〜三〇人ほど参加している。動員していた時期もあったというが、基本的に自由意志で、市の参加募集要項が出るときにある程度の人数で参加している。近年は団長が熱心なこともあって事前に三〇人の枠を確保してもらう形で、民団が団員や協力関係にある日韓親善協会などから参加してもらうよう呼び掛けている。ただし、在日コリアンであっても個別に一般募集に応募する人に関しては民団では完全に把握してはいない。

行列の参加募集は市で行い、行列は釜山文化財団が行う。そのため、参加者を出す以上には民団が行列に主体的に関わるわけではない。ただ、もともと行政との関係は強固で、各種のイベントに関係しており、二〇一六年に行われた姉妹都市締結四〇周年事業に民団も協力したという。

時代を遡ると、他の形で「馬関まつり」に参与していたそうである。民団の幹部を務めていた男性Dさんは、およそ四、五〇年前には、青年会のメンバーで韓国の結婚式の衣装で着飾ってジープに乗りサムルノリを従えて、当時祭りで行われていたパレードに参加した経験を持つ。これは数年続いていた。通信使行列にも参加したことがあり、現在の朝鮮通信使行列については、「日韓関係がぎくしゃくしていても、民間が（交流を）やればいい。一地域住民として参加して盛り上げて来た。市の活性化と相互理解に役立てればいい。本国との懸け橋になるのが民団の役割ですから」という考えだった。幹部のEさんは、「朝鮮通信使のイベントに民団が参加するのは当然。日韓交流は下関市民が中心になって、我々はそれをサポートしたい」と話してくれた。

しかし、世代によって多少とも考え方が異なるようである。数年前に行列に参加したことのある三世にあたるFさん（男性四〇歳代）は、もともと民団の活動には熱心ではなかった。これまでは役があっても活動をしていなかったが、親しい先輩が団長になったので、幹部として活動をしている。幹部の彼にとって行列参加は「義務・役割」だという。近年は特に市民の一般参加が人気があるので、「うちでする必要はないのでは」という考えであった。差別の厳しかった少し前までの世代と、実生活で差別を実感することが少なくなった若い世代とでは、民団活動や韓国、そして民族的アイデンティティに対する態度も大きく異なる。朝鮮通信使行列に対する態度も様々であって当然といえよう。

世代による変化として、民団の団員の減少と高齢化が悩みである。Cさんによると、山口県の約六五〇〇人の団員のうち、二五〇〇～三〇〇〇人ほどが下関在住であるとのことである。かつて約一万七〇〇〇人いた団員は高齢化し、帰化する者も増えたうえ、仕事を求めて大阪、東京方面に移住して行った。幹部の役職に就く人々の高齢化が進んでおり、次世代の育成が課題であるという。

3　船でつながる韓国との過去と現在

現在下関は、関釜・釜関フェリーによって釜山とつながっている。このフェリーが就航したのは一九七〇年のことで、戦前には同じ航路で関釜連絡船が存在していた。

一九〇五年、釜山―京城―新義洲が鉄道でつながり、同じ年に釜山―下関をむすぶ連絡船が就航することで、東京から大陸への道が開けた。当時、釜山―下関を一一時間半、東京―京城間を六〇時間で結んだという［金　一九八八：一二］。初代の船名は対馬丸と壱岐丸、後には、高麗丸、新羅丸と名づけられ、次に景福丸、徳寿丸などの王宮名がつけられ、さらに後代には金剛丸、天山丸、崑崙丸など、あたかも東アジアへの侵略の拡大を表すかのような命名がされている。

関釜連絡船は、一九二〇年代から三四年にかけては年間四〇万から八〇万人を運んでおり、一九三六年からは終戦直前まで一〇〇万人を輸送している〔下関市史編修委員会　一九八三：四五〇〕。下関からは朝鮮や大陸を目指して移住しようとする日本人を乗せ、釜山からは自発的にも強制的にも日本で働こうとする朝鮮人たちを乗せて運んだ。

一九二三年からは済州島と大阪を結ぶ航路が就航している。大阪に到着した朝鮮人が工業地帯であった大阪周辺にとどまることが多かったのに対して、下関の場合は全国へ散らばっていった〔朴二〇〇五：二七二〕が、近くの炭鉱に送られる人々も多かった。彼らは筑豊炭田を中心とした九州や山口の炭鉱の労働に従事し、厳しい労働・生活環境におかれていた(11)。下関は徴用された朝鮮人労務者が振り分けられる場所でもあったという〔下関市史編修委員会　一九八三：七〇〇〕。関釜連絡船で渡ってくる朝鮮人の増加に対応するため、下関には一時保護（収容）施設である昭和館という施設があり、宿泊提供、就職あっせんなどを行ったとされている〔前田　一九九二：四七〕。

敗戦になると、朝鮮半島へ帰ろうとする人々で下関はあふれた。多くの人を乗せるには船便が足りなかったことや、帰国しても生活のめどが立たないなど、さまざまな事情で、そのまま下関にとどまる人々も多かった。いったんは帰国しても生活できずに密航の形で日本に戻る人もいたとされる。例えば、下関在住の在日コリアンのGさん（男性五〇歳代）の父親は、一五歳で日本に渡り、日本軍となんらかの関わりのある仕事していたらしいという。父親は具体的なことは話さなかったが、「親日」と批判されることを恐れて韓国に帰らず、日本に定着する道を選んだのではないかとのことだった。いずれにしても、植民地時代に様々な事情で日本に渡り、そして下関にとどまった人々の相当数が、日本の植民地支配の象徴たる関釜連絡船と何らかの関わりがあると言っても過言ではない。

下関駅周辺に形成されている「グリーンモール」という商店街は、戦後の闇市から出発している。現在は、「釜山門」のモニュメントが、そこがコリアンタウンであることを表現している。戦後、焼け野原になっていたところに朝鮮人が独占的に「早い者勝ち」で店を出したという［島村 二〇〇三：一二］。現在では、在日系の商店や焼き肉などの飲食店が多い。近年、シャッターが下りた店が目立つものの、毎年一一月二三日に「リトル釜山フェスティバル」を行って町おこしをしている。戦後の混乱の中、店を出す以外にも、在日の人々は生活のために違法なものも含めて様々な仕事をするしかなかった［島村 二〇〇三］。また条件の悪い場所に集住する傾向があった。在日の人々が集住した地域のひとつに、「在日韓国・朝鮮の人々の間では、トンクルトンネ（糞窟村）と呼ばれている」ところがある。「三方が高くなっていて中央部が極端に低く、そこに汚物が集中したためにこの名がついたと考えられる」という［豊田 一九八九：一一七］。かつて刑務所や火葬場があった狭い土地に多くの人が暮らす、劣悪な住居環境であった。

戦後途絶えていた韓国航路が復活したのは、一九六五年日韓国交正常化後の一九七〇年である。政治家の肝いりで日韓の共同資本（正確には在日資本）による「関釜・釜関フェリー」が就航した。関釜連絡船の時代の暗い歴史を持つ航路に、韓国側では当初は反対の意見もあったが、対日貿易を増やしたい韓国と、経済成長が著しい韓国との経済的つながりを求めた下関の双方の目論見が一致した結果だった［山本 二〇一二］。

下関には日韓国交正常化の翌年の一九六六年に、韓国領事館が開設されていた。一九八〇年には総領事館に昇格し、一九九六年に広島へ移転するまで韓国に関わる業務を行っていた。下関韓国総領事館は当時山口、広島、島根を管轄していたが、一九九一年に広島とソウル結ぶ空路が開設されてから、広島と韓国の結びつきが強くなり、広島に移転し広い地域を管轄することになった。領事館の広島移転のニュースに地元は衝撃を受けた。「もし事実なら国際交流の拠点性を高める大きな柱を失う」、「下関にはこれまで培った日韓交流の実績がある。仮に移転となっても下関に何らかの機能を残してほしい」などと経済界の声があがっていた〔『山口新聞』一九九六年六月二六日付〕。市長が存続を求めて韓国を訪問するなどして、結果「名誉総領事館」がおかれることになった。実務を行わないが、韓国とゆかりのある下関の名士が「名誉総領事」を委任されることになった。初代名誉総領事にはフェリーの開設、釜山との姉妹都市提携を行った井川元市長が委任された〔『山口新聞』一九九七年七月二日付〕。陳情書には「一九七〇年に日本初の国際フェリーが下関—韓国釜山間に就航し、頻繁な人、物の交流が始まり」、姉妹縁組など活発に行っている件が記されていた〔『山口新聞』一九九六年七月一二日付〕。

総領事館の移転に下関が衝撃を受けたのは、国際交流が揺らぐこと以上に韓国との経済交流に影響があることを危惧したからである。ポッタリ(12)と呼ばれる個人による小口の商売から、各種の日韓貿易まで、韓国とつながりをもって商売をする人々の存在は重要と考えられていたといえる。

このように下関において、現在韓国とのつながりが語られるとき、基本的に歴史的な側面よりも経済的側面に偏る傾向があるようである。さらに、国際交流について帝国の時代の過去が顧みられ公に論じられる場面は多くない。朝鮮通信使に詳しい下関市の関係者は、かつて在日コリアンに対する差別が厳しかったと振り返りながら、「韓国のことを悪く言う人もいるが、経済的なつながりは強い。下関は昔から商業都市で、気持ちのつながりというより利益のつながりが強い」のだという。朝鮮通信使による国際交流は、「(在日コリアンという)「足元の国際性」を見つめなおすことから始めなければならない」と語ってくれた。

下関も対馬と同様に、国際交流に帝国日本の歴史的背景が意識化されているわけではない。現在において朝鮮通信使行列は、過去を意識化しないフェリー就航後の国際交流、特に下関—釜山間の自治体交流の象徴として扱われており、同時に経済的・文化的地域振興の手段として認識されているといえよう。

四　地域振興としての朝鮮通信使行列と在日コリアンの役割

ここまで対馬と下関の朝鮮通信使行列を中心とした国際交流への在日コリアンの関わりを考察した。まず、朝鮮通信使の成立過程とその定着過程では両地域で差異があった。

対馬では、地元の祭りを盛り上げるために仮装行列として始まった朝鮮通信使行列が、後に国際交流の意味付けをされて成長していった。この出自であるからこそ祭りの実行者と行列の実行者は、地元貢献の自負を持っている。それが仏像盗難事件の折に「祭りは韓国のためにやっているのではない」という訴えとなって表れたと考えられる。一方で、朝鮮通信使を対馬のブランドとし観光資源としたい対馬市は、朝鮮通信使行列を日韓交流の象徴と認識している点で、多少のずれがある。国内からの観光客が伸び悩んでいる対馬にとって、今や韓国からの観光誘致は島の産業になくてはならないものになっている。国境に近い離島として、朝鮮半島との関係史や朝鮮通信使を対馬の独自性として打ち出す、ある意味で切実なものである。

この点、下関の場合、朝鮮通信使は数ある観光資源のひとつに過ぎない。明治維新一五〇年を迎える山口県は、幕末からの歴史を観光資源の重要なポイントにしており、主に国内からの観光客を狙っている。朝鮮半島との関連の歴史は長いが、朝鮮通信使行列は、釜山市との友好を表すものとして始まった出自から、現在でも釜山からの全面的な支援の下で、市民交流を標榜して行っている。釜山からきたスタッフが行列を完全に取り仕切る様子はそれを体現しているようであった。

では、在日コリアンの参与はどうであっただろうか。対馬においては、現在では参与と呼べるものが存在していなかった。対馬では植民地時代に朝鮮半島から移住し炭焼きを営んでいた人々が、戦後製炭業の衰退により就職口を求めて国内外へ移動した結果、人口減少したことが直接的原因であった。しかし、もともと対馬で始まった朝鮮通信使行列はその成立から、在日コリアンが直接的に関わることがなかった。民団組織が機能していた過去にはある程度関与できたものの、当初から外部化されていた形である。

対馬と比較して下関の場合は、多くの在日コリアンがおり、団体や個人での参与が見られた。下関では朝鮮半島から来た人々が定住・流動する中継的な場所であり、戦前戦後を通じた移動を通じて在日コリアンの社会が形成されていき、戦後は関釜・釜関フェリーによって日韓のつながりが継続されてきた場所であった。そのためか在日コリアンは国際交流にある程度の参与ができていた。

ただし、対馬との差異は、戦後早い時期からの直接航路の存在によりある程度の経済的影響力を持っていたことと、減少したとはいえ一定程度の人口を保ってきたことによるものに過ぎない。朝鮮通信使行列に焦点を当ててみたとき、対馬同様成立から直接に関与することはなかった上、実行はすべて釜山市から派遣されたスタッフによっている点で在日コリアンは完全に外部化されている。対馬と比較して在日コリアンが朝鮮通信使行列に関わっているように見えるが、排除されている構造は同様である。

対馬と下関のいずれの地域でも国際交流の主体は実質的に自治体であることは共通していた。現在の日韓の交流は、植民地時代の朝鮮との人の往来の結果生まれた在日コリアンとはほぼ無関係に行われていた。つまり、朝鮮通信使を素材にした国際交流は、ユネスコの記憶遺産申請に見えるように、朝鮮通信使が友好使節団であったことだけを強調し、韓国への理解を深めるものになっていないことも同様である。まして帝国日本の時代の人の移動の歴史とは断絶している。祭りというイベントでは、行列のパフォーマンスは顕示的なものであって、自治体の日韓交流のシンボルの意味合いが強い。世論の移り変わりによっては対馬のように韓国色があることを嫌う雰囲気さえ作られうる。

前出の対馬のAさんは、「戦争に対して、なんで私たちがここにいるかということに関して無知よね。日本の人は無学。無学だからちょっとしたこと（差別的なこと）が言える」と断じる。また、民団のBさんは、祭りに参加しなくなったことや、民団の縮小の理由のひとつに対馬の人による差別があるという認識だった。旧宗主国であった日本側の歴史認識や韓国の人に対する差別も、国際交流事業がいかに向き合うか問題となる。

自治体が行う朝鮮通信使行列は、「善隣外交」という理念を掲げるだけで、地域振興、地域おこしの顕示的な意義しか持ちえてないのではないだろうか。広島県で朝鮮通信使行列事業に関わる人物は、呉市下蒲刈（朝鮮通信使の宿泊地）で行われている朝鮮通信使行列に関連して、「地方自治体の朝鮮通信使行列に共通しているのは町おこしという点で、日韓親善とはいっても観光効果だけがねらいなのが実体。本当に朝鮮通信使を広めるためには、何か新しいイベントが必要」と語っていたのは的を射ている。

おわりに

現在、朝鮮通信使行列の行事が自治体中心に地域おこしの文脈にとどまり、平和と国際交流を標榜していても在日コリアンに大きな役割を期待していないことが分かった。このことは冒頭の須田と三尾の指摘のように、旧植民地の被植民者へのまなざしをよく表していると言えるのではないだろうか。

ただし、本文の中でも見てきたように、在日コリアンの中でも様々な見解と多様な行事への参与の仕方があった。世代深度が増し、ルーツに対する思いも多様化している。例えば、下関で商店を営むHさん（男性五〇歳代）は、一世の父が朝鮮総連の活動家であったというが、四〇歳のときに思うところあって父親の出身地が現在の韓国であるため、韓国籍に書き換えた[13]。「子どもたちには隠さずに堂々と生きろと言っている。絶対に帰化はさせない」という。その一方で、前出のGさんは、「厳しい親の手前、自分は帰化できなかったが、子どもは日本籍にした。墓も要らないし、韓国のことは形も残さないでいい。自分の世代で終わりにしたい」と語ってくれた。いわば、在日コリアン自身が「帝国」時代の記憶を忘却しつつあるともいえる。

しかし、日本の中にある朝鮮への蔑視観が結果的に現在の在日コリアンの人々に対するまなざしを生み出し、戦後も差別して来たことに目を背けることができるだろうか。自治体、ひいては日本社会は、地域振興の名の下で忘却している帝国の記憶と在日コリアンの存在についてもう一度思いを巡らす必要があるのではないか。今後、朝鮮通信使行列を通じた国際交流には、朝鮮通信使に友好や平和の意味だけを見出して地域振興の道具としている現状にいかに意識的になれるか、そして地域振興以上の意味をいかに付与できるかという課題がある。旧植民地の被植民者の人々への日本社会のまなざしを「脱帝国化」した国際交流が望まれる。

〔付記〕

本稿は、拙稿「国際交流事業における在日コリアンの参与――対馬と下関の朝鮮通信使再現行列を中心に」(『白山人類学』二一、五九―七九頁、二〇一八年)を一部改変したものである。本研究を進めるにあたって、JSPS科研費「日本「周辺」地域にみる国境変動とアイデンティティ――韓国・台湾との越境を巡って」(JP21320165)、「帝国日本のモノと人の移動に関する人類学的研究――台湾・朝鮮・沖縄の他者像とその現在」(JP25244044)、「観光におけるミドルマンの関係構築と他者イメージ形成に関する研究―対馬を中心に」(JP17K03305)の研究助成を受けた。

注

(1) 日本に在住するルーツを朝鮮半島にもつ人々の呼称についてはいくつか存在する。本稿では、戦前からの移住者とその子孫たちであるいわゆるオールドカマーを対象にして論じ、国籍に関わりなく「在日コリアン」の名称を用いることとする。

(2) 本稿では、在日本朝鮮人総聯合会(総連)に関しては対象としなかった。本稿で触れる対馬では早い時期に支部がなくなっており、下関でも拉致問題などが背景となり市民参加のイベントに組織名を掲げて参加するケースがほとんど見られないからである。

（3）この団体は当初「朝鮮通信使行列再現委員会」として発足し、後に釜山市の外郭団体である釜山文化財団に吸収された。対馬の通信使行列に影響を受けて二〇〇三年から行列再現を行っている。現在は毎年五月初旬に「朝鮮通信使祭り」を主管し多彩なパレードを行っている。

（4）当然ながら予算や地域の特色によって異なり、パフォーマンス性が加味されるので、正確な意味で「再現」とは言えない。

（5）対馬の観光資源としては、厳原町に残る城下町の町並みや、韓国との関連史跡のほか、海や山の風光明媚な景観を楽しむのが一般的となっている。対馬は近さと安さゆえ短期間の旅行者が多く、キャンプ、サイクリング、登山愛好会などの団体旅行にもよく利用されている［中村　二〇一五］。こうした観光商品は旅行社の主導の下に、安価に抑えられていることが多い。対馬において韓国人を観光客として誘致するにあたってさまざま葛藤があった。業者が信用できない、観光客のマナーが悪いなどといわれている。生活の場に表れる観光客に対して生活を保護しようとする対馬の抵抗と分析できるが、韓国への蔑視観があるのも否めない。

（6）しかし前年からの航路の増設の影響で、かえって観光客は増加している。

（7）対馬市は近年朝鮮通信使に関連した顕彰事業にも力を注いでいる。豊臣秀吉の朝鮮侵略の後の通信使再開に尽力した初代藩主宗義智、対馬藩の外交役を務めた雨森芳洲など、朝鮮通信使をめぐる新たな顕彰の動きが続いている。

（8）済州島出身の海女については李［二〇〇二］、伊地知［二〇〇〇］に詳しい。

（9）韓国側の関係機関の役職の高い人物や、ゆかりの人物および著名人が選定され、朝鮮側の正使と副使役に扮装し、輿に乗って行列に参加する。日本側では、同様の人物が対馬藩主役雨森芳洲役を務める。

（10）対馬市に合併する以前の町名。対馬南部に位置する最大の町である。

（11）林［一九八九］に詳しい。

（12）ポッタリ（ふろしき）チャンサ（商売）の略でフェリーを利用したいわゆる「担ぎ屋」のことである。在日コリアンの代表的生業のひとつであったが、実際には韓国から来る人が多く［島村　二〇〇二］、現在は衰退傾向にある。

（13）　日本において北朝鮮との国交がないため「北朝鮮籍」は存在せず、「朝鮮籍」と称されるのは原則として記号に過ぎない。

参考文献

朝鮮通信使縁地連絡協議会・釜山文化財団
　二〇一六　『朝鮮通信使ユネスコ世界記憶遺産日韓共同申請書調印式』。

林えいだい
　一九八九　『消された朝鮮人連行の記録——関釜連絡船と火床の坑夫たち』東京：明石書店。

李善愛
　二〇〇一　『海を越える済州島の海女——海の資源をめぐる女のたたかい』東京：明石書店。

伊地知紀子
　二〇〇〇　『生活世界の創造と実践——韓国・済州島の生活誌から』東京：御茶の水書房。

上水流久彦
　二〇一四　「海峡を往来した人々」永留史彦・上水流久彦・小島武博編『対馬の交隣』一四〇—一五一頁、対馬：交隣舎出版企画。

金賛汀
　一九八八　『関釜連絡船——海峡を渡った朝鮮人』東京：朝日新聞社。

前田博司
　一九九二　「『昭和館』の歴史」『山口県地方史研究』六：四四—五四。

三尾裕子
　二〇一六　「台湾と旧南洋群島におけるポストコロニアルな歴史人類学の可能性——重層する外来政権のもと

での脱植民地化と歴史認識」三尾裕子・遠藤央・植野弘子編『帝国日本の記憶――台湾・旧南洋群島における外来政権の重層化と脱植民地化』一―三〇頁、東京：慶應義塾大学出版会。

宮本常一
一九六九『日本の離島　第一集』東京：未来社。

村上和弘
二〇一四a「朝鮮通信使行列と〈日韓〉交流」永留史彦・上水流久彦・小島武博編『対馬の交隣』一七―三〇頁、対馬：交隣舎出版企画。
二〇一四b「対馬・厳原の変則貿易」永留史彦・上水流久彦・小島武博編『対馬の交隣』一五二―一五六頁、対馬：交隣舎出版企画。

中村八重
二〇一五「観光交流からみた日韓関係――対馬の韓国人観光を中心に」磯崎典世・李鐘久編『日韓関係史一九六五―二〇一五　Ⅲ　社会・文化』三五三―三六九頁、東京：東京大学出版会。

小熊英二・姜尚中編
二〇〇八『在日一世の記憶』東京：集英社。

朴一
二〇〇五「在日コリアンの経済事情」藤原書店編集部編『歴史のなかの「在日」』二六七―二八六頁、東京：藤原書店。

斉藤隼人
一九八三『対馬戦後三〇年史』対馬：対馬新聞社。

島村恭則
二〇〇二「在日朝鮮半島系住民の生業と環境――ポッタリチャンサ（担ぎ屋）の事例をめぐって」『民具マンスリー』三五：八〇〇九―八〇二五。
二〇〇三「境界都市の民俗学――下関の朝鮮半島系住民たち」篠原徹編『越境　現代民俗誌の地平一』、九―三六頁、東京：朝倉書店。

嶋村初吉

二〇一三　『日韓をつないだ在日魂――民族運動家、権赫斗』福岡：梓書院。
下関市史編修委員会
一九八三　『下関市史　市制施行～終戦』下関：下関市。
須田努
二〇一一　「近世人の朝鮮・朝鮮人観」原尻英樹・六反田豊・外村大編『日本と朝鮮比較・交流史入門』一〇三―一二八頁、東京：明石書店。
高澤秀次
一九八九　『辺界の異俗――対馬近代史詩』東京：現代書館。
豊田滋
一九八九　「下関における韓半島の文化（その四）」『地域文化研究所紀要』一：一一四―一二九。
山本興治
二〇一一　「関釜・釜関フェリー就航の経緯とその後の日韓経済交流拡大」『下関市立大学論集』五五―二：六一―八二。

〈参考資料〉

『西日本新聞』二〇一四年一月八日。

『山口新聞』一九九六年六月二六日、七月一二日、一一月二四日、一九九七年七月二日。

●コラム

近代の味――あんぱんの一〇〇年

中村八重

ソウルから高速バスで二時間半、全羅北道の西北、錦江の河口に位置している群山《グンサン》という地方都市は、韓国の穀倉地帯として知られる湖南平野の中心地である。植民地時代の群山港は、湖南平野で作られた大量の米を日本に運ぶための積出港であった。最も多い時で約一万人の日本人が住む街が形成されていたという。

　群山は、近代建築物を観光化したことで近年よく知られるようになった都市でもある。戦後建物の多くが残されたままであったところ、一九九〇年代以降、周辺の新都市の開発によって旧市街の人口が流出して空洞化が起こった。この旧市街の再開発の方策のひとつが、数多く残されていた日本式家屋の再生と観光化であった。

イソンダン　焼き立てのパンを待つ行列。
（群山、2018 年 4 月 筆者撮影）

群山市では二〇〇三年に条例を制定して、近代建築物を文化遺産として保存するようにしている。旧群山税関周辺には、近代建築物を復元したレトロな雰囲気のカフェや展示施設が並ぶ地帯が造成されている。市街地には、日本人の富豪が住んだ家や、日本式の寺院、日本式家屋をリノベーションした店舗や日本家屋式の宿泊施設が立ち並んでいる。

群山は米の積出港であったため、近代建築物を日本による「収奪の現場」と位置付け、歴史学習の場となるよう意図されているのが群山観光の特徴のひとつである。案内版や展示などではいかに日本が非道に収奪していったかが強調されている。街を徒歩で案内してくれるガイドの語りには、米の収奪にまつわるエピソードの他、裕福だが緻密で冷徹な日本人像、貧しく搾取された朝鮮人像など、ある程度決まったパターンがあるようである。

群山市街の観光スポットのひとつに、全国的に有名なパン屋「李盛堂《イソンダン》」がある。この店はあんぱんと野菜パンがおいしいと評判で、週末ともなると焼き立てのパンを待つ行列が開店から閉店まで途切れることがない。高速バスターミナルでソウルに帰るバスを待つ観光客と思しき人々は、手に手にそのパン屋の名前が入った紙袋を提げている。数年前からソウル市内のデパートに出店し、その知名度に拍車がかかった。地方にある店が全国的に有名になることは韓国では珍しいことである。味はもちろんのことだが、この店が有名な理由のひとつに歴史性がある。植民地に日本人が経営していた製菓店「出雲屋」がこのパン屋の起源とされ、韓国で最も古いパン屋として知られているからである。

出雲屋については、全北大学の研究チームが調査し、『海を渡った「出雲屋」――韓国のパンの百年史』（ハム・ハンヒ、オ・セミナ著、中村八重訳、ハーベスト出版、二〇一八年）にまとめられている。この調査は、出雲屋の創始者の孫娘である廣瀬鶴子さんが、戦後三七年を経て生まれ故郷の群山を訪れた折、生家のあった場所に同じようにパン屋があることに驚き、イソンダンを訪問したという出来事に端を発している。研究チームは日本に鶴子さんを訪ね聞き取り調査を行っている。

同書によると、出雲屋は一九〇六年に出雲出身の廣瀬安太郎が家族と共に群山に移り住み菓子屋を営んだことに始まる。後に洋菓子とパンの製造販売も始め、息子が後を継いだ一九三〇年ごろには、分店を持ち洋食レストランも併設する大きな店へと成長した。煎餅やあんぱん、サラダパンが有名だったと当時を知る人は語っている。当時の資料から出雲屋は多くの従業員を抱え、機械化された工場で商品を製造する近代的な店であったことが分かっている。同書には、敗戦によってこの家族が持てる財産のほとんどを置いて引き揚げ、日本で再び「出雲屋」を開くところまで記されている。

イソンダンを植民地時代から続くパン屋と認識している韓国の人も多いが、報告によればイソンダンが出雲屋を引き継いだのではなく、出雲屋の跡地に偶然にも日本から帰国した韓国の人がパン屋を出したというのが正確なところである。イソンダンも一九四五年創業と掲げている。一九四五年からでも、韓国においては最古のパン屋である。なによりも、同じ場所でパンの歴史が一〇〇年以上に渡って紡がれてきた偶然に瞠目せざるを得ない。

パンは近代の幕開けと共に朝鮮に入ってきた。朝鮮における最初のパンは朝鮮時代末期に外国人宣教師たちが持ち込んだものであった。後に植民地となった朝鮮には日本人の手によってあんぱんをはじめとした日本式のパンが入ることになる。だが当時のパンは一般の朝鮮人には高価で手に入りにくいものであった。解放を経て、韓国人の手で同じようなパンが作られるようになってから親しまれる食べ物になっていった。パンは西洋文化の一部であり、今では一般的にパンとケーキは同じ店で売られている。あんぱんはもはやなつかしさを感じさせる食べ物となっている。

群山を訪れる観光客は、日本による収奪の歴史を学び憤慨する一方で、イソンダンのパンを買い求める。帝国日本の収奪という象徴性を持つ群山において、「日本人が始めたパン屋」が人気を博す様子は奇妙と言えるだろうか。すっかり身近な存在となったあんぱんは、収奪の味ではなく近代の味として受容されているのかもしれない。

韓国華僑と台湾——台湾の大学への「帰国」進学者を対象に

冨田　哲

はじめに

台湾には韓国華僑と呼ばれる人々が一定数居住している。また、大学などの教育機関にも韓国出身の華僑学生が在籍している。

朝鮮半島における華僑の歴史は、一八八二年の壬午軍乱の際、朝鮮に派遣された清軍に同行した商人が朝鮮に滞在したことで幕を開け、その後、清と朝鮮のあいだで結ばれた「清朝商民水陸貿易章程」によって、多くの清の商人が朝鮮に進出する。日本の植民地統治開始後、一九二〇年代後半には女性の割合が高まり、従来の男性中心の単身出稼ぎ型から定住型社会へと移行したが、それにともない各地に華僑学校が設置された。朝鮮総督府の統計では、一九四三年の華僑人口は七万五七七六人で、男女比はほぼ二対一になっていた。なお出身地は、一九世紀末には比較的多様であったものの、以後は山東省からが大多数を占めるようになる。

王恩美は、第二次世界大戦が終結してから今日まで韓国に居住している／居住していた華僑を韓国華僑、一九四五年八月一五日以前に朝鮮半島にいた華僑を朝鮮華僑としている。ただ、冷戦体制下では韓国と中華人民共和国とのあいだに国交はなく、地理的に近接している山東省から人口が流入することもなかった(1)［王 二〇〇八：三八―一〇四、四七九―四八二］。今日、二万人あまりの華僑が韓国に居住し、そのうち山東省に祖籍を持つ者が約九割にのぼるとされている［駐韓国台北代表部 二〇一七］。

ここまで「韓国華僑」という呼称をことわりもなく使ってきたが、李鎮栄はかれらを「韓国華僑」ではなく、あえて「韓国の華僑」と称している。一九五〇年代以降、「経済活動が制約され、財産を増やす努力が根本的に不可能になるような差別を繰り返し受け」続け、近年は一定程度の改善がみられるものの不安定な地位にとどまらざるをえないかれらは、韓国において主流社会に定着できておらず、また現状では今後も定着をめざすことが困難だというのがその理由である。かれらは韓国社会への帰属が十分に承認されていないと認識し続けてきた人々であり、また客観的に見てもそれは疑いようがなかった。それゆえ、状況が許せば韓国から海外への移住を選択する人々が続出したのも不思議ではない。とくに一九七〇年代なかばから一九九〇年代初頭にかけては海外移住熱が顕著で、一九七二年から一九八二年のあいだに華僑の人口は三分の一近く減少したという［李 二〇一四：一九七―二〇〇、二〇八、二三八―二三九］。本稿では、かれら自身がみずからを韓国華僑と称していること、また先行研究においてもこれが定着していることにかんがみ、韓国華僑という呼称を採用するが、一方でかれらが「韓国の華僑」にとどまっているという李の主張も妥当なものだと考える。

移住先として選ばれることが多かったのが米国と台湾である。ただ台湾は移住先とはいえ、長い間、かれらの唯一の「帰国」先だった。韓国にとって、中華人民共和国とのあいだに国交が樹立される一九九二年までは、台湾にある中華民国政府が中国を代表する政府であり、また強い「反共価値観」を有する韓国華僑の多くも、将来の中国統一のにない手として国民党の中華民国政府を支持し続けた［王 二〇〇八：四三一―四三四］。そして、韓国各地の華僑学校でもそれに応じた教育がおこなわれていた。華僑学校出身者の多くは台湾の大学などに「帰国」進学し、卒業後、そのまま定住した者も少なくない。

林史樹は、韓国社会において中国系としての意識が強い韓国華僑が台湾へ移住すると、今度は台湾人はおろか他の華僑とも異質の集団と見られることが多く、結局はみずからを「韓国」に近いところに定位しながらも「華僑」という範疇に落ち着かせようとすると指摘している［林 二〇〇七：一三七―一三八］。たしかにこれは、本研究においてもインタビュー協力者の語りに見いだすことのできた点だが、一方でかれらは、みずからの子どもなどにそうした所作の継承を期待してはおらず、「台湾人」である子どもと自分たちとのあいだにある種の非連続性を感じていた。台湾生まれ、台湾育ちの韓国華僑の子は韓国華僑たりうるのか、またそうであることを親が望むのか否か。こうした問いを立てることで、在台韓国華僑の可変的な側面に注目することが可能となる。

王恩美によれば、中国全土を統治する唯一の正統政権という、現実とは相容れない「幻の中華民国」も、冷戦体制下の韓国や台湾にいる韓国華僑にとっては一定の現実性を有していたという［王 二〇〇八：四五〇―四五一］。上水流久彦・中村八重も、中華民国の虚構的領土概念が在台の韓国華僑に、先代の出身地である山東省と居住地の台湾が同一の祖国に属しているという想像を可能にしていたが、内外の政治状況の変化によりその虚構性があらわになったとき、かれらが連帯できたのは台湾、澎湖、福建沿岸の一部の島を領土とする中華民国ではなく、やはり中国全土を統治する中華民国であったとする［上水流・中村 二〇〇七：七一―七二］。これはたしかに肯首できる指摘だが、だとするとかれらの「その後」が気になる。たとえば、一九六〇年代なかばに生まれたインタビュー協力者は、台湾の大学に進学し、卒業後ほどなくして中華民国の本土化、すなわち虚構的領土概念が放棄され、中華民国が台湾を統治するにすぎないことを政府、国民がともに受け入れていく過程に向き合った人々である。それをこころよく思っているか否かを問わず、かれらがほぼ不可逆的に進行した本土化の潮流のなかに身を置き続け、台湾社会の一員として日々を送ってきたことはまちがいない。さらにかれらの子どもは台湾で義務教育を受け、言語的にも文化的にもマジョリティの一員として成長している。くりかえすが、静的なイメージのみでは今日の在台韓国華僑を語ることはむずかしいはずである。

本稿では韓国の華僑学校から台湾の大学に進学した韓国華僑へのインタビュー資料をもとに分析をおこなう。一九八〇年代なかばおよび二〇一〇年代なかばに大学に在学したかれらは、程度の差こそあれ華僑学校で中国人としての教育を受け、その後、台湾への「帰国」進学の道を選んでいる。韓国の華僑学校生徒の大学進学先の選択に介在する要因については、シーナ・チェの実証的な研究があるが［Choi 2001］、本稿の目的は、進学によって韓国から台湾への移動を経験した韓国華僑と台湾、ひいては東アジア各地域などとのかかわりのありようを、時代背景の変化と重ね合わせながらさぐることにある。インタビュー協力者は一九六〇年代生まれと一九九〇年代生まれにわけられるが、両者が「帰国」した時期の華僑学校の様子、韓国および台湾の政治状況、そして中国をふくむ東アジアの国際情勢は大きくことなる。また、前者の子どもはすでに一〇代から二〇代に達しているが、上述のとおり、エスニックアイデンティティにかんしては親子のあいだで大きなちがいが生じている場合が多い。かれらのライフヒストリーは、こうした変容を描写する口述記録としての意義も有していると考える。

一　台湾の大学における「僑生」

インタビュー協力者の六人は、いずれも「僑生《きょうせい》」という身分で台湾の高校や大学に進学した。「僑生」という語自体は台湾社会において広く知られており、一般的には「海外からやってきて台湾の教育機関に在学している華僑の学生」ぐらいの理解であろう。ただ、華僑そして「僑生」というカテゴリの定義は容易ではない。

まず、台湾の大学には「境外生」と呼ばれる学生がいる。「境外生」には学位取得を目的とする学生とそうではない学生が含まれるが、教育省は前者を「正式に学位取得のために在学する「外国学生」「僑生(2)（「港澳」を含む）」、および正式に学位取得のために在学する「陸生」」と定義している〔教育部統計処　二〇一六〕。「外国学生」とは外国籍を持ち、後述する「僑生」の資格を有していない者、あるいは外国と中華民国の重国籍で、六年以上連続して国外に居住し、「僑生」として台湾で就学したことのない者などであり〔全国法規資料庫　二〇一七a〕、ここにカテゴライズされる者の多くは日本の大学で言うところの留学生に相当する。「陸生」は就学のために中華人民共和国から来台した者で、二〇一一年度から入学が認められるようになった(3)。

二〇一六年度の統計では、「外国学生」が一万七七八八人、「僑生」が二万四六二六人、「陸生」が九三二七人となっている。台湾全体で学位取得を目的とする学生の数は、同年度一三〇万九四四一人であり〔教育部 二〇一七a：一五三―一五四、一六四〕、「境外生」の割合は約四パーセントということになる。

以上のカテゴリのうち、本稿と直接関連するのは「僑生」（以下、かっこなしで使用する）である。僑生の台湾での就学を規定しているのは「僑生回国就学及輔導弁法」であるが、この第二条第一項および第二項には次のようにある。

本辦法所稱僑生、指海外出生連續居留迄今、或最近連續居留海外六年以上、並取得僑居地永久或長期居留證件回國就學之華裔學生。但就讀大學醫學、牙醫及中醫學系者、其連續居留年限為八年以上。

僑生身分認定、由僑務主管機關為之。

（日本語訳）本弁法における僑生とは、海外で出生し現在にいたるまで連続して居住している者、あるいは現在に至るまで連続して六年以上居住している者で、居住地の永住権もしくは長期居留証を取得後に帰国して就学する華人の血統をひく者を指す。ただし、医学・歯学・中国医学を専攻する者は八年以上連続して居住している者とする。

僑生の身分の認定は僑務主管機関がおこなう〔全国法規資料庫 二〇一七b。日本語訳は冨田〕。

ここで重要なのは「回国」(帰国)という語である。かりに、台湾との関係が希薄あるいは皆無であったとしても、僑生にとって来台は帰国である。なぜ帰国なのかと言えば、それは当該の僑生が「華裔」(華人の血筋に連なる者)だからに他ならない。とは言っても、「華裔」という血統に依拠した身分の確定に際して、中華民国籍の有無や台湾との実体、実感をともなったつながりが条件となるわけではない(4)。

二〇一六年度の僑生のうちわけは、香港からが八一九〇人、マレーシアからが七六四五人、マカオからが五二五九人などとなっており、韓国は一八八人である。ちなみに同年度の韓国からの「外国学生」、つまり韓国人学生は六六八人であり、僑生の約三・六倍である［教育部 二〇一七a:一六四］。

二 僑生受け入れの歴史

国共内戦に敗れ台湾にわたった中国国民党政府は、みずからが中国の唯一正当な政権であることを主張するにあたって華僑政策を重視していた。今日にいたるまで華僑政策の担当部署として設置されているのが行政院僑務委員会である。ただ来台当初は、僑生の受け入れにはそれほど力を入れていなかった。華僑学生の取りこみに熱心な中国共産党政府の攻勢に脅威を感じ、受け入れ拡大に傾いてはいくが、予算不足がネックとなっていた(5)。

そうした状況を劇的に変化させたのが米国の対華援助だった。華僑居住地域への共産主義の浸透をくいとめるために僑生の受け入れの拡大が必要であるというロジックは米国の協力を取りつけるうえで有効であり、一九五四年から対華援助による受け入れ計画が始まった。援助は、僑生の旅費や生活費のみならず、学生宿舎、教室、体育館、図書館の建設や各種設備の設置など、僑生関連以外の部分にもおよび、大学などが積極的受け入れに転じる誘因として働いた。結果、一九五三年には来台した僑生が二一五人（中等教育機関の生徒をふくむ）にすぎなかったのに対して、一九五六年には一八二〇人となり、うち一二九五人が高等教育機関に就学した。そのなかでも半数以上の六五二人が台湾大学に入っている。台湾の最高学府と目される台湾大学への進学を希望する者が多いのは自然なことだが、一方で台湾大学としても、多くの僑生を受け入れることで対華援助から多額の予算を獲得できるというメリットがあった。一九五四年から対華援助が終了する一九六五年までに台湾の大学に入学した僑生一万一七七六人のうち、実に約四五パーセントにあたる五二六六人が台湾大学の学生だった［黄二〇一六：八四―一一〇］。ちなみに、後述するあるインタビュー協力者は、対華援助期よりはずいぶん後の一九八二年に成功大学に進学したが、来台前、台湾大学以外の大学に対してはほとんど印象がなかったという。

対華援助終了後も、国民党政府は各種官民奨学金や公費留学制度の創設、経済的に困難のある学生向けの補助などをおこない、毎年二、三〇〇〇名の僑生が来台し続けた［呉　二〇一〇：一一五、一二〇、郁　二〇〇一：四九〇―四九六］。こうした優遇政策は、法的にも言語の面でも問題の少ない韓国華僑学生の大学進学も後押しした［王　二〇〇八：二四四］。一九五二年から一九九五年のあいだに台湾の高等教育機関を卒業した僑生六万六〇〇〇人あまりのうち、韓国華僑の学生は一二パーセントを占めていたという。これは香港・マカオ（三五パーセント）、マレーシア（二九パーセント）に次ぐ数字だが、それぞれの地域の華僑人口に対する割合からすれば、韓国華僑学生の数はきわだって多かったことがわかる［Choi 2001: 93］。

二〇〇〇年に民主進歩党が政権につき、僑務政策にも本土化志向が反映することになった。二〇〇二年には海外に居留する国民であることが華僑の条件とされた。それまで、国籍の有無を問わず「中国人」を包括していた「華僑」は、「中華民国台湾」との法的関係を有する者のみをさす概念へと縮小した（注4参照）。しかし、僑生の定義がそれに合わせて改訂されることはなかった。二〇〇八年から二〇一六年までの国民党政権のもとでも僑生政策に大きな変化はなく、今日でも僑生は「外国学生」「陸生」とはことなるカテゴリであり続けている［呉　二〇一〇：一二六—一三三］。

三　韓国華僑へのインタビュー

インタビューの協力者は以下の表1のとおりである。いずれもみずからを韓国華僑とアイデンティファイしている人々である。一九六四〜一九六五年生まれの四人と一九九三〜一九九四年生まれの二人で、両者のあいだにはおおよそ一世代ほどの差があることになる。実際、Yの父親は一九六〇年、母親は一九六三年生まれ、Qは父母とも一九六三年生まれということである。また、W、J、L、Zは、韓国漢城華僑小学、韓国漢城華僑中学をつうじての同期生である。(6) YとQは、インタビュー時には筆者が勤務する淡江大学の学生だったが、すでに卒業している。J、Zには日本語で同時に、それ以外には一人ずつ中国語でインタビューをおこなった。

表1　インタビュー協力者一覧

W	男	一九六四年ソウル生まれ。父母は日本統治期朝鮮出身の華僑。一九八二年に大学進学。中華民国籍。妻は韓国人。
J	男	一九六四年ソウル生まれ。父は山東、母は日本統治期朝鮮出身の華僑。一九八二年に大学進学。中華民国籍。妻は台湾人（外省人）。
L	女	一九六五年忠清南道江景生まれ。父母は日本統治期朝鮮出身の華僑。一九八三年に大学進学。中華民国籍。夫は台湾人（本省人）。
Z	女	一九六五年全羅北道群山生まれ。父は山東、母は日本統治期朝鮮出身の華僑。一九八二年に大学進学。中華民国籍。夫は台湾人（本省人）。
Y	女	一九九三年ロサンゼルス生まれ。祖父母はいずれも日本統治期朝鮮出身の華僑。父母は韓国出身。二〇〇〇年にソウルに移り華僑学校に。二〇〇九年に台湾の高校、二〇一二年に大学に進学。米国籍と中華民国籍。
Q	男	一九九四年大邱生まれ。父母方とも祖父は山東出身の華僑で祖母は韓国人。父母は韓国出身。二〇〇三年から二〇〇七年まで山東煙台の小学校に在学。大邱の華僑中学を経て、二〇一三年に大学に進学。中華民国籍。

以下、協力者の一覧表の順にその内容を紹介する。まず、一九六〇年代生まれの四人からである。

1　韓国人の友達も多かった。子どもの教育のため台北へ。事例①　W

父は一九三一年に慶尚南道の晋州生まれ、母は父より年下で密陽出身。父方の祖父は山東省煙台の牟平で、母方の祖父も山東省から朝鮮に来た。二人の祖母はいずれも韓国人である。

小・中・高といずれもソウルの華僑学校にかよった。父母や自分にとって華僑学校に行くことはきわめて自然なことだったが、韓国人の友達もたくさんいた。そのため韓国語もまったく問題はなく、漢城華僑小学入学前は中国語ができなかったほどである。母は華僑だが韓国の教育を受け中国語ができなかった。父は韓国語で話すことが多く、ときどき山東語、たまに日本語がまざっていた。

大学進学までは台湾に来たことはなかった。親戚や友人などで台湾に行った人もいたが多くなく、話を聞く機会もあまりなかった。ただ、台湾は生活水準が韓国より上で先進的だと思っていた。台湾へ行った友達が持ち帰った鉛筆や消しゴムは見たことのないようないいものだった。

華僑学校には一人か二人、外交官の子どもなど台湾から来ている生徒もいたが、かれらの中国語を聞いて変な感じがした。学校内では山東語で話していたし、先生も山東人だったからである。

高等部では理系クラス。大学進学を意識し始めたころ母はすでに他界しており、父も多忙で大学進学については私にまかせていた。もっとも考慮したのは経済的な問題で、韓国にくらべ台湾での進学は安あがりだった。また、私は中国人でパスポートも中華民国であり、台湾がどういうところなのか知りたいとも思った。韓国では私たちはあくまで外国人であり、経済的余裕もなかったので、台湾へ行くことにした。

受験時には台湾大学や成功大学など七、八の志願先を書いたが、台湾大学がいい大学だというぐらいしか情報はなかった。成功大学建築学科への入学が決まったが、成功大学や所在地の台南のことは何もわからなかった。

大学卒業後は台北で、漢城華僑中学の同級生の兄が経営する商社に勤務し、台湾、韓国、中国を行ったり来たりしていた。煙台に行くこともあったが、あくまで仕事で行くだけだった。親戚がいるのかもしれないが、連絡をとろうとも思わなかった。

その後、韓国に居を移し仕事をしていたが、父のすすめで申請していた日本の労働ビザが発給されることになった。日本語はできなかったが、ビザはそう簡単におりるものでもないし、父も日本を理解するために行ってこいと言った。一九九一年から一九九三年まで東京の会社に勤務し、韓国人の友人宅に住んだ。ただ、東京でつき合いのあった人々の中に韓国華僑は少なかった。もともと日本にいた韓国華僑の友人や、華僑学校の同級生ぐらいだったと思う。

ふたたび韓国にもどり、仕事で韓国と中国を行き来していた。息子が生まれ、漢城華僑小学に通わせていたが、二〇一三年、彼が小学校六年生のときに就学のために父子で台北へ来た。

息子が高校を出た後どうするかはまだ決めていない。韓国にもどるかもしれないし、韓国にいる韓国人の妻が台湾に来るかもしれない。今のところ、老後の生活場所の第一候補は台湾で、妻も台湾が気に入っている。韓国より物価が安いし、気候もいい。

これまでいろいろな所に住んだが、台湾の大学を卒業した韓国華僑の多くは台湾に残っているのではないか。自分のような人生はむしろ少数の部類に属すると思う。

大学在学中に台湾語がわからず困ることがよくあったが、今日でも、もし台湾語ができたらもっと台湾社会に溶けこめていたと思う。台湾人にとって台湾語のほうが親密さが増すのは当然で、それはわれわれが韓国語や山東語で話すのと同様だが、台湾人の中には、こちらがわからないにもかかわらず台湾語で押し通そうとする人がいる。いじめのようにも感じる。昔も今も、台湾人の視線は「あなたがた韓国人」である。華僑を包容しようという気持ちが台湾人にはないように感じる。

漢城華僑小学に行っていた息子を台湾へ連れてきたのは、知人などから話を聞いて、漢城華僑中学の学習環境に物足りなさを感じていたからである。もしそうでなければ、高等部まで漢城華僑中学にかよわせただろう。妻には、息子が小四のときに、中学校以降は台湾で教育を受けさせたいと伝え同意を得た。漢城華僑小学に行かせ、今でも台湾で就学させているのは、中国人としてしっかりした中国語能力を身につけさせたいからである。

息子は漢城華僑小学に入ってから中国語を勉強し始め、私も一から熱心に教えた。中国語の習得が第一であり、山東語を教える暇はなかった。息子は山東語をまったく話せないし話す機会もない。ただ、華僑としてのアイデンティティは持っている。

以前、息子が韓国国籍をとりたいと言ったが、それもかまわないと伝えた。一〇年後、二〇年後には、おそらく国籍の概念は弱まっているのではないか。米国人、日本人になってもかまわない。姓は変わらないわけだから。

2 韓国、台湾、日本、中国を足したものが自分。日系企業に長年勤務。事例② J

祖父は一九一、二〇年ごろの生まれで、父は一九三六年生まれ。祖父の出身は山東省煙台の蓬莱。母は華僑だが韓国生まれ。父は朝鮮戦争が始まる前、一三歳のときに韓国へ来た。

漢城華僑小学と漢城華僑中学に通い、いずれ台湾の大学に進学するものだと思っていた。母親が韓国人の生徒は韓国の大学へ進学する者が多かった。台湾の大学に合格できず、しかたなく韓国の大学に進む者もいた。

高等部二年生のときに文系と理系に分かれ、さらに三年次になると、韓国の大学へ進学するための一クラスと台湾へ帰国進学するための五クラスに分かれた[7]。まだ開放前であり、中国へ行く者はいなかった。

中興大学の園芸学科に進学した。ほんとうは医学部に入りたかったが点数が足りなかった。ただ、国立大学には入れたのでそんなに落胆したわけではなかった。何を勉強するのかもわからずに、とりあえず大学は台湾に行こうという考えだった。

それまで台湾に来たことはなく、中興大学も台中もどんなところかイメージはなかった。すでに、長兄が台湾大学、次兄が成功大学、姉が東海大学に進学していた。

将来、園芸関係の仕事につこうとはまったく考えなかった。卒業後は、中国語と韓国語ができるからということでホテルに就職した。このホテルは日系企業や日本人の客が多く、日本語が話せれば有利なので、一年仕事を休んで東京へ日本語の勉強に行った。日本に興味を持ち始めたのはこのホテルに勤め始めてから。韓国としても中国としても日本は敵国だったわけだから、それまではあまりいいイメージはなかった。

台湾へもどってから別のホテルにうつり、日本マーケットの担当になった。さらに日本の商社に一一年勤務した。今はこの商社が関係した日本の外食チェーンの台湾支社長をしている。

もともと両親は、われわれ子どものために米国への移民を考えていたが途中でトラブルがあり、グリーンカード取得までに一〇年ぐらいかかってしまった。両親はこの間、二、三年ほど横浜に住んでいたこともある（父はコックをしていた）。取得を待つ間にわれわれも結婚し、また両親も年をとったので、子どもがいる台湾に来ることになった。

きょうだい四人のうち兄二人と自分の妻はいずれも外省人で、妹の夫は本省人である。考え方とか政治的なことがあるので、どうしても外省人ということになる。

山東省には今も親戚がいると思うが連絡はない。両親にはあるかもしれないが。

私は日系企業に慣れているので、台湾の会社に勤務したら戸惑うだろう。日本へも年に何回か行く機会がある。日本に家を持っており、退職後日本に住むことにも抵抗はない。おそらく、韓国より日本に住む確率の方が高いと思う。韓国には親戚はいるが家はない。

一八歳で台湾へ来てずっとここにいる。韓国在住の同級生と会うと、かれらとのちがいを感じてしまう。自分はもう台湾人という気持ちだ。言語ができるし、韓国も台湾も日本もわかる。中国の文化についても両親から聞いているのである程度理解している。この四つを足したものが自分なのではないか。いわゆる台湾人を強く主張する人とも少しちがう。ただこの四つのうち、韓国人にだけはなりたくない。子どものころなぐられたりいじめられたりしたうらみがあるから。ただ、子どもが韓国人の恋人を連れて来るのはかまわない。

台湾語はできるようになったが、話すと外省人の台湾語になる。使う機会の少ない韓国語の能力も落ちており、台湾語を話しても韓国語を話しても笑われてしまう。

子どもは二人いて、上は二四歳。台湾で生まれ育ち、韓国語はできない。自分が韓国華僑であるというイメージはまったくなく、台湾人だと思っている。学校で台湾人、台湾人と教育されてきたわけだからどうしようもない。最初は自分の父親が中国人か韓国人かもわかっていなかった。「お父さん、韓国生まれだから韓国人でしょ?」と聞かれ、「いや違うよ。中国人だよ」と答えた。二人とも今のところ、外国へ行こうという気はなさそう。

甥や姪もだいたい似たような状況だ。自分の先祖が中国から来たとか韓国華僑だとかいう意識は薄い。

3　親の希望で台湾の大学に進学。台湾人との結婚を親も喜ぶ。事例③　L

両親は山東省牟平にルーツをもつ華僑。父親は一九三七年生まれで忠清南道江景出身、母親は一九四〇年生まれで全羅南道の谷城出身。

江景には華僑が住んでいて華僑小学もあった[8]。華僑で子どもを一般の韓国の小学校に入れようなどと考える人はまずおらず、当然のように華僑小学に入学した。家族のあいだでも中国語を使っていて韓国語はあまりできなかった[9]。

卒業後は漢城華僑中学の中等部と高等部で勉強した。漢城華僑中学の生徒の多くは、台湾から送られてくる教科書で小学生のときから勉強しており、高等部卒業後は台湾へ行くのだという認識を共有していた。姉も台湾の大学に進学した。私は帰国進学クラスの文系だったが、クラスの大部分が来台したのではないか[10]。

ただ、自分が興味を持っていた服飾デザインの勉強ができる大学が台湾にはなかったため、私は韓国の大学に進学したかった。それでも親に言われて台湾の入試を受けたが合格できなかった。

華僑で韓国の大学に進学する者は多くなかったが簡単だった。しかし、母親は私が韓国の大学に進学するのをいやがった。韓国人と結婚することを望んでいなかったからである。母の望みにしたがって、翌年、再度受験することにし、大邱の華僑中学の高等部三年生に編入した。この間に、台湾へ行くのも悪くないと思うようになり、一九八三年に中国文化大学美術学科に入学した。

大学進学まで台湾に来たことはなかったが、両親がよく台湾に遊びに行っており、台湾の話を聞いていた。台湾の鉛筆や書籍、雑誌などをおみやげでもらうことも多く、それらをとおして台湾はとても先進的なところだという印象を持っていた。

別の大学で美術を勉強していた華僑のきょうだいが日本に住んでいた。その人のすすめで一年間、日本に留学することにしたが、手続きがうまくいかず一年間休学した。その間に宜蘭出身の台湾人男性と知り合い、卒業後ほどなく結婚した。台湾人と結婚することについて両親は、そのために台湾へ留学させたのだから当然のこと、という反応だった。夫の家族は、韓国女性は伝統的でやさしいからとてもいいことだと喜んでいた。

二五歳の息子と二四歳の娘がいる。小さいころ二か月間韓国に滞在したことがあるが、韓国語はできないし学ぶ意欲もない。かれらは母が韓国華僑であることが特別なことだとは思っていない。

4　大学卒業後、日本に八年間居住。台北で日本企業の事業所を経営。事例④　Z

祖父母は山東省威海の文登出身。祖父は日本統治期の朝鮮に出稼ぎに来ていたが、祖母と父は中国からの最後の船で仁川に着き、その後、朝鮮戦争の混乱のなか群山にたどりついた。母の家族はすでに朝鮮で生活基盤を築いていた。

子どものときは、いっさい韓国人とつき合うなと親に言われており、韓国人の友達もいなかった。群山華僑小学から漢城華僑中学に進んだ。

高等部二年生からは帰国進学クラスの文系に入った。当時、成績のいい人は台湾へ、よくない人は韓国の大学へというイメージがあったので、とにかく台湾へ行かなければと思っていた。台湾へ行けなかったら親に捨てられるぐらいの気持ちだった。

進学するまで台湾へ来たことはなかった。学校の先生からではなく、友だちのきょうだいなどから台湾の大学についての情報をいくらか得たが、何を勉強をするのかもよくわからなかった。学科よりは大学名、それも有名な国立大学にという程度で志願先を選んだ。結局、政治大学金融学科に入った。

卒業後、仕事がしたくないので日本へ逃げた。もしまだ勉強したいのなら金は出すと父が言ってくれたので、米国は遠いし日本へ行こうと思った。あいうえおもできないまま日本へ向かい、日本語学校、服飾の専門学校をへてアパレル企業につとめ、日本に八年間滞在した。その後、社長の指示で台湾での拠点を立ち上げ、今日にいたっている。

両親は、当初は祖母といっしょに中国の奥地で商売をしていたが、わたしたちの説得を受け入れ、一四、五年前に台湾へ移ってきた。もともと台湾へ来たがっていたわけではないが、中国は医療環境が不安だし、韓国にも子どもはいないしということで、台湾へ来ることになった。

台湾語は聞くのはだいじょうぶだが、話すと変らしく、「品が落ちるから話さないほうがいい」と社員に言われる。

「あなたの国籍は?」と言われると「国際人」です、と答えている。以前は「韓国生まれで親は中国人で」などといろいろと説明してきたが、結局「じゃあ、韓国人なんだ」と言われてしまう。韓国でも台湾でも日本でも外国人。今までの私の説明は何だったの、と思う。ある意味かわいそうな人間。自分がいるところで外国人だと思われないようにがんばっている。

息子は二三歳で日本にいる。最近、日本語学校を卒業し、これから日本の大学に入る。彼は「母親は韓国人、自分は台湾人」だと思っている。

続いて、一九九〇年代生まれの二人である。

5　ロサンゼルス生まれ、小中学校はソウル、高校から台北。事例⑤　Y

曽祖父が山東省から朝鮮へ移住してきて、祖父母は日本統治期に生まれた。祖母から聞いた話では、もともと今日の北朝鮮で中華料理屋をいとなんでいたが、朝鮮戦争の際に南へ逃げてきた。

父は大邱出身、母は忠清北道の堤川出身である。ともに現地の華僑小学を出て漢城華僑中学に入った。父は台湾の大学を卒業後、米国へ行きグリーンカードを取得。その後、韓国へもどっている。

小学校三年生のときにロサンゼルスからソウルへわたり、漢城華僑小学および漢城華僑中学中等部に在学した。華僑学校に行ったのはすべて親の決定による。英語はできたが中国語が不十分だったし、華僑学校を経由して台湾へ行かせようというのが両親の方針だった。

中学校のとき、母に「米国にもどりたい」とうったえたが聞いてもらえなかった。三つ上の姉が高等部を出て台北の東呉大学へ進むことになったが、姉に私の世話をまかせられると考えた両親は、私を華僑高中に進学させることにした。[11] 大学まで台湾で勉強したら後は自由にしてかまわないと母は言った。とりあえず台湾人と交流してみよう、中国語を勉強してみようという気持ちだった。

台湾は八歳のときに一か月滞在したことがあるだけだったのでほとんど印象はなかった。両親も台湾についてあまり話さなかった。

華僑高中卒業後、淡江大学日本語学科に進学した。小さいころから航空会社の客室乗務員になりたくて、大学では語学を勉強したいと思った。韓国語と似ているから日本語はやさしいのではないかという思いもあった。

卒業後は航空会社での就職を希望している。[12] これからどこに住むのかわからないが、米国、韓国、台湾いずれの可能性もあると思う。ただ、将来的には米国にもどりたい。

帰国進学した華僑は台湾に定住する人が多いが、韓国にもどる人もいる。私のようにいろいろなところに行きたいと考える人は同年代では少ないと思う。

親戚で台湾にいる人も多い。父の弟は漢城華僑中学を出て国防医学院に進み、[13] 現在は台湾で医師をしている。姉は台湾の航空会社の客室乗務員である。姉は生まれてから高等部卒業まで韓国で、米国に住んだことはない。彼女は今後も台湾に住むだろうし、父母もいずれは台湾にもどると思う。

私は完全な米国人でも、台湾人でも、韓国人でもない。「あなたは何人?」と聞かれたときにどうこたえたらいいかわからない。台湾へ来たばかりのとき、台湾人の友達に「これについてはあなたはわからないよね。台湾人じゃないから」と言われた。でも韓国では「あなたは韓国人じゃないよね」、米国へ行っても米国人とは見られない。属する国家、伝統、文化がない。

とはいえ、今の自分の状況がそんなに悪いとも思わない。一つの場所に長くいたいとは思わない。台湾で八年だが、そろそろ別の所に行って、そこの文化や人にふれてみたい。

韓国にいたとき、韓国人とのつきあいは非常に少なかった。韓国人と私たちでは考え方がちがう。

もっとも父の世代のときあったような華僑に対する偏見は今はない。

韓国華僑の多くは韓国の大学進学時に韓国籍に変えている。今後も韓国に住み続けるのだろうし、自分を台湾人と思う人もいない。私たちの世代では大部分がそうだ。

6　小学校は山東。父の意に反して台湾へ。今でも韓国語の方が話しやすい。事例⑥　Q

父母は大邱で中華料理店を経営。祖父は第二次国共内戦期に山東省煙台の蓬莱から朝鮮へ来た。二年生まで大邱の華僑小学にかよった後、煙台の小学校に卒業まで在籍した。四歳上の兄もいっしょだった。父が煙台で海産物関係の仕事をし、家族で移り住んだ。ただ、自分は学校になじめず、また外国人に対する差別も強かった。自分は周囲から韓国人とみなされていた。当時、煙台には多くの韓国華僑が住んでいた。

卒業後、大邱にもどり、高等部卒業まで大邱華僑中学で勉強した。一学年一〇人未満で、中・高合わせても一〇〇人はいなかった。授業は中国語だが、友人どうしでは通常、韓国語を使っていた。当時、中国語はそれほど流暢ではなく、いまでも韓国語の方が自在に使える。

規模は小さいものの高等部二年で文系と理系に分かれ、私は文系だった。ただし、韓国大学進学クラスの類はなかった。同期生は台湾への進学者が比較的多く、六、七人のうち四、五人が台湾へ来た。他は韓国の大学に進学した。

父母には私を華僑学校に入れる以外の選択はなかった。小学生のとき、韓国の学校に行きたいと伝えたこともあるが、だめだと言われた。大学進学時も、中国の方が将来性があるからという理由で、父は私を煙台大学に行かせたがった。しかし私は小学生のときの中国に対する印象がよくなかったので台湾を選んだ。

家では山東話を使うが同級生には話せない人も多い。自分も以前はあまり得意ではなく、父が山東話で話しかけてきても韓国語で答えていた。

親戚に台湾に移住した者はいない。進学前に台湾に来たこともなく、台湾について何も知らなかった。うちの家族にとっては煙台のほうが台湾よりずっとつながりが深い。

卒業後は台湾に残りたい。実は何日か前に観光ガイドの国家試験を受けた。受験者には五〇代ぐらいの韓国華僑がたくさんいた。ガイドをしながら資金をかせぎ、将来は台湾で韓国料理屋を開きたい。大学三年生のころからそのように考え始めた。

卒業後、国民身分証を申請するつもり。中華民国籍があるのに華僑学生に国民身分証が発行されないというのはまったくおかしな話[14]。今でも台湾へ入るためにはビザが必要で、あたかも無国籍のような気分になるが、台湾人の同級生にはなかなか理解してもらえない。

将来、韓国に帰ろうと考えたこともあるが、外国人に対する差別を子どものときから経験してきたので、今は戻りたいとは思わない。韓国人の友達もいたが深い関係にはなれなかった。競争もはげしい。以前なら韓国華僑がしていた仕事に、中国から来た朝鮮族がつくようになってきている。

両親はそろそろ中華料理店の仕事をリタイアすることになると思う。煙台にも家を所有しているので、たとえば一年は大邱、一年は煙台といった形になるのではないか。

台湾に住んでいる父の同級生の集まりによく参加しているが、かれらは韓国華僑というより、もう台湾人になっている。韓国語も忘れてしまっている。私も将来、同じようになるのかもしれない。ただ、韓国社会で育ったわけで、実は台湾のことはよく理解できていないという気がしている。台湾のテレビはあまり見ず、バラエティなど韓国の番組をネットでよく見ている。

結婚相手はどこの人でもいい。父母も同じ考えだ。もし韓国人が結婚相手でも、まずはその人やその人の家族を見る。もしかすると、その人は韓国華僑に対して何らかのステレオタイプをいだいているかもしれない。

台湾語では簡単なことしか言えない。

台湾人に自己紹介するとき「韓国からきた華僑だ」と紹介するが、相手には「じゃあ韓国人なんだ」と言われる。でもいちいちそのたびに「自分の祖父が」などと説明するのもめんどうだ。

日本に好感を持っており、たびたび旅行に行っている。最近、日本語の勉強も始めた。とくに将来の仕事のためにというわけでもなく、好きで勉強している。

四　インタビューの考察

1　帰国進学まで

年代を問わず、W以外は伝統的な韓国華僑の家庭に育った印象を受ける。Wは、一九六〇年代生まれの他の三人とくらべると、韓国人との接触の機会がずっと多かったようだが、それでも小・中・高と華僑学校にかよっており、基本的には韓国華僑社会で成長したと言ってさしつかえないだろう。いずれも、身近に「山東語」が使われる環境で育ち、Q以外はその能力にも疑いを持っていない。[15] ただ、校内で当たり前のように「山東語」が使われていたという一九八〇年前後とはことなり、今日の華僑学校では中国語どころか韓国語が主になっており、生徒のあいだでは韓国語の母語化も相当に進行している［王 二〇〇六：六七―七一］。家庭でも以前のように「山東語」が使われているわけではない。

なお、ここでいう「山東語」とは、もともとの山東語を基層として韓国華僑のあいだでクレオール的に発展した言語であると考えられる。[16] 居住地の言語である韓国語でもなければ華僑学校のオフィシャルな教育言語としての中国語ともことなる、まさに韓国華僑の言語であるという意識がインタビューをとおして強く感じられた。Yは「家ではみな山東語を話す。若い世代もみな山東語ができる。友達どうしで山東語を使えば親しみがわく」と話していた。Qの話からすると、若年層の「山東語」能力に対するYの評価は若干高すぎるようにも見えるが、彼女は幼少時に、家庭内や親族のあいだでは「山東語」、それ以外では英語という環境で育ったものと思われ、そうした背景がこの発言には反映しているのであろう。第一言語が韓国語で、「山東語」は台湾に来てから話すようになったというQも、「山東語ができれば韓国華僑としてはポイントが高い」と述べている。

WとQ以外は台湾での進学に親の意向が強く作用していた。華僑学校の延長線上に台湾での進学を思いえがく教育プランが早くからできあがっており、本人の希望とくいちがう場面もあったものの、結局は親の構想にそって韓国から台湾への進学がおこなわれている。Wの場合はそれがなく、本人の意思もとくに強いものではなかったようだが、それでも「中国人でパスポートも中華民国であり、台湾がどういうところなのか知りたい」と考え、また外国人として韓国で生きていくことの不自由さを理由として台湾行きを選択している。

シーナ・チェの研究によれば、一九八〇年代なかばまでは華僑中学から台湾の大学への進学を当然とする雰囲気が支配的だったといい、これはJやZの語り、あるいは注10に引いた数字とも一致する。今回のインタビューではとくに聞かれなかったが、卒業後に家族が移住する前段階として、子どもを台湾の大学へ進学させる例も少なくなかったようである［Choi 2001: 96, 115］。一九六〇年代なかばに生まれた四人は、こうした時代の終わりに台湾におもむいたことになる。

一方、中国人の血統に対する思いが強いというQの父親は、Qに山東省での大学進学をはたらきかけたという。YやQによれば、今日でも華僑中学から中国への進学という例はあまり聞かないということだが、Qの父親は、台湾ではなく山東省への「回帰」をすすめている。小学生のときに煙台に住んだことのあるQが、そのときの印象ゆえに父のすすめを受け入れなかったというのは皮肉だが、台湾がもはや韓国華僑にとっての「中国」たりえなくなってからひさしく[17]、父親は、華僑学校から台湾へという進学のルートにはたいした意義を見いだせていないのだと思われる。

六人のうち進学前に来台した経験があるのは、夏休みに一か月だけ滞在したというYのみで、家族や知人などをとおして多少の情報を得ていたとはしても、台湾に対する理解は総じて低かったようである。また進学先や所在地についても同様だった。早い段階から台湾への進学を意識づけられる環境に身を置き、また台湾と韓国を行き来する人々が周囲にそれなりにいたと思われるにもかかわらず、台湾の存在感は高くはなかった。ただそのなかで、鉛筆などの文房具が、WとLの記憶に台湾の先進性を強く印象づけるものとしてきざみこまれている。

ところで、Lは韓国人との結婚をいやがる親の意向が多分に台湾での進学に影響していたとふりかえっている。子どものころは韓国人と遊ぶのを禁じられていたというZの親も娘の韓国人との結婚を望んではいなかっただろう。Yも、両親は自分が韓国人と結婚することを望んでいないと答えた。もっともZとYの親が進学と結婚を結びつけていたかどうかは不明だが、娘が台湾で結婚相手を見つけることを期待して進学させる韓国華僑は少なくなかったという[18]〔Choi 2001, 126〕。一方、Wは進学先について父の指示はとくに受けておらず、後に韓国人と結婚している。Qは、自分自身も両親も結婚相手の出自にこだわりはないと述べている。一般的に韓国華僑には、自分の息子が韓国人女性と結婚することより、自分の娘が韓国人男性と結婚することをきらう傾向があったというが[19]、そうした考え方が協力者の回答に反映しているのかもしれない。

かれらは、みずからが韓国華僑であることを強く意識しながら成長し、台湾への帰国進学も自然ななりゆき、もしくは大きな抵抗なく受け入れられる選択肢としてとらえていた。帰国進学者がすでにごく少数になっていた九〇年代生まれの二人も同様である。中長期的な観点からの両親の子どもに対する期待、またかつてであれば帰国進学を当然視する華僑学校や華僑社会の雰囲気は、帰国進学を強くうながす要因として作用していた。

2　来台そして卒業後

一九六〇年代生まれの四人は、Wをのぞき、卒業後、韓国に長期間住んだことはない。幼少時から韓国人との接触が多かったWは、台湾でいったん就職したものの、その後、韓国に長期間住み韓国人と結婚、現在でもソウルに自宅がある。しかし、Jは一時期、米国に移民する可能性がありはしたが、結局一貫して台湾、Zも八年間の日本での生活をへて台湾へもどってきている。Lは大学卒業後すぐに結婚し、台湾在住である。もっともW夫婦にしても、老後の生活場所が台湾になる可能性は低くないようである[20]。

一九九〇年代生まれのYとQの今後はまだわからないが、Yは韓国に住む可能性を否定してはいないものの、いずれ米国にもどりたがっている。Qは韓国での生活には消極的であり、国民身分証を取得した後は台湾に永住することになるのではないかと予想している。父母の老後の生活場所も大邱が中心になるとはかぎらず、韓国にもどる必然性を感じてはいない。

年代を問わず、かれらの語りにおいては韓国が総じて相対化される傾向がみられた。もちろん韓国とのつながりがなくなるわけではないし、親戚や友人、華僑学校の同窓生などもいる。しかし、差別や不利益を受けた記憶、考え方のちがいなど、韓国人とのあいだの自他の意識が強く表明される一方で、韓国に対する特段の思い入れは聞かれなかった。Jにとっては自分を構成する四つの文化のうちの一つにすぎない。Qは娯楽の面では台湾より韓国にはるかに親近感を覚え、いまでももっとも自在にあやつれる言語は韓国語だと感じているが、それでも自分の将来のイメージを、すでに韓国語も忘れかけている父の世代の在台韓国華僑にかさねあわせている。

しかし一方で、かれらは台湾社会とのあいだにも心理的距離を感じている。台湾語能力の不十分さがその原因として語られたりもするが、より根本的な問題として、華僑をとりまく文化的、制度的背景に対する台湾人の理解の「欠如」が意識されていると言えるだろう。もっとも本土化以前であれば、華僑をも広く包括する中国人という公定イデオロギーにたよることが可能だったが、今日ではそれも容易ではない。華僑そのものに対する認知度は高くても、「外国人でも台湾人でもない」人々に対する想像が可能になっていない点に、かれらはもどかしさを感じている。台湾人にとっては比較的なじみが薄く、ほとんどが中華民国籍を保持している韓国華僑であれば、なおさらのことである（ただ、韓国そのものは、逆に台湾社会で可視化される度合いが高い）。

多かれ少なかれ日本とのかかわりも語られた。実現しなかったものもふくめ日本への留学、仕事、日本語学習などであるが、こうした行為自体は台湾という文脈においては特筆するほどのものではない。日本にも韓国華僑が一定数おり、インタビューのはしばしにもそれをうかがわせる話が出てきたが、だからといって日本の韓国華僑がかれらの日本との関係において重要な役割をはたしているわけでもない。W、J、Zとも、在台韓国華僑で日本へ留学したり日本関係の仕事をしている者がそれほど多いとは思えないと語っていた。

また、Jは日本語学習の開始を語るくだりで、それまでに華僑学校や韓国社会でふれてきた抗日の記憶にも言及したが、この記憶がその後の学習や留学などに大きな影響を与えたようにも見受けられなかった[21]。

ただ、かれらは中国語、韓国語の能力という韓国華僑としての強みの上に新たに日本語を習得し、高度な言語能力をそなえるにいたっている。Jは「韓国語と日本語は文法が同じなので、すぐにしゃべれるようになる。漢字もわかるし、ある程度英語ができるので外来語もわかる。漢字が弱い韓国人よりさらに日本語の学習には有利だ」と述べていたが、これは、三言語をあやつる韓国華僑に広く共有されている認識でもあろう。在台韓国華僑が日本とかかわるうえで、言語能力は強力な武器になっているものと思われる。

Ｊは日系企業に勤務、Ｚは日本企業の代理業務にたずさわり、成功をおさめているようである。Ｊは自分はもう台湾人だと言いつつ、日本が退職後の居住先になる可能性も低くないとみている。Ｚもやはり日本に家を所有しているということだが、日本に住んでいる息子から「もう台湾はいいから日本においでよ、と言われる」と楽しそうに語っていた。

今回のインタビューでもそうだが、韓国華僑に対する周囲の理解のなさを指摘する声をよく聞く。ある国民国家で生まれ育ち、そこへの帰属を自明のこととして受け入れている人々にとって、韓国華僑がたどってきた道のりはたしかにわかりにくいものであろう。しかし協力者は、そうした流動性を諧謔的、あるいは多少否定的に語ることはあるにせよ、基本的には受け入れており、さらにはみずからの強み、有利な点としても位置づけているように見える。韓国、台湾、日本、中国といった東アジア各地を居住や仕事のために移動するすがたが、自分あるいは「同胞」たる他の韓国華僑を語る際の重要な要素として物語のなかにくみこまれている。

３　次世代に対する視線

韓国で漢城華僑小学にかよったＷの息子は自分を華僑であると思っているとのことだが、台湾で生まれ育った他の協力者の子どもはみずからを台湾人としか考えようがなく、親が韓国華僑であるという意識も希薄である。しかし、Ｊ、Ｌ、Ｚはそこに無理に介入しようとはしていない。Ｊは過去の差別体験から、韓国人に対してきわめてネガティブな印象をいだいていながら、子どもが韓国人の恋人を連れて来たらどう思うかという筆者の問いに対しては、こともなげにそれはかまわないと答えた。韓国華僑ではなく台湾人であるわが子が一外国人である韓国人と交際すること自体に、親として何ら反対する理由はないということなのであろう。

台湾でかれらの子どもたちは、当然のことながら一般の学校システムで教育を受け、国民として統合されていくが、それに親たるかれらが不満を持つとは考えにくい。外国人としての韓国人や日本人の子どもが台湾の学校にかよう場合とくらべれば、国民教育がもたらしうる矛盾や摩擦はごく限定的であろう。韓国学校や日本人学校はあっても、民族教育機関としての華僑学校は、少なくとも今日の台湾においては存在のしようがない。

在台韓国華僑はマジョリティの台湾人の社会からはややことなる人々としてまなざされ、またその視線のなかで時として疎外感を覚えている。しかし、台湾で生まれ育ったかれらの子どもは、親が育った背景や言語能力などに多少の異質さを見いだすことはあったとしても、自分はマジョリティの一員であることを疑わず／疑われずに成長することになるだろう。たとえば、韓国華僑三世、四世として韓国で生活する若者は、今日においても、制度的あるいは文化的に、みずからがマイノリティであることを折に触れて意識せざるをえないだろうが、台湾で生まれ育った三世、四世にはそうした契機は乏しい。大学に帰国進学しても在学中は国民身分証を申請できず、卒業後も取得がめんどうだといった理不尽さを感じさせるできごともかれらには無縁である。

もっとも、契機が乏しいことが親にとってとくに不都合だというわけでもない。在韓の韓国華僑とはちがい、在台韓国華僑には、学校教育などをとおして子どもが自分以上にマジョリティ社会に組みこまれていくことを問題視する理由はない。「台湾国民でありながらフルメンバーとしてはみなされて」こなかった自分たちとは対照的に［李 二〇一四：二〇四］、子どもたちは生まれながらに、台湾社会のフルメンバーとしてふるまうことが認められているのである。

「台湾国民でありながらフルメンバーとしてはみなされて」いないというのは、韓国華僑をふくむ世界各地から台湾にやってくる華僑に多かれ少なかれ共通することである。しかし、制度的にもマジョリティ社会の想像においても僑生が「外国学生」ではないのと同様、これまで台湾社会においては華僑が「外国人」とみなされることはなく、今後も短中期的にはそういうことはないだろう。フルメンバーではないにしても国民ではある華僑とマジョリティ社会との距離は相対的に近い。その距離の近さは往々にしてマジョリティ社会への一方的同化をもたらすことになる。それでも進学や生活のために来台した世代はそこに壁を感じることが少なくないだろうが、その壁は世代をこえて維持されるものではない。とくに、李鎮栄の言う「韓国の華僑」、すなわち韓国という空間が相対化されがちな韓国華僑の次世代以降が、台湾社会で「華僑」でなくなっていくことをとどめるのは困難である。

おわりに

韓国では、華僑に対して土地や税金などの面できびしい規制がかけられたため、かれらの経済的な基盤となっていた飲食業が縮小を余儀なくされ、一九七〇年代後半以降、海外へ移住する韓国華僑が増加した［王　二〇〇八：二四〇―二四五］。W、J、L、Zはちょうど一九七〇年代から八〇年代にかけて華僑学校に在籍しており、この海外移民熱をまぢかに見ている。Jによれば、漢城華僑小学に入ったころは一クラス八〇名ぐらいだったが、漢城華僑中学高等部卒業時には五〇名ぐらいに減っていたという。

移民先で多かったのは米国と台湾だった。Wは、同期の卒業生約三〇〇人のうち、今日韓国に住んでいる者が半分ぐらい、台湾にいる者が三分の一ぐらいではないかと推測している。Jも韓国に住んでいる者がいちばん多く、台湾は三分の一ぐらいだろうとみている。ちなみに、かれらの同期会「漢高二五」（漢城華僑中学高等部二五回生）は、卒業二五周年の大会を中国、三〇周年を韓国、そして二〇一七年の三五周年を台湾で開催した。

インタビュー協力者はいずれも華僑学校から台湾の高校や大学に帰国進学した人々であり、みずからが韓国華僑であるという意識が強い。Jは韓国、台湾、中国、日本の四つの文化が自分を形成していると述べたが、そのうち「韓国」「台湾」「中国」は他の五人も最大公約数的に共有するものであろう。「生粋の」韓国人とも「生粋の」台湾人ともちがう存在として違和感を感じてはいるが、韓国華僑だからこそ身につけることができたと考える多様な言語能力や文化背景を肯定的にとらえ、中国、韓国、日本などとつながりながら台湾でくらしている。Wは次のように語った。

韓国華僑はたしかに根のない存在なのかもしれない。海を漂っているのかもしれない。大陸人でもなければ韓国人でもなく台湾人でもない。しかしそれはどうでもいいこと。どこの国籍を持っているにしても、その国にそれなりの貢献をし、また世界にそれなりの貢献をし、後代を育て、幸福な日々を送れればそれでいいではないか。

上水流久彦が言うように、強いプッシュ要因とプル要因がはたらいていたとはいえ、台湾は韓国華僑にとって居住地の選択肢の一つに過ぎなかった。この点で中国大陸から台湾へ移住してきた外省人とはことなる。台湾の魅力が低下すれば次は別のところ、たとえば中国へといった身の軽さは、たしかに韓国華僑の移動の特徴である［上水流　二〇一二：一六三］。Wは「中国人」としての満足な教育を受けさせるべく台湾へ息子を連れてきているが、これも息子なり家族なりが台湾に「根」を張ることを可能にするための選択ではかならずしもない。

ただ、帰国進学をへてすでに長年台湾に定住している韓国華僑は、台湾で生まれ育った自分の子どもたちが、親とはことなる「台湾人」というアイデンティティを持つことには、若干の寂しさをにじませつつも、それを自然な流れとして引き受けているようにみえる。同じ若年層でも、韓国で華僑学校にかよったY、QやWの子どもと、J、L、Zの子どものあいだの差ははっきりしているが、親たちが前者を次世代のあるべき姿と考えているわけでもない。

一九九〇年代以降、韓国国内の制度的不平等が一定程度改善され、台湾に帰国進学せずとも社会的上昇が可能であると考えられるようになった。韓国の大学への進学、韓国での居住が一般化し、台湾に進学しても卒業後、韓国にもどる者がいる。Wの息子も、台湾の高校あるいは大学を卒業した後の選択肢の一つとして、韓国の大学や企業をイメージしているという。

Wは成功大学の韓国華僑親睦組織は八、九〇人の規模だったと記憶しているが、二〇一六年度に同大学に在学する韓国華僑はわずか四人である。台湾大学でも一〇人にすぎない［教育部 二〇一七b：二二三、二二五］。韓国にも台湾にも、もはや韓国華僑の帰国進学を増加に転じさせるような要因はない。

JとZは、将来的に韓国華僑はいなくなるだろうと予測した。これは華僑が韓国社会に同化されていくという意味での話だったが、韓国からの流入が減少し、また進学や就職で「帰国」した人々の次の世代が台湾社会に同化していくことをとどめる要素もとぼしいなかで、大規模移住先だった台湾においても、韓国華僑の輪郭はあいまいになっていくのではないだろうか。一九六〇年代生まれのインタビュー協力者は、東アジアの冷戦体制の終結、韓国、台湾の政治体制の激変を目の当たりにし、さらにやはり急速に変わっていく台湾の学校教育を受ける子どもを見ながら、台湾の韓国華僑が先細りになっていかざるをえないことをもっとも強く感じてきた人々なのだろう。

本稿の冒頭で、静的なイメージのみで在台韓国華僑を語るのはむずかしいとの問題提起をした。今日、台湾において韓国華僑というエスニックグループの存在を指摘することは可能であり、かれらの集団としての傾向をある程度一般化することもできるだろう。しかし、かれらが世代を超えて台湾社会に位置を占めることはむずかしそうである。もちろんかれらの子や孫の多くは台湾に住み続けるだろうが、韓国華僑としての意識は急速に低下していくものと思われる。かれらのあいだで韓国という空間が東アジアの一地域として相対化される一方、後代はマジョリティ社会に容易に吸収されていき、エスニックグループとしての凝集力も弱まっていくのではないか。

ただ、だからといって、在台湾の韓国華僑やその先代がつむいできた移動の歴史、あるいは苦難や喜びなどの継承が消失してしまうわけではない。先住民をもふくむ各時代の移民渡来が歴史叙述の重要な柱となり、その結果としてのエスニシティや言語の多様性が称揚される台湾において、東アジアさらにその外にひろがる地理空間を移動し続けている韓国華僑の物語は、われわれに貴重な知見、思索の手がかりをあたえてくれているはずである。

〔謝辞〕
インタビューを実施するにあたって協力者をご紹介いただいた真理大学応用日語学系の永井江理子氏、淡江大学国際及両岸事務処の趙芳菁氏に感謝申しあげる。

注

（1）厳密に言えば、韓国政府が樹立された一九四八年以前に韓国華僑は存在しえなかったとしたうえで、便宜的に一九四五年以降を韓国華僑としている。
（2）「港澳」とは香港とマカオのことである。
（3）台湾の学年度は八月から翌年七月までである。本稿の「年度」はすべてこの学年度のことである。
（4）中華民国国籍法は、かつては父親が「中国人」（中華民国籍を保持している者と同義ではない）であることなどを中華民国籍保持者の条件としており、血統主義の色彩が濃かったが、二〇〇〇年の改正で、出生時に父母のいずれかが中華民国国民であることなどを中華民国籍者の条件とした。そして行政院僑務委員会が二〇〇二年に公布した「華僑身分証明条例」は、国外に居留する国民が華僑であるとしており、「中国人」であっても中華民国籍を有していない者は華僑ではないということになる。しかしながら、「僑生回国就学及輔導弁法」は今日でも、国籍の保持を「僑生」の条件にはしていない［呉　二〇一〇：一一一─一一四］。なお二〇一七年九月に、僑務委員会が僑生に代えて「僑（華）生」という語を使い始めたとの報道があり、実際、僑務委員会のニュースリリースや行事の名称などでこの語が使われるようになっている。

（5）一九五〇年の朝鮮戦争勃発後、韓国華僑の子弟数十名が在韓中華民国大使館の紹介で来台し、中等教育機関に就学した例があるという［黄　二〇一六：九三］。

（6）韓国漢城華僑小学は小学校、韓国漢城華僑中学は中学校と高校にあたる。後者には中等部（「国中部」）と高等部（「高中部」）が設けられている。以下、学校名を言う場合は「韓国」を省略し、ソウル（「漢城」）以外の華僑小学・中学を言う場合にもそれに準じる。また華僑小学・中学をあわせて華僑学校と称する。

（7）一九七〇年、高等部に「回国升学班」（帰国進学クラス）と「韓国大学班」（韓国大学クラス）を設置している［韓国漢城華僑中学　二〇一七］。後述のLは、二年生になって、帰国進学クラス文系、同理系、韓国大学クラス、それぞれ二クラスずつに分かれたと記憶している。一クラスの生徒数は五〇人ぐらいだったという。

（8）Lによると、全校で計四〇人程度の生徒がいた。同じく江景出身で台北在住の別の韓国華僑によれば、生徒数減少のため、数年前に廃校になったとのことである。

（9）「中国語」とはおそらく「山東語」のことではないか。「山東語」については後述する。

（10）Wは、帰国進学クラスの同期のうち台湾の大学に合格した生徒は半数ほどで、半数は不合格だったとしている。不合格だった者は来台して就職したり、韓国で進学、就職したりしたという。LとWが高等部を卒業したのは一九八二年だが、漢城華僑中学高等部の卒業生のうち台湾の大学へ進学した者の割合は、一九八六年度六一・二七パーセント、一九八七年度三六・九九パーセント、一九八八年度四八・四八パーセント、一九八九年度二四・一一パーセントだった［王　二〇〇六：五九］。

（11）一般の高校教育課程とともに、華僑学生のための中・高のクラスを設置している国立高校で新北市にある。

（12）大学卒業後はドバイに住み、中東の航空会社で客室乗務員をしている。

（13）国軍の医歯薬学教育機関。一九五一年から華僑学生を受け入れている［国防医学院　二〇一二］。

（14）台湾に戸籍を有する満一四歳以上の国民には国民身分証が発行される。公的、私的な諸手続きにおいて日常的に提出を求められるもので、かつては「回国僑生戸籍登記弁法」により、華僑学生には入学後すぐに交付されたが、一九九四年に規定が廃止された［全国法規資料庫　二〇一七c］。Zは「私たちが台湾に来たころはよかった。台湾に来たらまず強制的に身分証をくれて、強制的に国民党に入れられて。今は身分証を取るのがたいへんで、みんな苦労している」と語っていた（Zは冗談めかして「強制的」という語を使った）。

(15) 台湾へ来たころはあまりできなかったが、山東語を話すある先輩との親交をとおして話せるようになったとQは認識している。

(16) 林史樹氏（神田外語大学）のご教示による。

(17) 二〇〇〇年の国民党から民進党への政権交代で、韓国華僑の中華民国に対する「祖国」意識の維持は不可能になったと王恩美は述べる［王　二〇〇八：四四六］。ソウルで仕事をしているQの兄は台湾に来たことがなく、以前も今もその意思すらないという。

(18) Lの親にとっては、台湾での進学が、希望どおり娘と「中国人」との結婚につながったわけだが、相手方の家族はLを「韓国女性」として歓迎している。

(19) 宋承錫氏（仁川大学）のご教示による。シーナ・チェも同様の指摘をしている［Choi 2001: 125］。

(20) J、Zの親は現在、台湾で生活している。両者の父親は約八〇年にわたって山東省、韓国、台湾（さらに、Jの父親には米国と日本、Zの父親には中国の「奥地」が入る）と移動をくりかえしたことになる。

(21) Wは成功大学在学中の次のようなエピソードを紹介した。「日本語を選択科目で履修していたが、クラスでいちばん成績がよかった。もっとも後年、日本へ行く前にはすっかり日本語を忘れてしまっていたが。そのクラスの先生は年配の台湾人で私のことを気に入ってくれた。先生は私が韓国華僑であることを知っていた」。この年配の教員はおそらく日本統治期に成人していた世代だろう。

参考文献

Choi, Sheena
　2001　*Gender, Ethnicity, Market Forces, and College Choices: Observations of Ethnic Chinese in Korea*, New York:

Routledge.
林史樹
二〇〇七「「韓国華僑」の生成と実践――移民集団の括り方をめぐって」『韓国朝鮮の文化と社会』六：一二四―一四八。
黄庭康
二〇一六「反思台湾威権時期僑生政策的形成――以五〇年代為例」蕭阿勤・汪宏倫主編『族群、民族与現代国家経験与理論的反思』八三―一一六頁、台北：中央研究院社会学研究所。
教育部
二〇一七a『中華民国教育統計　民国一〇六年版』台北：教育部。
二〇一七b『僑生及港澳生人数概況統計　一〇五学年度』台北：教育部。
上水流久彦
二〇一二「台湾の本土化後にみる外省人意識」沼崎一郎・佐藤幸人編『交錯する台湾社会』一三九―一七三頁、千葉：アジア経済研究所。
上水流久彦・中村八重
二〇〇七「東アジアの政治的変化にみる越境――台湾の韓国華僑にとっての中華民国」『広島県立大学論集』一一（一）：六一―七二。
李鎮栄
二〇一四「華僑の「クヮンシ」と社団の再生過程――同窓会ネットワークを中心に」清水純・潘宏立・庄国土編『現代アジアにおける華僑・華人ネットワークの新展開』一九七―二四三頁、東京：風響社。
王恩美
二〇〇六「若い世代の韓国華僑の言語教育・言語使用状況――「韓国漢城華僑中学」の言語教育と中等部生徒のリテラシー状況を中心に」『ことばと社会』九：五二―七四、東京：三元社。
二〇〇八『東アジア現代史のなかの韓国華僑――冷戦体制と「祖国」意識』東京：三元社。
呉子文
二〇一〇「僑生教育与中華民国――台湾国族想像的転変　一九五一―二〇〇八」『文化研究』一〇：一〇三―

一三八、台北：文化研究学会。
郁漢良
二〇〇一 『華僑教育発展史 上冊』、台北：国立編訳館。

〈インターネット資料〉

韓国漢城華僑中学
二〇一七 校史（http://www.scs.or.kr/index1.htm 二〇一七年七月三〇日閲覧）。
教育部統計処
二〇一六 大専校院境外生之定義範囲（http://depart.moe.edu.tw/ed4500/News_Content.aspx?n=780B4CFF8FB1916B&sms=23D255462E62FBCD&s=1C9ED8911441F1F1 二〇一七年七月三〇日閲覧）。
国防医学院
二〇一二 院史館専区（http://www.ndmctsgh.edu.tw/ylcommon/search02.asp?id=%7B11063DC7-FC52-4DCF-B4E8-2BAC69BD48DA%7D 二〇一七年三月五日閲覧）。
全国法規資料庫
二〇一七a 外国学生来台就学弁法（http://law.moj.gov.tw/LawClass/LawAll.aspx?PCode=H0110001 二〇一七年七月三〇日閲覧）。
二〇一七b 僑生回国就学及輔導弁法（http://law.moj.gov.tw/LawClass/LawAll.aspx?PCode=H0100001 二〇一七年七月三〇日閲覧）。
二〇一七c 回国僑生戸籍登記弁法（http://law.moj.gov.tw/Law/LawSearchResult.aspx?p=A&t=A1A2E1F1&k1=%E5%9B%9E%E5%9C%8B%E5%83%91%E7%94%9F%E6%88%B6%E7%B1%8D%E7%99%BB%E8%A8%98%E8%BE%A6%E6%B3%95 二〇一七年七月三〇日閲覧）。
駐韓国台北代表部
二〇一七 駐韓国台北代表部僑務紹介（http://www.roc-taiwan.org/kr/post/346.html 二〇一七年七月三〇日閲覧）。

●コラム

朝鮮半島における「洋食」の普及

林　史樹

「ソウル駅グリル」の日本式洋食オムライス。
(ソウル駅、2016年10月16日 筆者撮影)

約五〇〇年にわたって続いた朝鮮王朝が終焉を迎え、朝鮮から多くの人々が流出した。また同時に、外部から多くの人々が流入し、それらの人々が持ち込んだ一つに食があった。ここでは外部から持ち込まれた食の中でも、「洋食」について概略をみていきたい。朝鮮の人々が、いかに洋食を取り入れたかは、その後の韓国・朝鮮における「洋風」、つまり西洋スタイルの受容の仕方を知る上で重要な手がかりとなる。加えて、実はこの「洋」が決して単色で捉えられるようなものではないことを一緒に確認していきたい。

およそ朝鮮における洋食の導入に、ホテルや百貨店といった存在が大きく影響していたことはいうまでもない。

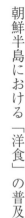

ホテルが朝鮮に登場したのは一八八〇年代頃であるが、初期のホテルでもっとも有名なのは一九〇二年開業のソンタグホテルで、経営者はドイツ系フランス人のアントワネット・ソンタグである。この時期は、急に訪朝西洋人が増加した時期で、ホテルも多くつくられ、そこで「洋食」がだされていった。ロシアとつながりがあったソンタグホテルが隆盛を極めたほか、当時のホテルシェフ募集にフランス人が迎えられていることから、ロシア式やフランス式が洋食の主流であったと考えられる。一八九七年の大韓帝国成立の際、国家元首が直接にそれを認めたのは露仏両国であった。

しかし、朝鮮における「洋」の普及に多大な影響を及ぼした外国の一つに、意外にも「洋」ではないはずの日本があった。朝鮮最古のホテルとされているのは一八八八年（一説には一八八四年頃）に創設された仁川の大仏ホテルである。大仏ホテルの経営者は日本人の堀力太郎であるが、このようなホテルは訪朝西洋人などを顧客とし、寝室から食事まで「西洋スタイル」を提供した。日本人経営者のホテルでは和食とともに日本式洋食がみられた。

同時に、この時期には日本人が多く移り住み、料亭など日本料理を定着させていった一方で、日本で流行った日本式の西洋料理を朝鮮に持ち込んだ。いわゆるライスを前提にした西洋料理である。当時の料亭の中には、一品として西洋料理を提供するところがあり、たとえば、林鍾国『ソウル城下に漢江は流れる』（姜徳相訳、一九八七年、二〇頁）によれば、日本料理の元祖とされる井門楼が一八八七年に開業したのにやや遅れて西洋料理を提供する開進亭ができたという。また、仁川にも一八九〇年頃には洋食屋があったといい、一九世紀の終わりには洋食が浸透してきたといえる。

一九一〇～一九二〇年頃になると、洋食店やカフェが京城にでき始め、「モダン」を求めた朝鮮の人々が利用するようになった。いわゆるモダンボーイやモダンガールの出現で、彼らを中心に朝鮮社会で洋食が受け入れられていく先駆けの時代である。また一九三〇年頃になると、百貨店が林立し、そこに洋食レストランが入り込む。また街角では洋食屋が「グリル」という名称で人気になり始めた。ただし、ここでの洋食は、西洋からの洋食というより、日本を経由して入った日本式洋食が多かった。

一九四五年以降は、日本が撤退した代わりに、アメリカが朝鮮半島、南部、韓国に駐留する。そこで、駐留アメリカ軍の影響を強く受け、食材の中にもスパムやソーセージなどが入り込んでいく。その後、朝鮮戦争で荒野となった韓国に食糧援助をかねて一九五五年に締結された韓米剰余農産物協定以降は多くの小麦粉が流入し、パン食なども増加傾向をたどる。アメリカ軍人向けの歓楽街がベースキャンプに、アメリカ船員向けのクラブや洋食屋が港町にできるなど、この時期、洋食はアメリカの影響を大きく受けたといえる。

一九八〇年代に入ると、洋食は若者や学生たちに受容されつつ、日本式洋食も「軽洋食」として韓国社会に根づいていった。そして、韓国の経済成長の恩恵を受けた一九九〇年代には、イタリア料理、フランス料理といったように、単なる「洋食」というカテゴリから離れていった。

このように、一八八〇年頃から朝鮮半島に登場した「洋食」は、ロシアやフランス、アメリカといった欧米諸国の食を取り混ぜたほか、日本という「洋」とは関係のなさそうな国家の影響すら受けていた。つまり、朝鮮からみた「洋」は、本来は「洋」の一文字では括りきれない、まったく異なる「出自」を持ったものの集合体であった。

このことは、ひるがえって考えてみれば、日本における「唐」と似たところがあるのかもしれない。日本における唐は巨大な文明であったが、その唐の様式を引き入れるルートは、遣唐使などを派遣して直接に唐から引き入れるルートと、すでに唐の様式を受け入れた地域、たとえば朝鮮を通じて、朝鮮化された「唐」を引き入れるルートがあった。韓国岳が「からくにだけ」であるように、実はいにしえの日本の人々も多様な「唐」を受容していた。

ただ、「唐」も多様であったとはいえ、まだいにしえの日本の人々が出会った「唐」の方が、朝鮮・韓国の人々が出会った「洋」に比べて、指し示す範囲が狭かったかもしれない。この差はどのように考えられるのか。また現在、振り返ってみたときにとても雑多にみえる「洋」であるが、帝国日本下に生きた朝鮮の人々の目には一つにみえたのだろうか。あるいは、同じ「洋」とついていても、微妙に区別して捉えていたのだろうか。これらについては今後の研究の課題となっていく。ある外来のスタイルと思われているものが、実は単色でなく、グラデーションに入り混じったものである可能性には常に神経を払っていたい。

沖縄県の台湾系住民をめぐる記憶の連続・断裂・散在
——宮古地方と八重山地方を比較して

松田良孝

はじめに

植民地だったころの台湾から沖縄県宮古地方に渡ってきた人々の足跡を筆者が本格的に訪ね歩くようになったのは二〇一三年からのことである。そのときすでに終戦から六八年がたっていたわけだから取材が難航することは覚悟のうえであったが、その年の一一月に台北へインタビューに行った時にはいい意味で予想を裏切られた。

筆者はこの時、戦前の宮古で撮影した一葉のモノクロ写真を見せられた。そこには三つ揃いの背広を着た三人の男が写っており、一人は松とおぼしき木の枝分かれしたところに腰かけて膝を組み、残りの二人はその両脇に立っている。裸足と着物が当たり前だった時代にあって、写真の主人公たちはみな革靴を履いている。かれらがアッパークラスに属していることは疑いようがなく、やはりそうだったのかと得心がいったものである。というのも、三人のうちの一人（本稿ではT-1-1とする）の名前は、一九三九年に沖縄の新聞『琉球新報』に掲載された、企業と米穀卸商業組合の設立登記公告のなかに見られることがすでに分かっていたからである。

宮古といえば、日本の台湾統治につながるきっかけとなった一八七一〜一八七四年の牡丹社事件(1)と密接なかかわりがあり、その記念碑「愛と和平」が宮古島市立下地中学校にある〔宮古島市立下地中学校 二〇〇八：一八二―一八三〕。下地中学校は宮古と台湾を結ぶ重要な接点となっているのだが、下地中学校が実施する台湾に関連した取り組みのなかで、植民地期の台湾から宮古に渡った台湾人の存在が言及されることはない。

この原因を解き明かすため、筆者はインタビュー調査を行うとともに、ひとつの〈モノ〉に着目してみた。T‐1‐1がかかわっていた「米」である。植民地期の台湾から宮古に向けた移出米の動向を探ってみると、宮古地方は、米の供給元として植民地期の台湾に依存するようになるに連れて、植民地台湾からやってくる人々に生存空間を提供するようになったのではないかと推定することができた。T‐1‐1その人こそが、米の売買をひとつの動機として植民地期の台湾から宮古にやってきた人物なのではないか。

T‐1‐1が戦前、宮古島で開いた雑貨店は、戦後になって弟のT‐1‐4に引き継がれ、その商いの様子は宮古地方を構成する離島のひとつである来間島の高齢者の間で記憶されてはいる。宮古地方全体では共有されず、私的な領域にとどまった記憶として。それゆえに、下地中学校では植民地期の台湾から宮古に渡った人々に言及されることはないといえるだろう。

以上の点をより鮮明に描き出すため、本稿では宮古と隣接する八重山地方との比較を試みた。

筆者が沖縄に住む台湾系の人たちに関心を持つようになったのは、かつて所属していた沖縄県石垣島の新聞社(2)で、取材の一環でその存在を知ったのがきっかけである。石垣島は八重山の主島としての役割を果たす場所であり、筆者はこの地の利を生かし、二〇〇二年ごろからは八重山地方に住む台湾系の人たちを集中的に訪ね、話を聞くようになった。八重山地方では、パイナップルや水牛など植民地台湾から台湾人が持ち込んだ農作物や役畜が現在の農業や観光業と結びついており〔国永ら編二〇一二、二〇一二年八月には台湾系ではない地元の人たちの発案で台湾農業者入植顕頌碑を建立するに至る〔台湾農業者入植顕頌碑建立期成会 二〇一二〕など、八重山と台湾の関係を植民地期から現在まで連続したものとして位置づける考え方が定着している。

八重山地方の農業粗生産額は二〇〇六年に一二一億四〇〇〇万円で、この大半を占めるサトウキビと肉用牛を除いた二九億三〇〇〇万円のうち、パインは最多の五億三〇〇〇万円(一八・一%)を占め〔沖縄県八重山事務所 二〇一五:二七〕、パインに対する産業上の位置づけは明瞭である。だから、植民地期に八重山にやってきた台湾出身者には、「パインを八重山に持ち込んだ人々」として八重山で唯一無二のポジションを与えることができ、八重山と台湾の関係を植民地期から今に至る「連続」した系譜とみることはたやすい。他方、宮古では、T-1-1は、あまたいる商業者の一人として存在していたわけだから、とりたてて記録/記憶されることはなかったといえるのではないか。宮古地方において台湾系の人々の位置づけを鮮明にすることが難しかったからこそ、彼ら/彼女らをめぐる記憶は「連続」せずに「断裂」し、個別に「散在」する結果につながったと考えることができよう。

地理的な近さから「先島」と総称される宮古と八重山だが、植民地台湾からやってきた人々の足取りは一様ではない。米の流通に関与した宮古、パインや水牛など農業と深く結びついた八重山といった具合にその暮らしぶりには相違点があり、台湾系の人々に対する記憶の濃淡もこの差異から導かれているのである。

本稿では以上のように、植民地期の台湾から宮古へ移動してきた人々について明らかにすると同時に、八重山との比較を通じて、先島地方が内包する台湾人に対する記憶の差異を描き出すことにしている。これが本稿の目的である。(3)

一 八重山の「台湾」

まず、宮古より先に八重山について述べておこう。八重山における台湾系住民の足取りについては、宮古のそれに比べると研究の蓄積が豊富で、ひとつの連なりをもって示されているといってよい。このため、宮古における台湾の記憶を考えるうえで、対照区としての役割を果たしうる。宮古に対する理解を助ける意味も込めて、八重山から取り上げておきたい。

八重山に暮らす台湾系の人たちを取り上げた先行研究としては民俗学の小熊誠［一九八九］が嚆矢となったと考えていい。加えて、当事者たちによる記録づくりが牽引してきた側面も見逃せない。林発『沖縄パイン産業史』［一九八四］は、台湾から八重山にパイン産業を持ち込んだ当事者による記録として学術分野においても古典的な基本文献に数えられるし、台湾系住民が比較的多く暮らすエリアの人たちが自ら編んだ『嵩田　五〇年のあゆみ』［嵩田公民館記念誌編集委員会　一九九六］はすでに物故した当事者の証言や写真が豊富に掲載されており、史料的な価値が高い。一九九〇年代までのこうした動きを土台にして、社会学の野入直美の研究［二〇〇〇、二〇〇一］以降、学術研究が活発化していくことになる。

八重山の台湾系住民に関する記録を残すうえでは、沖縄・八重山のジャーナリズムも少なからぬ役割を果たしてきた。とりわけ、三木健[4]の影響力は大きく、編者として林発『沖縄パイン産業史』（一九八四）を世に送り出したこと[5]によって、「八重山のパイン＝台湾人が持ち込んだもの」という認識を定着させるきっかけをつくったといってよい。金城朝夫[6]『ドキュメント八重山開拓移民』（一九八八）は一九八四年に『琉球新報』に掲載した連載企画を書籍化したもので、台湾を含む沖縄内外から八重山にやってきた人々を初めて網羅的に取り上げ、八重山の成り立ちにおいて、台湾出身者を含む多数の移民が欠くべからざる存在であるとの認識を少なからず広めた。筆者も三木や金城に続く流れを受けて、取材の成果を公表してきた［松田　二〇〇四、二〇一〇、二〇一三a、二〇一三b、国永ら編二〇一二］。

以上のような土台があってはじめて、台湾農業者入植顕頌碑の建立やその後の広がりが生まれたと考えていいだろう。

台湾農業者入植顕頌碑は、二〇一一年三月に発足した台湾農業者入植顕頌碑建立期成会（伊波剛会長）が二〇一二年八月に石垣市登野城嵩田地区に建立した。「台湾農業者入植顕頌碑」と刻んだ石碑と「パイナップル産業と水牛導入の功績を称える」と題する碑文を刻んだ石碑、水牛の置物からなる。

建立の趣旨については、台湾農業者入植顕頌碑建立期成会が二〇一一年三月二〇日付「『呼びかけ人』のお願い」で詳細に述べている。まず、「戦後の沖縄経済を支えた産業の一つに、パイン産業がありました」とし、「パイン産業の歴史で私たちが忘れてならないのは、一九三五（昭和一〇）年に、台湾から石垣島の名蔵・嵩田一帯に入植した台湾農業者のことです。（中略）また、一九三三年に台湾から入植した人たちにより水牛三〇頭が導入され、八重山の農業に革命的といえる技術革新がもたらされました」として、台湾人がパインと水牛を八重山に持ちこんだことに対する謝意を示している。そのうえで、沖縄県内各地から八重山向けに行われた入植に目を転じ、「戦後の八重山各地の入植地には、入植記念碑が建立されています。いずれもその集落の人たちが建立したものです。しかし、名蔵・嵩田地区にはそうした記念碑がありません。差別の解消を求めてきた台湾農業入植者たちですが、そこまでは望みませんでした。しかし、これはこの方々自身が建てるものではなく、私たち市民・県民が感謝の気持ちを込めて建立すべきものではないでしょうか。すなわち、この建立の趣旨は、戦前の台湾農業者によるパイン産業と水牛の導入など八重山農業への多大な貢献に対する顕頌と、併せて名蔵・嵩田地域の発展に寄与するためであります」と碑建立の必要性を説いている。[7]

二〇一六年七月には、石垣を訪問した台湾の李登輝元総統が台湾農業者入植顕頌碑に立ち寄り、台湾系住民で組織する琉球華僑総会八重山分会のメンバーが中心となって歓迎している（『八重山毎日新聞』二〇一六年七月三一日付）。八重山と台湾のかかわりをひとめで見ることができる格好のポイントとして、台湾農業者入植顕頌碑が定着していく可能性を示唆した象徴的な出来事といえるだろう。

台湾農業者入植顕頌碑建立期成会の副会長だったXによると、碑の建立は三木の提案によるものだという。Xは筆者が二〇一六年一二月に行ったインタビューに答えて「移民部落では各自で何周年の

表1　台湾農業者入植顕頌碑と八重山台湾親善交流協会に関連した動き

2011年3月	台湾農業者入植顕頌碑建立期成会が発足
2012年8月	台湾農業者入植顕頌碑を建立
2013年4月	八重山台湾親善交流協会が発足（期成会のメンバーが母体）
6月	シンポ「台湾交流・過去と未来を考える」
6月	石垣島でフィールドワーク
7月	台湾員林で公演「八重山の歌と踊り」
7月31日	沖縄支部発足
9月	役員が土地公祭に参加（以後、毎年参加）
2014年1月	県立博物館・美術館でシンポ「台湾体験を語る会」
4月	「龍の舞い　八重山パイン物語」発行
8月	浦添で台東民俗芸能沖縄公演「躍動の交流」
9月	員林鎮の侯慧鈴舞踊団が石垣市内で公演
2015年7月	映画「はるかなるオンライ山」
8月	会報「オンライ山」1号発行
2016年3月	台湾南部大震災の被災者支援で募金呼びかけ（32万円余）
5月	台東高級商業職業学校が石垣市内で公演
6月	台湾屏東の琉球人墓で慰霊の舞踊を奉納、屏東市内で公演
7月	台風1号で被害を受けた台東高級商業職業学校の支援で募金活動
7月	護国寺の台湾遭害者之墓で芸能を奉納
7月	李登輝元総統が台湾農業者入植顕頌碑を訪問

行事などをやっている。ところが、台湾は昭和初期からこちらに移民してきているにもかかわらず、そのようなことがない。植民地から石垣にやってきていじめられることもあった。そういう歴史を知っている我々（筆者注：Xや三木）がやらないといけない。そういうことを三木のほうから言ってきた」と述べている。『呼びかけ人』のお願い」の内容と重なる認識だが、「そういう歴史を知っている我々」といった語り口には、八重山において台湾人に対する偏見や差別が強かった時期を知っている者としての自覚がみられる。Xは一九三九年生、三木は一九四〇年生で、石垣島にある県立八重山高校を同輩として卒業している。

台湾農業者入植顕頌碑建立期成会は碑を建立した翌年の二〇一三年四月に八重山台湾親善交流協会に発展解消し、会長にはXが就任した。事務局は石垣島にあるが、二〇一三年七月には沖縄本島の会員が沖縄支部を結成した。会員は約二五〇人を数える。役員には琉球華僑総会八重山分会の役員が含まれているが、会員の大多数は台湾系ではない八重山住民や八重山出身者である。会の目的については、会則の第二条で「本会は八重山台湾親善交流を深める活動を行う」とうたう。二〇一六年末までに、八重山の芸能公演を彰化県員林鎮と屏東県屏東市で開いているほか、台湾の舞踊団や高校生を招いた公演を石垣市内で二回、沖縄県浦添市で一回開催した。シンポジウムも石垣と那覇で一回ずつ開いている。関連する書籍の出版やドキュメンタリー映画の制作への協力も行った。二〇一六年二月の台湾南部大地震と台湾を襲った二〇一六年七月の台風一号では、八重山地区の住民向けに被災者支援の募金を呼び掛けた。

八重山台湾親善交流協会の活動は継続的に行われており、台湾農業者入植顕頌碑期成会が目指した「パイン産業と水牛の導入など八重山農業への多大な貢献」を顕頌する意図は、一定程度の広がりをもって定着したと考えていいだろう（表1参照）。

現在の八重山において、パインは重要な農作物であり、水牛は観光分野と密接にかかわっている［国永ら編 二〇一二］。八重山によって欠くべからざる産業資源が植民地台湾から持ち込まれたという記憶は、その八重山に住む人々の手によって着実に引き継がれているのである。

二 植民地台湾から宮古に渡った台湾人の概要

八重山の状況が理解できたところで、植民地台湾から宮古にやってきた人々についてみていこう。

宮古地方を構成する地方自治体は宮古島市と多良間村である。宮古島市は宮古島、池間島、大神島、伊良部島、下地島、来間島の六島からなる島嶼地域で、住民生活に不可欠な拠点施設は旧平良市の市街地に集中する傾向があり、本稿で取り上げる台湾出身者の商店（以下、T商店。T商店を営む家族の構成員は「T」で示す）もそのなかに位置する。

宮古地方の台湾系住民を対象とする先行研究では、呉俐君［二〇一〇］が社会学の立場から、戦後、台湾から宮古向けに行われた人の移動の要因として婚姻などを挙げている。

堂前亮平［一九九五］は、廃藩置県前後から沖縄戦の直前までの期間に宮古島平良にやってきた商人が形成した商業空間を分析し、台湾から来島した商人の存在を指摘している。堂前はこのなかで、商人が宮古以外の地域から移動してくるパターンを、①他県人が直接宮古へ来て寄留する、②他県人がまず那覇に来て、その後宮古に進出して寄留する、③宮古以外の沖縄県人が宮古へ直接来て寄留する、④台湾の人たちの経済活動、の四通りに分けている。本稿が着目するのは四番目の「台湾の人たちの経済活動」だが、堂前は「注」として「一九四三年の宮古商工会の会員名簿には、一〇七名の会員中七名の台湾出身者が登載されている」と述べるに留め、分析は行っていない。この名簿は平良市史編さん委員会［一九七八］が採録している資料『宮古商工会二十年史』(8)（一九四三年）にある「会員名簿」を指していると考えられる。「会員名簿」には個人として一〇四人、団体として三者の名前があり、このなかには方、林、李、許の名字を持つ三文字の名前の人物が七人おり、堂前［一九九五］の「七名の台湾出身者」という指摘と一致する。この七人が台湾出身者かどうかについては本節で検証する。

地元宮古で行われている郷土史研究に目を転じると、宮古郷土史研究会が一九七八年九月一四日に

備考
長男。頭城で学校を卒業し、基隆で米を売る仕事をする。基隆の米屋で「小僧」をしていた。24 歳の時、宜蘭で結婚し、23、4 歳だった 1933 年ごろ兄弟で宮古へ。B-1 と B-2 の夫婦も一緒である。妻は出産後、長男（t-1）を連れて宮古へ。宮古では兄弟で雑貨屋経営。魚と野菜以外を取り扱う。米、茶、砂糖、塩、缶詰、本などを販売。場所は桟橋に 1 カ所、平良市に 1 カ所。水源地となっている白川付近に面積 2、3 甲の農場を持ち、イモや野菜を栽培し、ヤギ・トリを飼い、雑貨屋で売っていた。自分たちでも食べていた。台湾へ引き揚げるときに農場は処分。宮古には T-1-4 だけが残り、店をみていた。T-1-4 は軍隊に糧食を収めていた。台湾へは B とともに引き揚げ、頭城に身を落ち着かせた後、戦後台北に出てきた。墓は貢寮にある。
T-1-1 の妻。1933 年 12 月に頭城で t-1 を出産し、生後 2 カ月のころに宮古に渡る。
T-1-1 の長男。1933 年 12 月生まれ。生後 2 カ月で T-2 と宮古へ。平良第一国民学校 4 年のときに家族と台湾へ引き揚げる。
T-1-1 の 2 歳下の弟。次男。神戸に行っていたことがある。
T-1-1 の弟。四男。1916 年生。小学校卒業。17、8 歳で宮古へ .。終戦前に兄弟が台湾へ引き揚げるときは、ひとりだけ宮古に残り、店をみていた。戦後、台湾からやってきた F-1 に農業を教えた。生前は宮古から台湾に帰ろうとしなかったが、死後はお骨を台湾の墓に入れろということだった。
A-1-1 の弟。五男。宮古で死亡。
A-1-1 の弟。六男。宮古で高等科まで出た。
台湾で子供が生まれた。だいたい 1 歳で亡くなった。基隆で T-1-1 と知り合って一緒に宮古に渡る。妻も同伴した。基隆に住む親戚が 1 人いるため、基隆で知り合ったのではないか。まず T で働き、その後自分で商売をする。桟橋の近くで米だけを売る。店の屋号はマルリ(「李」をマルで囲む)。T とともに宮古から台湾へ引き揚げ､台湾で死去。戦前、宮古にいた台湾人としては最年長。b-2 は 10 歳のとき、すなわち 1956 年に養女になっているが、B-1 は当時 68 歳。このため B-1 は 1888 年生と推定される。
台湾で子供が生まれた。だいたい 1 歳で亡くなった。
ふたりは兄弟ではないか。T-1-1 と同世代。桟橋辺りに小さな店を持ち、T と同じような商いをする。台湾に引き揚げている。T の農場を手伝っていた。
t-1 の 4 歳上。
宮古へ台湾から最初に来て居付いた人（T、B より先に宮古へ来ていた)。金山（日本時代の金包里）出身。米を販売していた。宮古移住後、ずっと沖縄にいる。

表2　戦前、宮古島にいた可能性のある台湾系の人物

	『宮古商工会二十年史』の記載				出生年	出身
	あり		なし			
T（7）	T-1-1	男性			1911	宜蘭・頭城
			T-2	女性		
			t-1	男性	1933	宜蘭・頭城
	T-1-2	男性			1935 ？	宜蘭・頭城
			T-1-4	男性	1916	宜蘭・頭城
			T-1-5	男性		宜蘭・頭城
			T-1-6	男性		宜蘭・頭城
B（3）	B-1	男性			1888 ？	福建省泉州晉江県
			b-2	女性		
C（3）	C-1-1?	男性				埔里
	C-1-2?	男性				埔里？
			c-1	男性	1929 ？	
D（2）	D-1-1	男性				金山（金包里）
	D-1-2	男性				
E（1）			E-1	男性		

記号・数字：大文字は家を、（　）内はその人数を示す。小文字は、大文字の人物の子どもである。2桁目の数字は、1は男を、2は女を示す。3桁目は、兄弟姉妹の出生順を示す。

開催した例会で下地常政が、「寄留の系譜」と題した発表を行っている［宮古郷土史研究会　一九七八：六］。ただ、ここでは沖縄本島や日本本土からの寄留を分析対象とする一方で、「台湾からの寄留（中略）もあるが、その歴史的意義というのはまだこれを評価するのが尚早で、郷土史研究の対象としてなじまないのではないかと考えこれを除くこととする」［下地　一九七九：一］として、台湾人については取り上げておらず、堂前［一九九五］と同様の傾向がみられる。

筆者の調査においては、『宮古商工会二十年史』にある「会員名簿」をベースとして、インタビュー調査によって情報を追加していく方法を取った。宮古在住の台湾出身者が掲載されている新聞記事も利用した。インタビューは、植民地期から宮古島市で暮らした男性の息子一人、植民地期に宮古在住経験のある台湾在住の男性一人、宮古在住経験のある男性の養女一人、戦後宮古に移り住んだ台湾人の息子で宮古島市在住の一人、台湾在住の一人とその娘一人、戦後宮古に移り住んだこの台湾人の知人で那覇に住む男性一人の計七人から行った。このうち、植民地期の台湾から宮古に渡った経験のある人物その人に対してインタビューしたケースは一人に限られている（表1参照）。

その結果、植民地期の台湾から宮古島に渡った人たちは『宮古商工会二十年史』の名簿にある七人のほかに八人いた[9]（表2）。これら合計一五人の性別は、男一三人、女二人であった。大まかに五つの「家」に分けることができる。このうち、TとBについては、T-1とb-2へのインタビューからかかわりが深いことが分かった。また、一五人のうち、二人は現在の中華人民共和国福建省泉州市の普江から台湾を経て宮古島に渡っていた。

三　宮古在住台湾人T家のT商店をめぐる考察

植民地台湾から宮古島にやってきた台湾人の姿をより明らかなものにするため、具体的なケースとしてT商店について詳しくみておきたい。本稿では、本節に続く第四節で宮古地方に残る台湾系の人々に対する記憶について検討することにしているが、このなかでT商店は重要なポジションを占める場所でもある。

まず、T商店の所在地についてであるが、その確認作業は、宮古島の目貫通りとなっている西里大通りの一九三二～一九三三年ごろの様子と現在の様子を示した絵地図「西里大通りのんきゃーん（むかし）／西里大通りのんなま（いま）」［西里大通り商店街振興組合 二〇一四］を参照するとともに、二〇一四年三月一〇日には宮古島市で企業の役員などを歴任したQ-1の案内で関係先を踏査した。[10] Q-1は、西里大通り商店街振興組合の絵地図の基となった図面の作成者である。

第二節で明らかにした宮古在住台湾人一五人のうち、沖縄で発行されていた戦前の新聞で名前が確認できる人物はT-1-1とC-1-1の二人である。T-1-1は二回、C-1-1は一回それぞれ確認できた。C-1-1の一回の掲載の際には、T-1-1も載っており、これは一九三九年一二月二日付の『琉球新報』三面に掲載された「米穀卸商業組合設立登記公告」である。米穀卸商業組合の役員は理事三人、監事二人からなり、T-1-1とC-1-1はいずれも監事に名を連ねている。組合の設立許可は一九三九年九月二〇日、登記年月日は一九三九年一〇月二五日となっている。

T―1―1の名前が載っているもう一回は、一九三九年五月三一日付の『琉球新報』四面に掲載された「南開商会設立登記公告」である。株式会社南開商会の設立の公告に、六人の取締役の一人として名前が挙がっている。公告によると、南開商会は旧平良町西里に本社を置き、資本金一〇万円。事業内容はセメントや石炭、油類などの販売と海陸産物の委託販売である。六人の取締役の住所はすべて旧平良町西里で、台湾からやってきた人物はT―1―1のみである。登記年月日は一九三九年五月一〇日となっている。(11) T―1―1は一九三三年に台湾から宮古に渡っていることから、その六年後には宮古で企業や組合の設立に関与するまでになっていたことになる。

なお、米穀卸商業組合の理事・監事と南開商会の取締役の両方に名を連ねているのは、T―1―1ともう一人だけである。また、『宮古商工会二十年史』にある一九四三年の名簿には、米穀卸商業組合の理事と監事合わせて五人すべてが掲載されている。南開商会は、取締役六人のうち五人、監査役は二人がいずれもそれぞれ掲載されていた。

このうち、T商店を戦前に開いたのはT―1―1らT家の兄弟たちと考えられる。この商店は、戦後はT―1―1の弟、T―1―4が引き継いでいる。

すでに表2で示しているが、T―1―1とB―1は一九三三年に、一緒に台湾から宮古に渡っており、当時の宮古にはすでにD―1―1とD―1―2がいた。T―1―1は港の桟橋近くのR地点と現在の西里大通り内のS地点に拠点を設けている。R地点は、「小屋毛《くやもう》」と呼ばれるエリアに位置している。「小屋毛」と西里大通りについては、稲村賢敷が、「中山朝貢が始まって後、漲水の船着き浜近くに小屋毛と称する寄留商人の部落ができてきたことも考えられる。(中略)この小屋毛の寄留商人部落は、明治になって郡外からの輸入物資がますます多くなり、そのうえ土地が偏狭であったために次第に衰微して、その代り西里大通の繁栄をみるようになった」と述べている［稲村 一九七二：四二三］ように、「小屋毛」と西里大通りはいずれも宮古島のなかで商業機能が集積していたエリアである。

一方、T-1-4が二〇一一年に死去したとき、自宅を兼ねた店舗は市場通りのU地点にあった。T-1-1が構築したR地点とS地点からさらに第三の場所へ移ったわけである。[12]

宮古にいた台湾人がどのような商売を営んでいたのかを読み解く数少ない手掛かりは、T-1-1とC-1-1が監事を務めていた米穀卸商業組合[13]である。T-1-1の長男で、戦前の宮古島で暮らした経験のあるt-1は「宮古の時は、台湾人の人は向こう（筆者注：「宮古」を指す）では大部分は雑貨屋。なんでもやるよ。大部分は米。私の店なんか、缶詰もやるよ。砂糖、それから、昆布、お茶もやるよ」と述べており、宮古在住の台湾人と米の商いは関連が深かったことを示唆している。

宮古の米作について、仲松弥秀は、「宮古諸島は琉球石灰岩で構成された台地であって、極端な水田寡少地域であり、その総面積は僅かに一五〇町歩水田度は一％余に過ぎず、列島の中で最下位に属する」［仲松 一九四一a：七四―七五］と述べ、沖縄県内で最も水稲栽培に適さない地域と位置付けている。その理由として挙げているのは地質で、「隆起珊瑚礁の石灰岩台地より成る宮古諸島（中略）は（筆者注：水田の）寡少或は皆無地域を形成することを知り、且つそれは水利の良否に依ることを明白にした。珊瑚石灰岩の地域ではたとへ雨量が多くても、地中へ浸透して、地表は乾燥し、地下水が崖端或は裂罅から泉となって湧出する結果として、珊瑚礁台地の周縁地域に於ては、水田の発達が佳良である」［仲松 一九四一a：七五］とした。隆起珊瑚礁の石灰岩台地は水を蓄えるのに不向きということである。

水田として新たに開発可能な地域の面積については、仲松が、「島尻並びに中頭地方と宮古島は水利が不便な関係から、合計約一三〇町歩の可耕地域が存在するのみであり、各地に散在しているから開発は更に困難である」〔仲松　一九四一b：九〇〕と述べ、消極的な評価にとどまっている。

沖縄県宮古教育部会は、宮古の米作について「本郡には昔から栽培され甘蔗甘藷の渡来以前には粟、大豆と共に本郡の主産物であったが、水田の多くないのと風旱害の危に逢ふので、漸次耕作が減少して現在は甘蔗及甘藷に其の地位を譲るに至った。而し県当局の指導と品種の改良によって栽培を奨励した結果、近年は面目大いに改まり昭和七年の第一期作より、改良品種蓬莱米の栽培に着手以来相当の成績をあげた」〔沖縄県宮古教育部会　一九三七：二一四―二一五〕と述べており、悪条件の中にあっても増産に向けた試みが取り組まれていたことが分かる。その一方で、沖縄県宮古教育部会は、宮古の商業に言及しつつ、「米は産額少きため、台湾蓬莱米(14)の気重に圧せられ、一進一退をなしてゐる」としているところからみて、その取り組みは必ずしも十分な成果を上げることができず、「台湾蓬莱米」、すなわち、台湾での栽培された米に依存する状態になっていた〔沖縄県宮古教育部会　一九三七：二四二〕。稲村にいたっては、「本島は水田面積が少ないために、稲作には将来共多くを期待することはできない」〔稲村　一九七二：四一六〕と言い切っている。

米を自賄いできない以上、宮古以外の地域に求めるほかない。そのなかで台湾に対する依存度がどの程度だったかという点は、台湾からやってきた人たちが宮古の商業空間に自らのポジションを獲得できたかを推し量る材料となりうるはずだ。

まず、宮古を含む沖縄全体について考えるうえで興味深いのは、台湾米穀移出商同業組合が発行していた『台湾米穀移出商同業組合月報 第六号』（一九一七年六月）に掲載された「沖縄移出米／将来有望なり」という一文である（一一頁）。

全文を紹介しよう（字句の修正と句読点の挿入を行った箇所がある）。

本島米の沖縄に移出さるるもの、ようやく盛んにして、昨年の如き一五万石の移出高を呈せり。同島は人口七〇万人ありて、仮に一人一石を一箇年に消費するとせば、七〇万石の米を要する訳なるが、島内の産米高は僅かに七万石に過ぎざるをもって六三万石の不足を呈すと雖も、島民の多く甘藷を常食とする者あり。その半数以上が米食とするも、尚二、三〇余万石の不足を呈し、島外の供給を仰がざるべからず。これに加えて、近年同島の糖業旺盛に糖価高価なれば、農家も好景気を来たし、生活向上に伴い、米食するもの益々増加の一方にして、甘藷常食は年々減少の状態なり。ゆえに本島米が同島民の常食に好適するのみならず、今後益々増加一方なれば将来における本島米の移出供給地としてますます有望な上、得意のところと称すべしと。

沖縄のことを「将来における本島米の移出供給地としてますます有望」と述べているのだから、この時点では「本島米」、すなわち、台湾産の米の移出先として沖縄は未開拓だったことになる。

李力庸によれば、沖縄では一九二五〜一九二九年には、全消費量に占める台湾米の割合は九・六一％となった。これはいわゆる「内地」では最高の数値で、二位の福岡を四ポイント以上引き離している［李二〇〇九：二二四―二二五］。

それでは、宮古に限ってみるとどうか。台湾から宮古に直接移入した米が、宮古に移入された米全体に占める割合の推移をみてみよう。

数値は『沖縄県統計書』の各年版に依拠し、年次的に継続してデータを確認することができる一九二〇年から一九四〇年を対象とした。年ごとの数値は一年違うだけで桁がひとつ異なる場合があるなど、ばらつきが大きいため、前後二年間の値を合算した五年間の平均値を用いることによって平準化し、推移の傾向を掴むことにした。移入の量は「俵」や「袋」など年によって異なる複数の単位が用いられていることから、「額」を元に算出した。

その結果は図1に示す。台湾から宮古に直接移入した米は、一九二五年までの四年間はまったくなかったが、一九二六年以降一定のペースで増加し、一九三五年には九四・五％に達した。年間一〇％近い増加率である。宮古で自給できない米の不足分を調達する先として、台湾への依存度が高まり、その流通の担い手がいたことを意味してもいる。

宮古島の人々が台湾で生産される米への依存度を高めていたという事実をもって、台湾からやってきた人々が商いのチャンスを獲得したと結論付けることはできない。ただ、台湾から移入する米の量が増えることによって、米穀商の取扱高が増加し、T-1-1とC-1-1のような台湾人たちがパイの分け前を獲得できたと推定することは不自然ではないだろう。

宮古島の物流拠点だった戦前の平良港がどのような状況にあったか確認しておくと、『平良市史　第一〇巻』には、「大正一〇（一九二一）年二月、立津村長の時、起債による第二次埋立工事（桟橋の延長・荷揚場の拡張）が着工され、同年一一月、下地寛路村長の時に竣工した。この間の大正四（一九一五）年

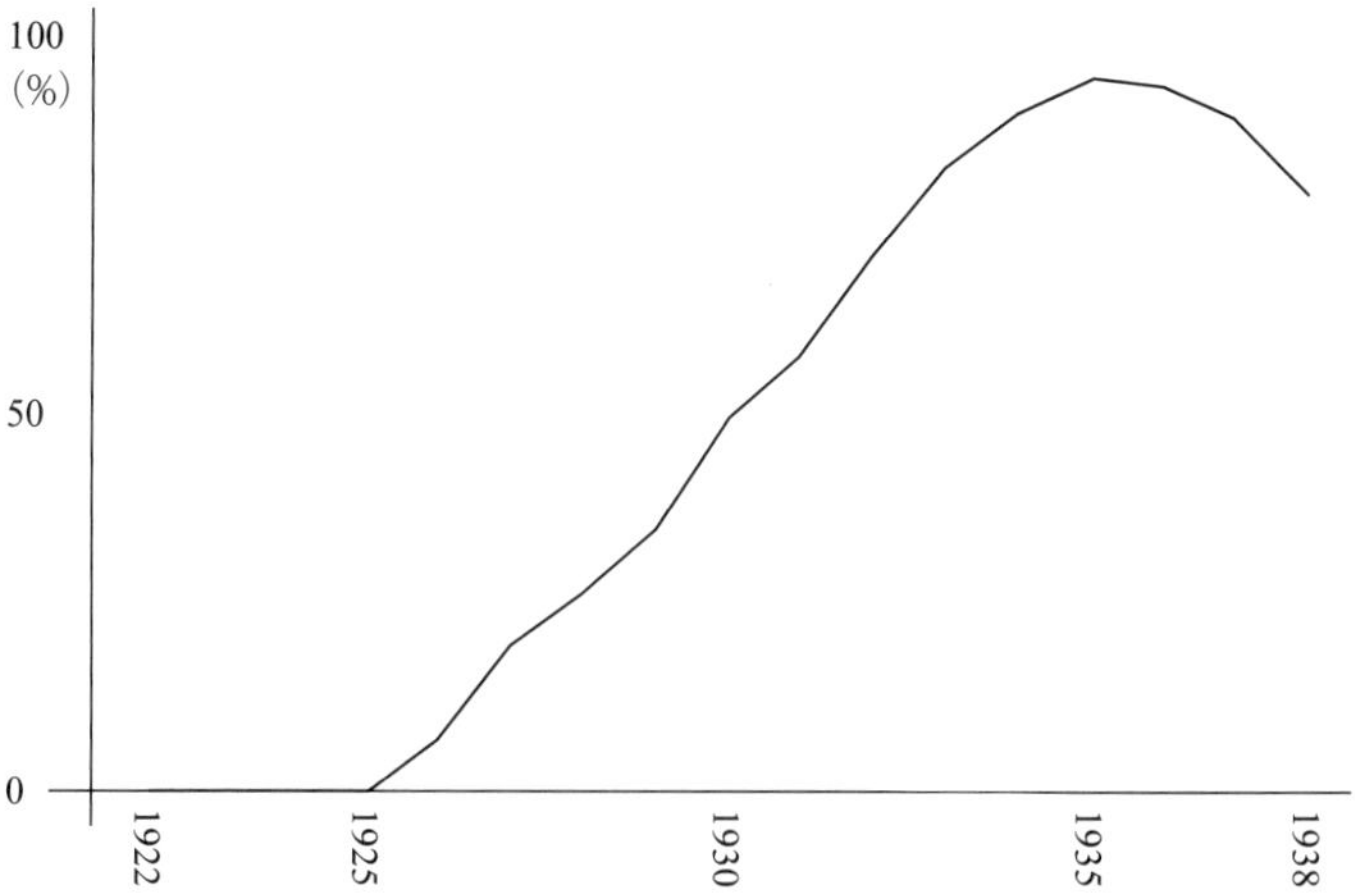

図1　台湾から宮古に直接移入された米が、宮古に移入された米全体に占める割合の推移(1922年～1938年)。年次ごとのばらつきが大きいため、前後2年間を合算した5年間の平均値を金額を元に算出した。(『沖縄県統計書』各年版から筆者作成)

八月には寄留商人・渡辺覚之丞を社長とする宮古通船株式会社（運送業）が設立された。この頃、先島航路には大阪商店会社の客船が配船されていた」〔平良市役所・平良市教育委員会編　二〇〇五：二二〕とある。内閣府沖縄総合事務局平良港湾工事事務所は、戦前の平良港について、「この港湾施設は大正九年当時の平良村に移管され、さらに大正一〇年公有水面埋立許可を得て拡張工事が施工されました。昭和八年頃に、大阪商船の二五〇〇トン級の商船が、那覇～宮古～八重山～基隆間に就航し、本土、南西諸島、台湾との交易の門戸となり、以来第二次世界大戦終結まで生活必需品等の移出入や旅客の乗降等、圏域の拠点港として利用されてきました」〔内閣府沖縄総合事務局平良港湾工事事務所　二〇〇四：二一〇〕と述べており、台湾からの米の移入は港湾のハード整備と航路の充実と相まって増加していたことも指摘しておきたい。

四　来間島の高齢者の記憶に見る宮古在住台湾人の姿

筆者がこの島へ赴くことになったきっかけは、T－1－4の息子に対するインタビューにある。T－1－4の息子は、来間島の人たちがT商店を利用するケースがあったと言及し、筆者はこれに着想を得て来間島を調査地に選んだのである。調査の目的は、植民地台湾から渡ってきた台湾の人たちのことを、宮古地方の人たちがどのように記憶していたかという点を探ることにある。

来間島は宮古島の南、約一・六キロメートルに位置する平坦な島である。美しい海岸で知られる宮古島の与那覇前浜は来間島の対岸に当たり、かつて来間島との間で船が行き来していたが、一九九五年には全長一六九〇メートルの農道橋「来間大橋」で結ばれている。来間大橋は二〇〇一年に旧下地町の町道として認定され、現在は宮古島市の市道である。

沖縄県編「離島関係資料」（二〇一四年）によると、島の海岸延長は七・六キロメートルで、面積約二・七五平方キロメートルのうち、畑地が一・七四平方キロメートルで五六・四％を占める。主な作物はサトウキビと葉タバコである。

人口は減少傾向にあり、来間大橋がまだ開通していなかった一九八六年の時点で、すでに「急激な過疎化の波により二〇～四〇代の労働人口の流失が目立ち、六〇代以上の老齢化の傾向が著しい人口構成になっている」［下地町立来間小・中学校　一九八六：九九］と指摘されていた。人口は最近の一〇年間では、二〇〇六年の一九七人から二〇一六年の一六五人へと三二人（一六・二％）減った［宮古島市「統計みやこじま」)。島内唯一の教育施設である小中学校は、児童生徒数の減少のために二〇一三年度で中学校が閉鎖され、二〇一四年度からは小学校のみとなっている(『琉球新報』二〇一四年三月一三日付)。六五歳以上の住民の人口は、二〇一〇年の国勢調査によると、全体の五一・六%を占める。

この来間島で、筆者は二〇一四年一二月一日と二〇一六年二月一二日にインタビュー調査を行い、八人から話を聞いた。[15]二〇一四年八月にも来間島で島民と接触し、インタビューの選定に必要な情報収集などを行った。

インタビュー八人のうち、T商店について具体的に語ったのは二人である(以下、G-2、M-2とする)。二人に共通しているのは、現金収入に乏しい島の生活にあって、T商店は島民が持参した手工芸品や野菜などを購入して現金を与え、その現金でT商店から米などを購入することができた、島民がT商店に持ち込んだ代表的なものはアダンの蔓で綯った縄であるといった点である。

以下、具体的にみていこう。

G-2のケース

G-2はT商店について「食料がいっぱいあって、来間はそのときにはお金はあまりない島でしたから、よく助けてくれたよ」と語った。また、T商店の屋号も覚えていた。「助けてくれた」という意味を筆者が問うた後のやり取りは次の通り。

G-2:アダンのツタ(筆者注:「蔓」の意)分かる?

筆者：縄ですよね？

G‐2：あれを取ってきて、縄を綯《な》って、お婆さんが、実家にお婆さんがいたから、それに縄を綯わせて、貯めていって、（中略）交換してきた。

G‐2は生家の祖母に綯わせたアダンの蔓の縄をT商店に持参し、その代金で米などを購入していた。G‐2は同じようにして熟していないトマトなどもT商店に持ち込んでおり、「それの代は米と昆布を（中略）取ってきて」と述べているが、これは商品価値が著しく低い農産物であってもT商店が買い取っていたことを意味している。

このようなことをしていた時期についてG‐2は「子どもなんかが小さいとき」と述べた。G‐2は一九四七年に結婚し、その後一〇年ほどの間に子どもを五人もうけていることから、台湾人商店に通ってアダンの縄などを買ってもらっていたのは一九五〇年前後のことと考えられる。

G‐2がT商店を経営していたT‐1‐4について語った言葉としては「『あんた（筆者注：G‐2）を信用しているから子どもたち（中略）にはひもじい思いをさせないで、なんでも取って作りなさいね』って。台湾人だと、そんな、人に情意があるかなと驚いておった」というものがあるが、G‐2はT‐1‐4との接触を通して宮古在住の台湾人について認識し、その印象を形成していた。

M‐2のケース

M‐2がT商店に対して抱いている印象ははっきりしており、筆者が「来間の人たちが平良に行ったときに、どこのお店で買い物をしていたのか知りたい」と尋ねたのに対して、躊躇なく「昔は『タイワンヤー』といって、向こう必ず行って買ってきて」と答えた。屋号は記憶していなかったものの、その場所は「市場通りに」と述べている点からみて、G-2が利用していた商店と同じとみてよい。

ただ、T商店を使用した理由についてはいったん「そこが近いから。船から降りたら近いから」と港と近接した立地条件を挙げ、筆者が「ほかの店に比べて、このタイワンヤーがいいというところは何かあったか」と尋ねてようやく「昔はお金もないから、アダンバのアダナス（筆者注：アダンの蔓で綯った縄）というよ、（中略）それを持っていって『タイワンヤー』の人に売ってから、品物を買ってきて」と、G-2同様に買い取りへの対応を挙げた。

M-2にとってこれは単なる商行為ではない。「それ（筆者注：アダンの縄[16]）をつくって、お金がないから、それで生活をしておったよ。苦しい時代でした」と回想しているように、生活が困窮するなか、T商店に手を差し伸べてもらったという意味がある。アダンの縄の代金として受け取った現金で「タイワンヤー」から購入するものとしてM-2が挙げたのが米である。そのやりとりは次のようなものである。イモが主食だったことを説明したくだりから採録する。

M-2：おイモ。おイモが食料だった。
筆者：お米を食べるようになったのはいつごろ？
M-2：お米も、アダナスの綱、あれを売って少しずつ買ってきて、おじやを作ったり、少しずつ。
筆者：お米はアダナスのお金で。

M-2：少ししか買われなかった。それを、おかゆを作って食べたり、ご飯もつくらなかったよ（筆者注：米だけで飯を炊くことはほとんどないとの意味）。

M-2がアダンの縄を「タイワンヤー」に売っていた時期は「旦那さんも見付からんときだったから、若い時だった」と述べており、結婚する前だったことになる。M-2は二二歳のころに結婚したと説明しているため、一九五一年より前ということになるが、これはG-2の項で指摘した「一九五〇年前後」とほぼ一致する。

G-2とM-2の語りから見えてくるのは、困窮しがちの生活に手を差し伸べてくれる存在としてのT商店である。とりわけ、G-2はT商店の経営が「良心的」である要因として、台湾人による経営を指摘している。T-1-4の姿は、G-2には時には商売を度外視しさえする思いやりのある台湾人として認識・記憶されており、これはM-2にも共通する。一方、「タイワンヤー」との呼び名は、T商店が台湾とかかわりの深い存在と認識されていた可能性を示唆するものと言えなくもないが、M-2ただ一人からしか聞くことができなかった呼称であるため、本稿では評価は行わないものとする。

五　連続・断裂・散在する記憶

冒頭で述べたように、宮古島市内にある下地中学校には、牡丹社事件の和解を意図した記念碑「愛と平和」がある。下地中学校は一九九九年に宮古で開かれた第一五回全日本トライアスロン宮古島大会に出場するために来島した台湾人選手と交流したことをきっかけに台湾側との交流を深め、二〇〇四年一二月、台中の漢口国民中学（日本の中学校に相当）と姉妹校の締結を行った。この翌年の二〇〇五年七月には台湾との交流について展示する「台湾交流つむかぎ中心」を多目的教室に一角に開設するとともに、「台湾の森」と刻銘した石碑を中琉文化経済協会の蔡雪泥理事長から寄贈され、その除幕式を行った〔宮古島市立下地中学校　二〇〇八：二―三〕。記念碑「愛と平和」があるのは「台湾の森」の中である。

下地中学校は、宮古における台湾との交流拠点となっているともいえるのだが、その活動においては植民地期以降の台湾から宮古への人の移動や、来間島の高齢者たちの語りにみられる記憶などが言及されることはない。ここでは、台湾をめぐる記憶は、植民地統治が始まる前に起きた牡丹社事件を取り上げた後に「断裂」し、植民地期に台湾からやってきた人々に対する記憶には触れないまま、台湾のスポーツ選手との触れ合いに端を発した二〇世紀末以降の交流へとつながっていく。

台湾から、ではなく、宮古から植民地期台湾に向けて行われた人の移動についていえば、一九三五年一二月末の時点で、現在の宮古島市に当たる旧平良町、旧下地村、旧城辺村、旧伊良部村の出身者合わせて七九二人が植民地台湾で暮らしていた。アジア太平洋戦争末期に行われた疎開では、終戦直後の一九四五年九月には宮古出身者四八九二人が台湾にいたとするデータもある。[17]戦後の帰郷では、宮古を中心とする沖縄出身者が乗り込んだ引き揚げ船が基隆に近い海上で遭難する「栄丸事件」が一九四五年一一月一日に発生し、約一〇〇人が犠牲になった。「栄丸事件」については、平良市史編さん委員会が取り上げている〔平良市史編さん委員会　一九八一：四五―四六〕ほか、沖縄県教育委員会は概説と証言に計七頁を費やしている［沖縄県教育委員会　一九七四：四〇三―四〇九］。個人史としても池村一男による著作［池村　一九八三］などがある。

宮古において、台湾との関係に対する関心が低いわけではなく、焦点を当てる時期や、宮古発台湾行きか台湾発宮古行きかというベクトルの向け方にバラツキがあるといえる。台湾をめぐる記憶は、「散在」しているといっていいだろう。

また、八重山では、八重山の現在の農業や観光業とかかわりの深いパインと水牛が、植民地期の台湾から台湾人の手で初めて八重山に持ち込まれており、台湾人が果たした役割に唯一無二性や「分かりやすさ」がある。これに対して、宮古では植民地期の台湾から渡った台湾人が参入した分野が商業で、数多くの同業者のひとつだったことから、取り立てて記録に残されるには至らず、記憶が共有されにくかったといえるのではないか。

一口に言うならば、台湾に関する記憶は宮古において「断裂」「散在」し、八重山では「連続」しており、互いに対照的な様相を示しているといえるだろう。

先行研究について述べた箇所でも示したように、宮古では一九七〇年代後半にはすでに宮古への寄留を構成するグループのひとつとして台湾出身者の存在に注意が向けられていたが、調査が行われないままの状態が続いてきたといってよい[18]。三節で示した通り、宮古島市内でＴ商店を営むＴ-1-4が死去したのは二〇一一年四月七日のことで、より早いうちに調査を開始しておけば、インタビューを行うことができた可能性は相当に高く、宮古に住む台湾系住民の描き出され方は本稿とはかなり趣の違うものになったであろう。一方、八重山では一九八〇年代以降、多方面から台湾出身者に対するアプローチが行われ、台湾出身者自身による記録も編まれている。植民地期の台湾から八重山にやってきた台湾人は数百人規模［嵩田公民館記念誌編集委員会　一九九六、松田　二〇一三b］に達し、宮古にやってきた台湾人より大きな集団を形成していたし、戦後も引き続いて土地公祭が行われるなど、目に付きやすかったことが調査・取材につながっていきやすかったであろうことも容易に想像が付く。植民地台湾から八重山に持ち込まれたパインと水牛は産業資源というリアルな存在であり、過ぎ去った時代の事物という位置づけに留まらない点も、台湾出身者が八重山に与えた影響をトータルに把握しやすくしている。

八重山という地域をひとつの対照区に見立てると、宮古にやってきた台湾人たちは、植民地期から現在に至るまで連続して俯瞰される機会を持ちにくかった人たちと言うことができる。宮古の台湾人に関する記憶の乏しさは歴然としている。ただ、八重山におけるパインや水牛のようにモノを手掛かりにする方法には一定の有益性がある。本稿では、米に着目することを通じて、宮古における台湾人観の一端を明らかにすることができた。さらに米以外のモノに照準を合わせてみれば、植民地期の台湾から宮古にやってきた人々の態様がよりつまびらかになり、宮古の人々の脳裏に刻まれた別の記憶を探り当てるかもしれないのである。

〔付記〕
本稿は、『白山人類学』二一号：一五―五八、二〇一八年に掲載された同名の論文を、転載したものである。

注

（1）大浜郁子は牡丹社事件について次のように説明している［二〇〇六：七九］。すなわち、一八七一年、宮古島の船が台湾の南東海岸に漂着し、乗っていた六九人のうち、五四人が殺害された。明治政府は一八七四年、台湾へ派兵した。明治政府はこの「台湾出兵」に抗議する清国との間で交渉を行い、琉球が日本に帰属することを清国に認めさせ、これはいわゆる「琉球処分」の契機となった。

（2）八重山毎日新聞。二〇一六年六月末付で退職した。

（3）本稿では、宮古におけるパイナップルや水牛、また、八重山における米穀の流通については検討していない。本来であれば、宮古と八重山の双方について、パイナップル、水牛、米穀の流通をすべて検討して両地域の差異を論ずるべきであった。しかし、本稿はもともと、「宮古の台湾人」という、その存在を明らかにするための手掛かりが乏しい対象にどうアプローチするかという点からスタートしたものであり、究明の過程で米穀流通に着目することになった。さらに、宮古の台湾人の存在を浮き彫りにするために八重山の台湾人を対置し、パイナップルと水牛に言及した。両地域に対して、パイナップル、水牛、米穀の流通を視点に比較することは、今後の課題としたい。

（4）石垣市出身。ジャーナリスト。西表炭鉱に関する取材・執筆・研究でも知られ、八重山における移民や外部資本による開発などに一貫して目を向けてきた。これら一連の活動では台湾と八重山との関係に常に目配りしている。

（5）当該書の発行に至る経緯については三木が執筆した「編者註記」や遺族による「あとがき――父に代って」に詳しい。かいつまんで示せば、林発は一九七〇年に同書の原稿を書き終えていたが、その後の闘病・死去によって出版されないままになっていたところ、三木らが遺族に働きかけて出版にこぎつけた。

（6）本名・友寄英正（一九三八～二〇〇七年）。石垣市出身。ジャーナリスト、社会運動家。

（7）名蔵・嵩田地区は台湾系の住民が比較的多く暮らす地域。行政上は異なる区域で、名蔵が石垣市字名蔵、嵩田は石垣市字登野城の小字だが、地理的にひとつらなりになっていることから「名蔵・嵩田」と称されることがある。

（8）筆者が宮古島で調査した限りにおいては、『宮古商工会二十年史』の実物は確認できていない。『平良市史　第四巻』［平良市史編さん委員会　一九七八］では、『宮古商工会二十年史』の提供元として。宮古島市内の事業者とその住所を示しており、筆者は二〇一四年三月一〇日、これを手掛かりに事業者の関係者と宮古島市内で面談したが、現存していないとの回答を得た。

(9)　表2には一八人を掲載した。植民地台湾から宮古に渡った台湾人一五人以外の三人は、終戦から間もない時期に宮古に渡った台湾人二人、戦後、植民地期に宮古に渡った台湾人の養子となった人物一人である。

(10)　二〇一四年三月一〇日に宮古島市東仲宗根において、Q-1の自宅でインタビューした後、Q-1の案内でT家と関係する場所を訪れた。

(11)　筆者は沖縄県立図書館が所蔵する『琉球新報』のマイクロフィルムでふたつの記事を確認したが、不鮮明な部分があった。このため、本稿では、同じ記事を採録している『平良市史　第十巻　資料編九　戦前新聞集成（下）』［平良市史編さん委員会　二〇〇五］の六八一、六九三、六九四頁から引用した。

(12)　T-1-1とともに宮古島に渡った弟のT-1-4が二〇一一年四月七日に死去したことに合わせて、その「忌明御礼」が二〇一一年五月二六日付の『宮古新報』と『宮古毎日新聞』に掲載されている。執筆者はT-1-4の息子であるが、そのなかでT-1-4の来島時期は「昭和八年」、すなわち一九三三年とされている。一方、一九三二～一九三三年ごろの様子を示した『西里大通りのんきゃーん（むかし）／西里大通りのんなま（いま）』［西里大通り商店街振興組合　二〇一四］によれば、T-1-1がすでに西里大通りに店を構えていたことになる。そのようなことが実際に可能かについては検討の余地があるが、聞き取りやかつての記憶を頼りにした分析であることから、年代に数年のずれが生じるのは誤差の範囲内としておく。本稿では、T-1-1やT-1-4と身近に接していたT-1-4の息子の手になる「忌明御礼」の内容に沿って論述することとした。

(13)　李によると、一九三九年に台湾で米穀移出管理制度が実施された後、朝鮮と沖縄への移出については、それまで朝鮮・沖縄向けの移出を行ってきた商人が一九三九年一一月に「台湾米穀移出組合」を結成し、台湾総督府の委託を受けて沖縄・朝鮮向け移出米を取り扱った［李　二〇〇九：三二六］。宮古で一九三九年九月二〇日に米穀卸商業組合が結成されたことと関連のある動きとも考えられるが、那覇外地米移入協会代表者の田代忠吉と伊地完雄は、台湾総督府米穀局長の田端幸三郎に提出した一九三九年一〇月三〇日付の「移出許可申請願」［国史館台湾文献館所蔵「沖縄仕向一、二、期蓬莱白米移出許可申請ニ関スル件伺」冊号一〇四三〇、文件号〇二九」で「本県（宮古、八重山を除く）に於る御地との蓬莱米の取引」と記しており、台湾産の米を移入するその流通においては沖縄本島と先島の間になんらかの違いがあったとも考えられる。

(14) 日本本土から台湾に持ち込まれて栽培・改良された米。「蓬莱米」の名は、日本米穀協会が一九二六（大正一五）年五月に台北市内のホテルで開いた大日本米穀会第一九回大会のなかで、当時の台湾総督、井沢多喜男が付けた。磯［一九六四］を参照した。

(15) 内訳は女五人、男三人。出生年は一九二六年から一九四七年までで、このうち、戦後生まれは一人だけである。

(16) M-2の場合、アダンの縄は一五尋（約二七メートル）綯ったものを束ね、それが一〇束ほどできあがったところで、船で宮古島に向かい、「タイワンヤー」に売っていた。一〇束分を綯うのに一〇日ほどかかった。

(17) 国史館台湾文献館所蔵の「沖縄縣疏散來臺人民請遣送救濟案」（典蔵号〇〇三〇六五一〇〇九四〇〇三）に含まれている「沖縄縣疎開者調」。アジア太平洋戦争末期に行われた沖縄から台湾向けの疎開については松田［二〇一〇］参照。

(18) この点については筆者自身も反省を述べておかなければならない。筆者が八重山で台湾系の人たちの取材を開始したのは二〇〇二年ごろであり、当時から宮古に住む台湾系の人たちには関心を抱いていた。しかし、八重山に比べると、宮古の台湾系住民はそれほど多くないという情報によりかかる形で調査を怠っていた。

参考文献

堂前亮平
一九九五「近代期、沖縄宮古島平良における商業空間の特性――寄留商人街をめぐって」『地域研究』三六―一：一―一一。

呉俐君
二〇一〇「戦後沖縄本島及び宮古島における台湾系華僑の移住」上里賢一・高良倉吉・平良妙子編『東アジアの文化と琉球・沖縄――琉球／沖縄・日本・中国・越南』七九―一〇三頁、東京：彩流社。

平良市史編さん委員会編
一九七八『平良市史　第四巻　資料編二　近代資料編』平良：平良市役所。
一九八一『平良市史　第一巻　通史編二　戦後編』平良：平良市役所。
二〇〇五『平良市史 第一〇巻　資料編九　戦前新聞集成（下）』平良：平良市教育委員会。
平良市役所・平良市教育委員会編
二〇〇五『ひらら――村・町・市――行政九七年』平良：平良市役所・平良市教育委員会。
池村一男
一九八三『戦塵の煽りで』私家版。
稲村賢敷
一九七二『宮古島庶民史』三一書房。
磯永吉
一九六四『蓬莱米談話』雨読会。
金城朝夫
一九八八『ドキュメント八重山開拓移民』石垣：あ～まん企画。
国永美智子・野入直美・松田ヒロ子・松田良孝・水田憲志編
二〇一二『石垣島で台湾を歩く　八重山発の地域教材』那覇：沖縄タイムス社。
李力庸
二〇〇九『米穀流通與台湾社会（一八九五――九四五）』台北・板橋：稲郷出版社。
林発
一九八四『沖縄パイン産業史』那覇：沖縄パイン産業史刊行会。
松田良孝
二〇〇四『八重山の台湾人』石垣：南山舎。
二〇一〇『台湾疎開　琉球難民の一年一一カ月』石垣：南山舎。
二〇一三a『与那国台湾往来記　「国境」に暮らす人々』石垣：南山舎。
二〇一三b「植民地統治期台湾から石垣島名蔵・嵩田地区への移動について――石垣町役場作成の寄留簿の分

析を通じて」『移民研究』九：一―一八。
宮古島市立下地中学校
二〇〇八　『台湾国際交流一〇周年記念誌』下地中学校。
宮古郷土史研究会編
一九七八　「九月例会のお知らせ」『会報二一号』六、平良：宮古郷土史研究会。
宮古商工会
一九四三　『宮古商工会二十年史』」平良市史編さん委員会編『平良市史　第四巻　資料編二　近代資料編』（一九七八）所収、二七六―二八一頁、平良：平良市役所。
内閣府沖縄総合事務局平良港湾工事事務所
二〇〇四　「平良港の概要」内閣府沖縄総合事務局平良港湾工事事務所『平良港湾工事事務所　三〇年誌』二〇―二二、平良：内閣府沖縄総合事務局平良港湾工事事務所。
仲松弥秀
一九四一a　「琉球列島に於ける米の自給可能度に就いて」『地理学』九―八：七三―八三。
一九四一b　「琉球列島に於ける米の自給可能度に就いて（下）」『地理学』九―九：八四―九一。
西里大通り商店街振興組合
二〇一四　『西里大通りのんきゃーん（むかし）／西里大通りのんなま（いま）』西里大通り商店街振興組合。
野入直美
二〇〇〇　「石垣島の台湾人――生活史に見る民族関係の変容（一）」『人間科学』五：一四一―一七〇。
二〇〇一　「石垣島の台湾人　生活史に見る民族関係の変容（二）」『人間科学』八：一〇三―一二五。
沖縄県
一九二〇～一九四〇　『沖縄県統計書　各年版』那覇：沖縄県。
一九三五　「殖民地在住者調」沖縄県教育委員会編『沖縄県史　第七巻　各論編六　移民』六四―六九頁、那覇：沖縄県教育委員会。
沖縄県教育委員会編
一九七四　『沖縄県史一〇　沖縄戦記録二』那覇：沖縄県教育委員会。

沖縄県宮古教育部会
　一九三七　『宮古島郷土誌』平良：大野商店。
沖縄県八重山事務所
　二〇一五　『八重山要覧（平成二六年度版）』那覇：沖縄県。
小熊誠
　一九八九　「石垣島における台湾系移民の定着過程と民族的帰属意識の変化」琉中歴史関係国際学術会議実行委員会編『第二回琉中歴史関係国際学術会議報告　琉中歴史関係論文集』五六九―六〇二頁、南西印刷。
大浜郁子
　二〇〇六　「戦加害の元凶は牡丹社蕃に非ず――「牡丹社事件」からみる沖縄と台湾」『二十世紀研究』七：七九―一〇二。
下地町立来間小・中学校
　一九八六　『来間小・中学校九十年史』下地：下地町立来間小・中学校。
下地常政
　一九七九　「寄留の系譜」宮古郷土史研究会編『会報三〇号』二、平良：宮古郷土史研究会。
台湾米穀移出商同業組合
　一九一七　『台湾米穀移出商同業組合月報　第六号』台北。
台湾農業者入植顕頌碑建立期成会
　二〇一二　『台湾農業者入植顕頌碑建立記念誌』石垣：石垣印刷。
嵩田公民館記念誌編集委員会
　一九九六　『嵩田　五〇年のあゆみ』石垣：嵩田公民館記念誌編集委員会。

〈新聞〉
『宮古毎日新聞』
『宮古新報』
『沖縄タイムス』

『琉球新報』
『八重山毎日新聞』

〈インターネット〉

宮古島市
「統計みやこじま」（平成一九～二八年度版）（http://www.city.miyakojima.lg.jp/gyosei/toukei/toukei-ichiran.html　二〇一八年一月一八日閲覧）。

沖縄県
二〇一四　離島関係資料（平成二六年一月）」（http://www.pref.okinawa.jp/site/kikaku/chiikirito/ritoshinko/documents/chapter1h26.pdf　二〇一六年三月三日閲覧）。

『琉球新報』ウエブ版
二〇一四年三月一三日「砂川君、誇り胸に巣立つ　来間中が閉校　最後の卒業生」（http://ryukyushimpo.jp/news/prentry-221271.html　二〇一六年三月二日閲覧）。

総務省統計局
「平成二七年国勢調査」（http://www.stat.go.jp/data/kokusei/2015/kekka.htmhttp://www.stat.go.jp/data/kokusei/2015/kekka.htm　二〇一六年三月三日閲覧）。

●コラム

「帝国の焼菓子」——パイナップルの焼菓子にみる日本帝国とその後

八尾祥平

私たちの普段の暮らしのなかで目にするなじみ深いモノのなかには、私たちが思いもよらない形で遠く離れた地域との結びつきをもつモノがある。このコラムでは、この一例としてパイナップルの焼菓子を取り上げ、ハワイから台湾、そして、広島県呉市へとパイナップルの焼菓子が伝わっていった歴史を紹介したい。

現在のハワイでも有数のベーカリーのひとつであるダイヤモンド・ベーカリーでは、パイナップルを生地に練り込んで焼き上げた「ハワイアン・ショートブレッド・パイナップル」という焼菓子が販売されている。この焼菓子をひとくちかじると口の中にパイナップルの香りがほんのりとひろがり、たしかにパイナップルが生地に練り込まれていることがわかる。

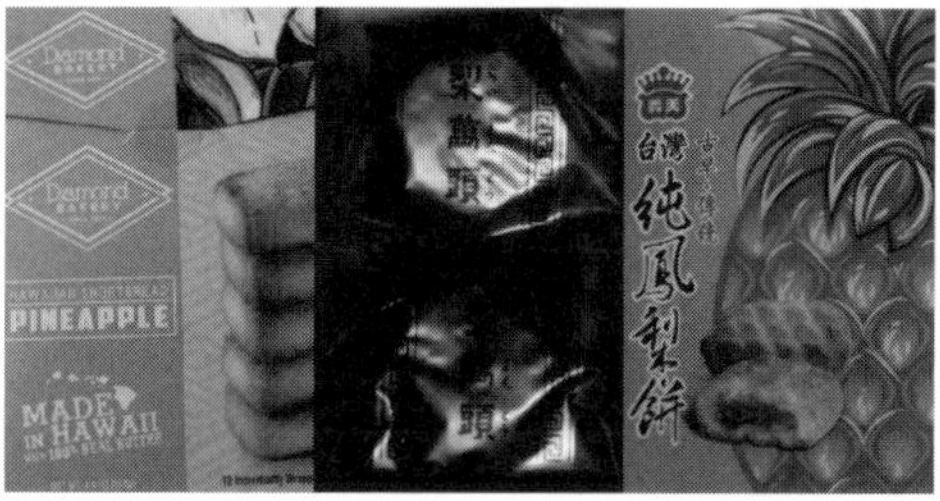

左からハワイのハワイアン・ショートブレッド・パイナップル、広島県呉市の鳳梨萬頭、台湾の台湾純鳳梨餅。

日本では一般にはあまり知られていないものの、ハワイのパイナップルは日本との関わりが深い。明治の初期に日本や沖縄からハワイへ渡った移民たちはサトウキビ農園やパイナップル農園で働く者が多かった。彼らの子ども達の世代になるとハワイで起業する者たちがあらわれる。ダイヤモンド・ベーカリーはこうした日系二世による企業のひとつなのである。

一九二〇年代になると、ハワイでパイナップルの生産にたずさわっていた日系移民のなかから、日本帝国の植民地となった台湾へと再移動する人々があらわれる。台湾では、日本の植民地統治以前からパイナップルは生産されてはいたものの、パイナップル産業の近代化は台湾へ入植した日本本土出身者によって推し進められた。後発国である日本のパイナップル産業を当時のグローバルトップに互するレベルにまで底上げすることが課題であった。そこで、当時、世界で最も先進的なパイナップル産業の経営システムを確立していたハワイのノウハウを持つ日系移民が呼び寄せられることになったのである。

ハワイから台湾へと日系移民が導入したパイナップルについての様々な知見は単にパイナップル栽培に関するものにとどまらない。パイナップルをつかった料理など、パイナップルを青果として販売する以外に商品化するノウハウも伝えられた。

こうして伝わったパイナップル製品の製法には単にハワイにあるものをそのまま伝えたのではなく、台湾で独自の改良が加えられたと考えられるものもある。たとえば、鳳梨萬頭《オンライマントウ》と呼ばれる焼菓子がある。オンライとは、台湾や福建省の一部で用いられる閩南語でパイナップルのことである。漢字では本来「萑來」と表記されるが、日本統治時代の台湾では一九三五年にパイナップルの名称が統一されるまでは様々な言語による名称が用いられていた。このため、鳳梨萬頭については、パイナップルを表す和名・鳳梨にオンライという閩南語の読みがあてられるという、他の中華圏とは異なる台湾独自の表記のズレが生じている。

これはパイナップルを使い、洋菓子風の焼き方でつくられた点ではハワイの「ショートブレッド」と共通点があるものの、「ショートブレッド」が長細い直方体の形状であるのに対し、鳳梨萬頭は円形で、さらに、生地にはパイナップルを練り込まず、その代わりに、中にパイナップルの餡が詰められている点は「ショートブレッド」と異なる。中にパイナップルの餡を詰めるというアイデアは、台湾では祝い事の引き出物として使われることもある月餅や喜餅といった中に餡を詰めるタイプの中華の焼菓子からも着想を得たのではないかと考えられる。こうした事情を考えあわせると、鳳梨萬頭とは、和菓子でも、洋菓子でも、中華菓子でもない、「帝国の焼菓子」とでも呼ぶべきではないだろうか。

日本帝国が台湾領有を放棄した後の台湾では長らく鳳梨萬頭はつくられなかった。鳳梨萬頭の製造が台湾で途絶えてしまった理由は今のところはっきりとしたことはわかっていない。その一方で、台湾生まれの鳳梨萬頭は、現在、広島県呉市の老舗和菓子店・天明堂の銘菓として地元では親しまれている。天明堂で鳳梨萬頭を扱うようになったきっかけは、一九六〇年代に先代の天明堂の店主が大阪での財界の会合に参加した際に偶然知り合った在阪の台湾人の貿易商から「パイナップルを使った菓子を販売してみないか」と持ちかけられたことにある。商品名も戦前から変わらずオンライマントウのまま販売されている。天明堂で鳳梨萬頭がつくられるようになった歴史を日本の敗戦後に台湾から日本本土へ引揚げていった数多の日本人達の姿を重ね合わせてしまいそうになる。なお、現在、日本に輸入されるパイナップルのうち、九九%がフィリピン産であるなか、天明堂では鳳梨萬頭の餡を台湾産のパイナップルでつくっている。この世界の片隅に、パイナップルの焼菓子を介した日本と台湾のささやかな交流が続いている。

先述した、台湾で長らく製造が途絶えていた鳳梨萬頭は、二〇一六年末に「台湾純鳳梨餅」として販売が再開された。台湾純鳳梨餅は、台湾の大手製菓メーカーである義美から販売され、パッケージにはこの商品が台湾の日本統治時代につくられたという由来が紹介されている。こうした由来の表記は単なる歴史の紹介ではなく、台湾は中国大陸とは異なる歴史を持つ、独立した存在であることを示すことにつながっている。台湾純鳳梨餅はただの菓子の復刻ではなく、「台湾は、日本でも、中国でも、そして、西洋とも異なる、独立した存在である」という一九九〇年代の民主化以降に顕在化した台湾アイデンティティを模索する台湾社会の動きと深く結びついている。かつての帝国主義の時代の産物といえる鳳梨萬頭は、現代の台湾では、台湾社会の独自性を象徴する台湾純鳳梨餅へと生まれ変わったのである。

パイナップルはハワイ、台湾、そして、日本でも身近でなじみ深いモノである。このパイナップルを使った焼菓子の歴史を紐解くと、ひとつひとつの地域を越えて、かつての日本帝国の盛衰とその後のアジアの姿まで見渡せるのである。敗戦後の日本社会では帝国主義の時代の歴史や記憶、とりわけ、台湾をはじめ、海外植民地であった地域や日本からの海外へと移民した人々にまつわる事柄について思い起こされることは稀になってしまっている。鳳梨萬頭の歴史を掘り起こすことは、現在の日本で生活する人々がかつての日本帝国の時代とは何かをあらためて問い直すひとつのきっかけにはなるだろう。

大東亜戦争に巻き込まれた人類学者、鹿野忠雄
——鹿野学の漂流と移動

全　京秀（金　良淑・訳）

はじめに

銃で目標物を狙う射手は、固定目標と移動目標を設定できる。固定された物体よりも、移動する物体を狙うほうがはるかに難しい。したがって、固定目標を設定した射手よりも、移動目標を設定した射手の命中率が低調なのは当然である。戦後七〇年が経過しても、日本の人類学史をまとめる過程で鹿野忠雄が疎かに扱われる理由の一つが、この点にあると考えられる。鹿野は、一種の移動する目標物である。鹿野の名前は、一定した一つのバウンダリー内でのみ見られるものではなく、場合によってはまったく突拍子もない分野の雑誌にも登場する。このような状況に気づき、鹿野に対する暫定的な評価を下すために適用された用語が、フィールド・サイエンスであろう。フィールド・サイエンスという用語が厳密に整理されていない状況で、鹿野にこの用語を適用するのは、取りあえずの評価であるという長所もあるが、鹿野が追求していた「鹿野学」の実体を模糊たるものにするという短所に

帰結する。鹿野が移動していた軌跡は単純ではなく、歴史上に登場したすべての日本の人類学者をひっくるめて見ても、最も複雑であったといえる。その軌跡の複雑性をきちんと明らかにすることが、鹿野学を理解するための先行作業である。

移動という現象と類似して見えるのが、漂流だと考えられる。移動と漂流の違いは、主体の問題である。動く主体が主体の立場で動くことが移動であるならば、漂流とは、動く主体の立場とは関係なく彷徨うこと、つまり動く主体の立場が排除された状況をいう。航海中の船舶の移動と漂流の違いに関する比喩が、ここに適用できるだろう。戦後七〇年の日本人類学史という枠組みで見るならば、鹿野は行方不明であり、鹿野学は漂流している。行方不明と漂流は、鹿野の立場や意志とは無関係である。鹿野の立場を明確に整理するためには、漂流という現象に置かれている鹿野学を、移動という現象から眺めるパラダイムの転換が必要である。鹿野の立場を具体的に把握するためには、鹿野が作成していた文章に対する綿密な分析が要求される。この分析に基づいて、鹿野の学問的な移動の軌跡を明らかにすることが、鹿野学の大綱となる。鹿野学の特徴が移動であるという点を確認し、漂流する鹿野学を日本人類学の重要な標的の一つとして設定し、鹿野の声を分析することは、日本人類学史のフレーム設定において、不可欠な作業である。帝国日本は、明確な目的を持ち移動したが、結果的に漂流した。もう少し正確に表現するならば、移動するように見えた帝国日本は、事実上敗戦に帰結する漂流の動きであった。全体が漂流していた帝国日本の中で、鹿野も漂流せざるを得なかった。彼自身を襲った漂流の運命は、「行方不明」に帰結したが、鹿野学は明確な方向に移動していた。そして今、私たちがその移動の軌跡をつまびらかにするのを待っている。鹿野学の移動方向に関しては、断片的ではあるが、既に渋沢敬三が設立した日本常民文化研究所やオトリー・ベイヤー（Otley Beyer）教授、そして國分直一先生が指摘している上に、イネズ・ドゥ・ボークレール（Inez de Beauclair）博士の論文でも証言されている。鹿野学が体系的に整理されなければならない理由は、東アジア人類学史という枠組みが、それを待っているからである。

一　分野移動――動物学、地理学から人類学へ

物理的な移動の動線と、精神的な移動の動線が表す結果は、相当な違いを見せる。物体がある場所に置かれた結果や、人がある場所に居場所を定めた結果と、精神現象としての関心がある場所に重きを置いて、また別の場所へ移動した後の結果が示す違いは、質的な現象の違いである。その違いは、累積性という点で克明に表われる。物体や人がある場所に留まり残した痕跡としての現象と、関心が移動した後に残された痕跡としての現象との違いを見る問題意識を、文化移動という次元にのみ収斂させることは、精神的移動の現象を相対的に貶める結果を生む可能性がある。関心という現象は、一人の人間の認知体系と密接な関連を持っているため、関心の拡大や多角化によって発生する重畳と累積に基づく学問分野の移動は、創造的なアイディアをもたらす可能性が期待できる。そのため、物体と人の移動を文化移動という次元から見る以上に、分野移動の問題が提起する領域が深刻であると考えるようになった。本稿では、鹿野の業績を通じて、文化移動を超える分野移動の問題について議論しようと思う。昆虫を中心とした動物学から人類学への分野移動が、鹿野にエスノ・アーケオロジー

（民族考古学）と類似した領域を開拓させるようになったことは、創造的アイディアの証拠として採択できる。筆者は、戦争中にボルネオに移動した鹿野の学問的関心が、どのような方向に深度を増していたのかと思うと、残念な気持ちを吐露せざるを得ない。鹿野こそが日本の人類学を新しく開拓できる力量を備えた人物だと考えているためである。台湾からフィリピンに移動した鹿野が、マニラでオトリー・ベイヤーと遭遇することで、自分の研究領域をフィリピンへ拡大したという事実を見て、彼がフィリピンから再びボルネオに移動した後、一体どのような関心の拡大が起こったのだろうかと考えるようになった。エドワード・バンクス（Edward Banks）の業績が蓄積されていたサラワク博物館や北ボルネオにおいて、鹿野が提供できたフィールドでの力量を期待することは、当然の人類学的想像力である。

本稿では、山崎柄根《つかね》による「彼の文化人類学的業績を整理すると、次のようになるだろう。一、台湾原住民族の物質文化の研究、二、紅頭嶼ヤミ族における物質文化の研究、三、台湾における先史文化と現住原住民族文化の比較に基づく文化層の推定、四、台湾とその近縁地域を対象とした比較文化史的試論、五、台湾原住民族の人類地理学的研究、六、東南アジアの物質文化史試論」［山崎 一九八八：三六四］という要約について、精密に検討する機会を持とうと思う。

「鹿野博士は、Yamiに関する「活的字典」」［宋文薫 一九五〇：一］であり、ヤミ族の故郷である紅頭嶼は、鹿野人類学の原点である。ここは鳥居龍藏が一八九七年に踏査した後、五年後に報告書を発表したことがあり、「一九二九年四月一一日、鹿野忠雄が移川子之藏《うつりかわ》、小此木忠七郎、宮本、馬淵、そして巡査も一緒に踏査した場所だ。その成果が、鹿野の名前では一九三〇年『宗教研究』二（一）：

一〇八―一一一に報告されている」[1]［Kokubu 1949: 46］と伝えられている。國分は、鹿野の台北高等学校の一年後輩で、鹿野と個人的に最も親しくしていた人物である。しかし、鹿野に関する國分の記録を、一部補完する必要がある。敗戦後、國分が台湾大学に留用された時に発表した文章によれば、國分は鹿野の最初の紅頭嶼訪問がいつだったか知らなかったことがわかる。國分は、鹿野が移川一行と共に一九二九年四月一二日、初めて紅頭嶼を訪問したと記録した。鹿野が一九二七年に一人で紅頭嶼を訪問していたことや、その結果を紅頭嶼に関する「人類學的概觀」の報告文として発表した事実は、鹿野人類学を理解するにあたって非常に重要な問題である。なぜなら、一九二八年に移川子之藏教授を中心にして台北帝大土俗・人種学教室が開設されたことが、台湾に関する人類学研究に一線を画す出来事として認識されているためである。したがって、一九二九年に鹿野が初めて移川一行と共に紅頭嶼を訪問したと考えるならば、鹿野人類学は移川の影響から始まったものだと判断するのが自然である。しかし、「以下、余の其の當時の日記から抜書する。昭和二年八月二七日……」［鹿野 一九二八b：一〇七］という記録は、鹿野が単独で移川一行よりも先に、つまり台北帝大の土俗・人種学教室が設立される前に、紅頭嶼のヤミ族に関する人類学的調査を実施したという事実を確認させてくれる。

鹿野は一九二七年八月、一カ月間紅頭嶼に滞在しながら動物採集や人類学的研究［鹿野 一九二七：一二九］を実施した。この事実は、台湾研究という次元のみならず、日本人類学史において重要な問題として指摘されねばならない。台北帝大に土俗・人種学教室が設立され、本格的な人類学的研究の土台が準備されるより前に、鹿野が「人類学的」研究を意図的に実践したという事実に注目したい。「昭和四年の四月、紅頭嶼へ行き、調査をしました……土俗品のコレクションを中心にして……船が一箇月に一回しかないから、一箇月滞在したんですよ。駐在所のあき部屋を借りて。メンバーは、移川先生、小此木さん、鹿野さん、馬淵さん、僕の五人で、小此木さんは博物学者、鹿野忠雄君は動物で、鉄砲持って獲って来て鳥の剥製を作っていましたよ」〔宮本 一九八三：一二〕という表現は、鹿野を単に鳥に関心を持っている動物学徒だと考えたものである。宮本が一九二七年度に発行された鹿野の論文を読むことができなかったという事実が、これで確認された。一九二九年度に宮本が鹿野と共に紅頭嶼を訪問した時、鹿野は「二回目の紅頭嶼滞在中に全く弱つたのは、罐詰料理の連続であつた。……大いに助かつたのは、鶏卵と鰻であつた。……蕃人は、鶏を飼つて居るが、普通の場合、絶對に食べない。……卵を澤山持つて來ては、銀貨と交換しやうと來る。……omelette 攻めで胃の腑をあきれさせ」〔鹿野 一九二九d：二四〕と報告した。この時、彼はヤミ族の文化に対する関心を深化させていたと考えられる。「鳥居博士の報告を疑ふわけではないが、物は試しで、一つ墓地發掘となつたわけである。……發掘に仍つて、鳥居博士の報告とは違つた結果を得た。余の發掘は、唯の一回であるが、ヤミに聞いて見ても、皆、かくすると答へるので、余は現在の所、此の形式である事を確信して居るものである。鳥居博士の報告されたのは、特別な例外であらう」〔鹿野 一九三〇a：三七―三八〕。

移川一行が紅頭嶼に行った時、鹿野は案内人の役割を兼ねていたようだ。総督府在外研究員の資格で、移川子之藏は土俗学と人種学の視察のために、イギリス、オランダ、ドイツ、インドなどで、一九二六年三月から一九二八年三月の間、留学という名目で外遊した。帰国後、移川は一九二八年から台北高等商業学校の民族学講師を兼任した（実際に講義した記録を探そうとしたが、見つからなかった）。当時、鹿野は台北高等学校の学生であったが、鹿野は既に台湾の教員や学生の間でよく知られた「有名な」学生であった。「臺北高校出の若手學者で昆蟲專門研究學者鹿野忠雄君は、臺北時代から下宿一ぱいに約二万種からの昆蟲標本を飾り立て、高校生の間から「昆蟲博士」の異名を貰った」(『臺灣日日新報』一九三四年一二月二三日付)ほどであるから、移川と鹿野を結びつけるのは、それほど困難ではなかったと思われる。

移川と共に紅頭嶼を訪問する前に、鹿野は既に紅頭嶼のヤミ族に関する人類学的論文五編と、パイワン族の文章一編を紙面で発表していた。「人類學的概觀」(一九二七)、「樂器」(一九二八a)、「船」(一九二八b)、「弓」(一九二八c)、「パイワン族」(一九二九a)、「ヤミ族と動物との關係」(一九二九b)などである。蕃人の楽器ロボについては、「彼等の不可思議な表現力と、敏感な感受性に對して驚歎するのである」[鹿野　一九二八a：一〇九]と述べている。鹿野の文章が醸し出す最高の長所は、他者化(2)の匂いが文字通り全くないことである。「此の進水式なるものは、ヤミの年中行事の一として、八月の月に行はれるのであるが……」[鹿野　一九二八b：一〇七]と記されたヤミ族の船祭りに関する論考など、大学入学以前、まだ高校生の身分で専門学術誌である『民族』にその論文が掲載されたのは、鹿野が唯一の事例であろう。「ヤミ族の土俗的の研究を、湧き出づる興味からやつて居る間に、調べ得たものであるから、土俗に關係したものが多く……」[鹿野　一九三〇g：七八]。彼は、ヤミ族の習俗が異なることを知るための手段として、「土俗」に対する関心を表明し、はっきりした目的意識を持って民族誌(ethnography)の作成に臨んだ。「蕃族獨特の絢爛たる文化の華を咲かせて居る蕃族は、パイワン族である。皮相にして害毒多き、現時の物質文明の弊風を受けて、其の讃ふ可き繁榮は、失はれ、惜しみても餘りある文化の偲は、次第に、影を潛めて行く」[鹿野　一九二九a：二九]。文明と原始の間のジレンマを指摘する文明批判論は、卓越した観察力と判断力に起因している。

「鹿野はフィリピン―バタン諸島―紅頭嶼から、さらに台湾、あるいは琉球列島への文化の移動線にも注目している」［山崎　一九八八：三六八―三六九］。彼の文化移動に対する関心を支えて実践させていた動力が、分野移動であることがわかる。「パイワン族蕃地殆んど全領域を踏査」［鹿野　一九三〇b：六八］しながら、「サウライ」と呼ばれる祖先像について鹿野は、「普通の考古學的發掘物の様に、地下に埋もれる事なくとも、其の意義は大きいものと考へて居る。例すれば、諸地方に見られる巨石建築物の如きものである」［鹿野　一九三〇b：六九］と評している。五カ所の事例を絵と一緒に提示した鹿野は、鼻輪、刺墨、耳飾、腕輪、貝貨の五種類の特徴について説明し、特に腰紐部分に装飾された貝貨は、「イモガヒ（*Conidae*）の螺塔の基部を輪切りにしたもので、現今は衣服に縫ひ付けられたりして遺つて居るが、古代は、此れを貨幣として通用したものである。此の貝貨に使用されたイモガヒは臺灣近海に産する種類と其の種（species）を異にする様である。何れにせよ、此貝貨や、此れを連ねた帯は、古代に盛んに使用されたものらしい。パイワン族は、此れを***Karipa***と稱して居る。此の***Karipa***の分布は、臺灣蕃族内にても、パイワン、プユウマ、アミ、又平埔蕃の中にも見られる。又、インドネシヤや、ニューギニア地方の蕃族の衣服にも用ひられて居る。余は、パイワン族の有する***Karipa***は、彼等が、南方より臺灣に漂着當時、已に此れを有して居たものと考へて居る」［鹿野　一九三〇b：七二］とし、「南方より西南諸島を經て九州に及ぶ一連の文化系統に屬するものの如くである。臺灣と沖縄諸島の文化關係は今日の處、不思議にも注意せられて居ない」［鹿野　一九四〇：三六］と分析している。文化移動と関連した鹿野の視点は、後日、國分直一にも受け継がれていく。

紅頭嶼と台湾の原住民から芽生えた彼の人類学的関心は、多様な分野の知識体系が動員され、東南アジアやポリネシアにまで延びて行った。シレックと呼ばれる鳥を利用したタイヤル族の吉凶占トは、敵を攻撃するための方便であり［鹿野　一九三〇ｃ］、木質が固い喬木である黒柿はカキノキ科（*Ebenaceae*）だが、台湾原住民はこれで鍬を作った。紅頭嶼のヤミ族はこれを *Kamayo* と呼び、パイワン族は *Kamaya* と呼んだ［鹿野　一九三〇ｄ］。生姜は台湾原住民にとって特別な食べ物であり、首狩に行く前に心身を興奮させるためによく食べる、と報告した［鹿野　一九三〇ｆ］。生物学から出発した鹿野の学問的関心は、彼が人類学を展開する上で不可欠な原動力であった。その関心は、「動植物名より見たる紅頭嶼とバタン諸島との類縁關係」［鹿野　一九四一ｃ］、「フィリッピン諸島、紅頭嶼竝に臺灣の原住民族に於ける金文化」［鹿野　一九四一ｄ］、「インドネシアに於ける穀類、特に稲粟耕作の先後の問題」［鹿野　一九四三ｃ］、「マノボ族の介製稲穂摘具――附、東南亞細亞の介製稲穂摘具と石庖丁との關聯」［鹿野　一九四三ｄ］、「ポリネシアの所謂柄附石斧と其の起源」［鹿野　一九四四ｃ］、「東南亞細亞に於ける黒陶、彩陶竝に紅陶――金關博士の論文を讀みて」［鹿野　一九四五］、「台湾先史時代の文化層」［鹿野　一九四四ｅ］へと延びて行き、鹿野学の体系を確立したと考えられる。

鹿野は、人類学教室編の日本石器時代地名表から漏れ落ちた情報を提示した。特に、「臺灣蕃人の生字引と稱さられた森丑之助の著述」［鹿野　一九二九ｃ：五四］を多く引用し、人類学教室の地名表で五八カ所と記されていたものを、二三四カ所に増やして整理した。また、彼の考古学的関心から、土器の形態を通じて、パイワンでもブヌンでもない、今は消滅した種族を判定［鹿野　一九三〇ｈ］する作業もあった。エスノアーケオロジー研究の実践事例として参考にできる論文としては、大山史前学研究所の青森県是川の発掘品中の昆虫に関する鑑定依頼による文書〔鹿野　一九三〇e〕を筆頭に、「臺灣原住民族に於ける數種栽培植物と臺灣島民族史との關聯」〔鹿野　一九四一f〕、「臺灣東海岸の火燒島に於ける先史學的豫察」〔鹿野　一九四二a〕、「紅頭嶼の石器とヤミ族」〔鹿野　一九四二b〕、「臺灣原住民族の生皮搔取具と片刃石斧の用途」〔鹿野　一九四二d〕、「東南亞細亞の所謂除草具に就いて」〔鹿野　一九四四d〕などがある。

人口地理学的な分析による「臺灣原住民族の人口密度分布竝に高度分布」〔鹿野　一九三八b、一九三八c〕は、論文の形式のみならず、分析方法においても卓越した力量を発揮している。台湾総督府警務局理蕃課が一九三六年から一九三九年までに行った調査結果である『高砂族調査書』六巻を基礎資料として分析した「臺灣原住民族に於ける漢族影響の地域的差異」〔鹿野　一九四一e〕に関する論文は、血縁的な結合（婚姻関係）、有形文化の伝播（衣服）、無形文化の伝播（言語）など、多様な主題を動員して、統計的な分析を試みている。資料の精密な分析が目立ち、特定資料については、踏査によって再確認したフィールド資料も利用した。台湾総督府と日本拓殖協会の嘱託であった当時、統計資料の分析においても鹿野は緻密な分析力を発揮し、「最近十年間に於ける臺灣原住民の移住と人口分布變化」〔鹿野　一九四一a〕及び「臺灣に於ける本島人の出身地別人口分布に關する調査」〔鹿野　一九四三a〕を報告した。彼の地理学的知識と分析能力が、台湾原住民社会を巨視的な視点で眺められるように作用していたことがわかる。また、このような総合的な知識を背景に、台湾原住民の研究史を一瞥できる入門用の「臺灣原住民族の分類に對する一試案」〔鹿野　一九四一b〕と「臺灣原住民族の人類地理學的研究序説」〔鹿野　一九四二c〕も提示した。

フィリピンから帰国した後に作成した「回教徒モロ族と其の統治」は、フィリピン南部の少数民族集団に対する関心を披瀝したものである。題目とは異なり、歴史的な内容と小種族の区分に関するスケッチだけだが〔鹿野　一九四三b〕、少数民族集団を見つめる視点は、当時としては新しい分野の開拓であった。

エスノグラファーとしての鹿野の真価は、何といっても紅頭嶼ヤミ族に関する報告書である。「紅頭嶼ヤミ族の大船建造と船祭」〔鹿野　一九三八a〕、「紅頭嶼ヤミ族の粟に關する農耕儀禮」〔鹿野　一九三八d〕、「紅頭嶼ヤミ族の出産に關する風習」〔鹿野　一九三九a〕、「紅頭嶼に於けるアウム介製二種の身飾品――並に夫れ等のモチーフの起源」〔鹿野　一九四四a〕、「紅頭嶼ヤミ族と飛魚――附　比律賓バタン諸島の飛魚漁」〔鹿野　一九四四b〕などは、当時誰も真似できなかった卓越した民族誌である。特にフィリピンから帰国した後に発行された論文は、鹿野学の流れを人類学の主流に位置づけることのできる内容だということは明らかである。一九四三年後半から一九四四年の間に出版された論文の内容には、フィリピン大学のオトリー・ベイヤーとの交流による内容が追加された可能性がある。主題の選択においてのみならず、資料の分析過程で見せる鹿野の繊細な視点が感じられる。ヤミ族の飛魚捕りに関する記録は、鹿野が原住民の文化をどれほど大切に考えていたのかを理解するのに十分である。「松明漁を行ふ大船に異邦人を乘せる事は禁忌であるが、一九三七年の或る日特別に許されて、之れを見る事が出來た」〔鹿野　一九四四b：五二八〕。「飛魚」捕りを別の表現では「松明漁」と言っていることがわかる。また、一九二七年から一九三七年までの一〇年間、紅頭嶼のヤミ族に関する研究を続けながらも、ヤミ族の禁忌を守るために努力していた人類学者鹿野の姿が見えてくる。

出版期間が約二年ほどかかったのは、戦争中の出版事情を反映したものと考えられる。「本稿を脱稿したのは昨年六月であった。其の翌月七月より今年三月にかけて約八カ月間筆者は比律賓に渡る機會を得、主として民族學の研究に沒頭するを得た」［鹿野　一九四四b：五六九］、「八月より九月にかけて毎土曜日の午後此の街（筆者注：マニラ市のサンフェルナンド街、バタン島民約二〇〇名居住）に通ひ、バタン島の習俗に就き聽書を行ひ」［鹿野　一九四四b：五七〇］。このように、紅頭嶼とバタン島の文化的な連結の輪を証明しようとする彼の努力が、マニラでの囑託勤務中にも継続して行われていたことがわかる。

鹿野の台湾原住民の踏査は、一九二五年から始まった。一九三六年から渋沢敬三が鹿野の作業に関心を持って助けてくれるようになり［Kano and Segawa 1945: 1］、その結果の一端が瀬川孝吉と共同名義で出版された英文版の *The Illustrated Ethnography of Formosan Aborigines* である。四一九枚の写真が収録されたこの本は、「Contribution from the Shibusawa Institute for Ethnographical Research (Nippon-Jomin-Bunkwa-Kenkyusho)」であるとした。日本常民文化研究所の英語名称も、明らかになったわけである。「鬼畜米英」を標榜しながら英語を追放していた大東亜戦争の時期に、英文版の膨大な写真集が登場した背景については、気になるところだ。しかし経緯がいかなるものであれ、この著書は鹿野の台湾原住民研究の決定版の一つであると言っても差し支えないだろう。

また別の重要な作業は、鹿野論文の選集である『東南亞細亞民族學先史學研究』であり、この著書は「初校を見終らない中に、筆者は陸軍より北ボルネオの民族調査を命ぜられ出發することとなつた。是非とも索引を作製して巻末に附したいとの希望も此處に於て不可能となつた。從つて夫れは出來れば本書第二巻に於て果したいと思ふ。昭和一九年五月二四日　博多の旅舎にて 著者 識」〔鹿野　一九四六：四〕。すなわち、一九四四年五月二四日に初校の段階で鹿野は北ボルネオに向かい、終戦後の一九四六年一〇月一五日に出版されたのが先の単行本である。したがって、本の書名にも鹿野の意志が込められていると考えることができ、すべての内容は鹿野の手でまとめられたものであることがわかる。出版期間が二年半程度かかったのは、途中で終戦という出来事があったためである。この単行本は、鹿野学の基本枠を見せてくれる最初の著書であり、総決算の意味を持っている。この本の題目に「臺灣を中心とせる」という副題がついている。それは「東南亞」を見つめる視点が「臺灣」から出発したという意味でもある。関連する西洋文献を参考とし、引用することで自分の論拠を裏付けるなど、理論展開が模範的である。甕棺については、ベイヤーの文献を引用している〔鹿野　一九四六：一一〇―一一一〕。第一章は「比島の金文化と其の北進」であり、紅頭嶼を始めとする台湾との関係を主に扱っている。「紅頭嶼の最高山はジラコーバック（紅頭山）と呼び海拔五四八米に達する。……昭和二年に初めて此の絶頂に立つた時に……遙かな海上に正しく島と覺しき二黒點が眼底に映ずるのを認め得た。同行の蕃人はそれがイクバラット島とイバタン島であることを告げ、彼等の祖先は彼地より此の島に來り、其の後も相互に交通したと語つた」〔鹿野　一九四六：三六―三七〕。檜に関する議論をした論文は、「マニラ科學局博物館人類學部の土俗蒐集品を研究中」〔鹿野　一九四六：一七二〕に作成したものである、とマニラ滞在時代の背景を説明した。「日本銀行總裁、民族學協會副會長澁澤敬三子爵は始終多大なる理解と同情とを以つて筆者の研究を鞭撻」〔鹿野　一九四六：三〕したと感謝の言葉を付け加えることで、前述の写真集発行との関連を明らかにした。心ならずも鹿野の遺著となってしまった『東南亞細亞民族學先史學研究』（一九四六年一〇月一五日発行）は、國分を始めとする台湾研究の同志らによって「下」巻（一九五二年九月一五日発行）へと継承された。「戰爭中鹿野忠雄博士がベイヤー教授のコレクションの保護整理に力められたため、その一部の成果は「東南亞細亞民族學先史學第二卷」に僅に見られるにしても鹿野博士が未だにボルネオから歸還されていない今日においては我々はベイヤー教授との連絡によつて我々の南方についての知見を加えるより他ないのである」［國分　一九五二：二七］。敗戦後、未帰還の状態の鹿野忠雄が無事に帰還することを祈る心の込もった作業であり、フィリピンのオトリー・ベイヤー教授もこの作業に賛同していたのである。

鹿野は、北ボルネオに行く前に、既にボルネオに対する関心を文章で発表したことがある。オランウータンを抱いているダヤク族の写真を掲載したり［鹿野　一九三九c：二八三］、自分が行ったこともないフィリピンの山と共にボルネオの山に関する文章を発表したこともある［鹿野　一九四二e］。それは、登山の願いが込められた文章であっただろう。後日、彼はその山々がある場所を帝国軍隊の命令により訪問する機会を得、登山の奇才であった鹿野は願いを実践したと同時に、そこから戻って来られないという運命を辿った。

二　思想移動——反植民から反戦へ

帝国主義的な統制体制の下で、思想に関連した知識人の行動に表れた特徴的な現象の一つが、思想転向であった。本稿の理論展開のために、思想転向と思想移動の違いについて操作的定義が必要である。まず、政治的な目的の介入の有無によって、二つに区分したい。政治性を前提にしたものを思想転向とするなら、思想移動は政治的目的とは無関係なものである。鹿野の文章からは、政治的目的を意図した内容を一件も見つけることができない。彼が発表した論文が結果的に政治的影響力を及ぼす内容だとしても、鹿野がその文章を作成する意図は、極めて学問的だという点を確信できる。金関丈夫の文章に表れた隠密の極地である隠抗策［全 二〇一四］戦略を、鹿野の文章からは見つけることはできない。金関の方法がレジスタンスの抵抗性を追求したものだとすれば、鹿野の方法は公開的な表現による抵抗性であったといえる。鹿野は、自分の思想を、婉曲した表現で滔々と学問の脈絡内で展開した。

鹿野が学問活動を行った時期を、一九二七年から一九四五年までと算定するなら、初期の数年を除外した全期間が、帝国日本の戦争と一致する時期である。一九三一年の満州事変、一九三七年の日中戦争、一九四一年の大東亜戦争へと繋がる戦時期の総力戦体制のための思想統制が、学問活動にいかなる影響力を及ぼしたのかについては、既に様々なレベルで研究が進んでいる。筆者は、この期間に鹿野個人の学問活動に表れた思想的な問題について、具体的な議論をしようと思う。知識人の思想統制のための政府レベルの組織や活動について、鹿野が直接的に政治的対応をした例は発見できなかった。しかし、鹿野は自分の人類学的な学問活動の展開過程において、自分の信条に背馳する政府の政策や軍事戦略については、明らかに自分の意見を文書で披瀝したことを指摘できる。帝国日本の植民統治と占領戦争のための思想統制が要求する方向に従順に従わず、自分の信念に従って思想を展開した鹿野の言行に、思想移動という枠組みから光を当てたいと思う。鹿野の立場が、当代の占領戦争と植民統治に好意的な反応を見せる知識人の立場表明とは、事実上正反対の方向であったことも確認する作業が必要である。

「土地問題に對する誤解は、最も強く蕃人を刺戟して、蕃情を動搖せしむる原因となる。然し土地の利用にしても、彼等の慣習を精査して、幾分か其の緣故を認めて、彼等の生活に同情ある處置をとれば、彼等蕃人を擾亂せしむるを未然に防ぐ事が出來るであらう。霧社事件に限らず過去の多くの事件は、其の原因の一端を此の土地問題に發して居る。理蕃に當つて、彼等蕃人の鄕土觀念を心得へ、其のプライオリティーを尊重し、理解同情ある方針をとれば、今後再び霧社事件の如き不祥事を招く事なしとは、疑を容れぬ處であると信ずる」〔鹿野　一九三二：三九〕。一九三〇年一〇月二七日に発生した台中州の霧社事件について総督府が発表（一九三一年一月六日）した「霧社事件の顚末」の中で、事件発生の原因を提示したこと（一、建築材料運搬の苦痛竝賃銀支拂遲延に對する不平、二、ビホサツボ竝ビホワリス等の畫策、三、マヘボ社頭目モーナルダオの反抗心）〔匿名「霧社事件の顚末」一九三二：一〇二―一〇五参照〕についての指摘である。鹿野の遺品から出てきた蕃地出入許可証（一九三二年七月二八日発行）によれば、彼は蕃族調査を目的として、七月二八日から八月二四日まで新高／台中州地域に入った。彼の蕃地出入許可証のほとんどが、昆虫及び動物の標本採集に関連したものであったのに比べ、この場合は蕃族調査が目的であった。それはつまり、霧社事件に関連があると考えられる。なぜなら、一二回の蕃地出入許可証[3]の内、「蕃族調査」の目的で入山したのは、たったの一回であったからである。したがって、「未開人の土地觀念に關する一資料」〔鹿野　一九三二：三四〕は、その時実施した蕃族調査の報告書であったわけだ。当時の蕃族調査は、理蕃政策のためのものであり、鹿野もこのような政策上の目的で蕃族調査に動員されていたことがわかる。鹿野は総督府の分析が非常に枝葉的で個人的なレベルであることを批判し、事件発端の原因は植民地政策の根本的な問題である土地にあると吐露する。「霧社事件に限らず過去の多くの事件」を指摘する鹿野の問題提起は、植民政策全般に対する批判でもあり、植民地における土地所有の問題が植民政策の核心であるという鹿野の視点は、当時の西欧の人類学界の共通の関心事であった「実践人類学」(practical anthropology)〔Malinowski 1929〕と一致していたことを確認しておきたい。鹿野の意見が、理蕃政策大綱にどの程度反映されたのかは具体的にわからないが、鹿野は植民政策や「南方進出」においても、学問的な研究を優先しなくてはならないとして次のように主張した。「理蕃對策は其の種族生活の完全なる研究理解と並行す可きが理想である……各種族の生活狀態を闡明し、之れを民族學的に處理整理するに先立ち、是非とも基本的な人口分布圖が必要である」〔鹿野　一九三九b：三〇〕。「南方進出には民族學的調査が殊に先行す可きであり、從來不幸にして此の種の用意がなかつたならば、之れと竝行又は追ひ驅けて調査研究に邁進す可きは論を俟たぬ處であらう」〔鹿野　一九四〇：二六〕。

枢密院と外務省の反対にもかかわらず、帝国日本は戦略的に大東亜省を設立した(一九四一年一一月一日)。このような変化は、以後展開する戦争と深い関連を持っていた。それは軍事部門だけでなく、汎政府組織レベルで大東亜戦争が準備されていることを意味するものである。帝国政府の傘下のすべての組織は、「大東亜」をキーワードに動くほかないというシステムが整えられたのであり、これによって学界も積極的に総力戦に臨む態勢を推進した。「大東亞に於て日本が指導的位置を占める運命にあるのは、この日本民族の有する文化の特異性にある事に着目しなければならぬのである。外來文化を吸収しながら而も本質的なものを厳然として保持し、侵されない所に日本精神の強さがあると私は信じている」［宮本　一九四一：一〇］という人類学者の主張が、戦争協力の言説として提案され、このような雰囲気を造成するために、学界の主導的な理論家たちが少なからずの役割を果たしたことは十分に論証できる。本稿では、人類学分野と密接な関連を持っていたいくつかの事例を整理することで、学界や政府組織、そして軍事行動が、どのように相互相乗の作用に協力したのか点検してみようと思う。なぜなら、帝国日本の総力戦という状況下で、鹿野がいかなる立場を追求し、堅持したのかということの背景を理解することが必要だからである。

一九四二年の『帝国大学新聞』（七月一三日付）によれば、帝国学士院では、大東亜共栄圏確立の基礎的条件として東亜諸民族調査が必要だという判断の下、一九四〇年二月に山田三郎博士を委員長として東亜民族調査委員会を設置した。東亜諸民族調査委員会を設置してから二年が経過した時点で、大東亜文化圏の建設における基礎的研究の使命を重く考え、東亜諸民族関係文献カードの作成を完了したという。また、東亜諸民族分布図の発行や、民族別の大東亜要誌も作成した。そして、東亜諸民族に関する体質人類学的、言語的、社会経済的あるいは宗教土俗芸術的など、四部門の調査を始めた。委員会は、宇野円空博士を主任とし、東大の長谷部言人、橋本進吉、石橋智信を指導嘱託に委嘱した。文部省は、「大東亞學術教育聯絡協議會」を設置し、南方占領地域における学術教育上の具体的な運用に関する連絡を担当するようにした。第一回委員会が開催され、会長橋田文相、副会長菊池文部次官以下、文部省、陸海軍、企画院、大学から、委員幹事など十数名が会合した。大学関係者は、東大総長、京大総長と教授らであった。南方既設学術研究施設の管理及び研究継続の企画に関する件、民族研究所の現地における具体的な運営に関する件、学術探険派遣に関する件、熱帯医学研究所設置の件などを協議した結果、現地に対する研究者の割当や探検隊の派遣は、すべて本協議会を通して現地の具体的な要請に応じ、統一的に対処するようにした。熱帯医研の設置は、日本人の南方進出とも関連する緊急事項であるため、可及的速やかに設置するようにし、中央に本部を置いて現地に実地研究施設を設置することとした。

また、同年の東京帝大の五月祭は、「大東亞戰爭と學生」というテーマで開催された（『帝國大學新聞』一九四二年五月四日付、第八九九号）。農学部は七学科すべて参加し、作物教室の南方農業資源解説、砂防工事の重要性の外、農業土木の圧巻は大東亜共栄圏膝栗毛という題名の土木行脚に関する展示であった。また、大東亜共栄圏が葡萄酒を要求するが、米英の供給が遮断されたため、自前で生産するという計画も樹立された。理学部では、「南方の科学」というテーマの下、植物学科がキナやコカなどの南方植物、地理学科は大東亜室を設置して「等日戦局圖」、土地利用図、ハワイ地図、ハワイの溶岩などを展示した。人類学科は、南方民族の身長と頭の大きさの分布図、南方の土俗器、身体的特徴を示した資料を陳列し、新しい同胞の姿を披露した。鉱物学科は、戦時資源に対する関心を高めるために資源鉱物を展示し、地質学科の展示には、大東亜戦下の石油に関する詳細な説明があった。また、記念講演会では東洋文化研究所の宇野円空教授が、「南方民族の生活」について、医学部の竹内松次郎教授が「南方の醫學」について講演した。このように、学界と帝国日本の総力戦は深く結びついて行った。

南方の占領地が拡散するにつれ、占領地の円滑な統治のために軍政と民政が実施され、鹿野はフィ

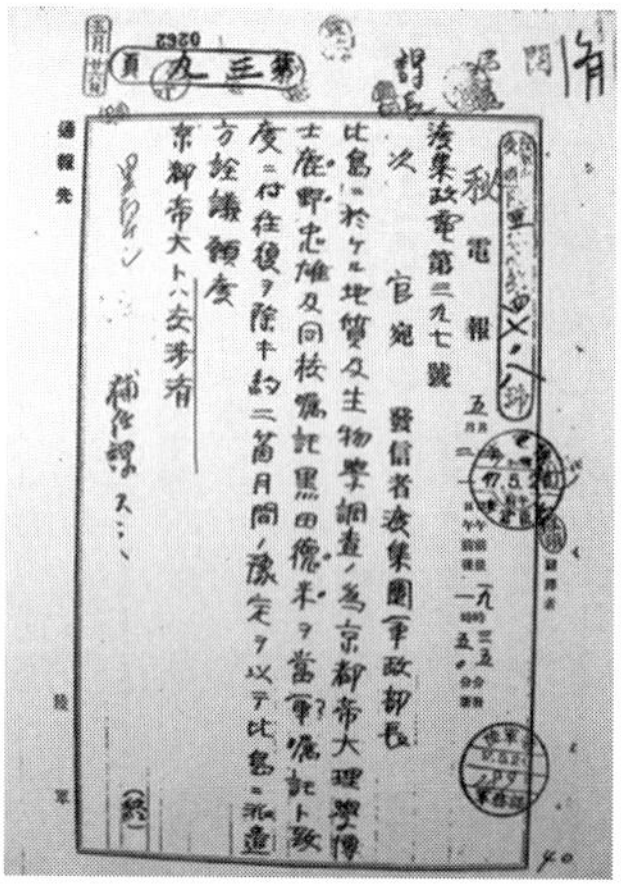
秘
電報
渡集政電第三九七號
次官宛　発信者渡集團軍政部長
比島ニ於ケル地質及生物學調査ノ為京都帝大理學博士鹿野忠雄及同校囑託黒田徳米ヲ當軍囑託ト致度ニ付往復ヲ除キ約二箇月間ノ豫定ヲ以テ比島ニ派遣方詮議願度
京都帝大トハ交渉済
（終）

写真1　鹿野の「比島」出張に関連した「秘電報」。1942年5月20日付け。陸軍省の印が鮮明である。（所蔵：外務省外交史料館）

リピンの軍政府の要請により陸軍嘱託の身分でマニラに行くことになった。その命令に関連した電報（写真1）には、陸軍用紙が使用され、「渡集政電第三九七號」という文書番号がある。発信者は渡集団軍政部長であり、陸軍次官に伝達される電報である。内容は、「比島ニ於ケル地質及生物學調査ノ爲京都帝大理學博士鹿野忠雄及同校黒田徳米ヲ當軍囑託ト致度ニ付往復ヲ除キ約二箇月間ノ豫定ヲ以テ比島ニ派遣方詮議願度　京都帝大トハ交渉濟（終）」となっている。「陸軍省大臣官房」印と「陸軍省軍務課」印があり、「五月二十六日」の印もある。「局長」と「課長」及び翻訳者の印を含めて総計一二個の印が捺されている。「地質及生物學調査」と記録されていることから、鹿野は地質学、生物学は黒田徳米（一八八六—一九八七）教授の担当であったと思われる。黒田は日本貝類学の始祖である。この電報から、戦時体制下で軍部の要求に応じざる得ない鹿野の立場が見えてくる。しかし、体制の要求の枠の中で鹿野が展開したのは、体制が要求する思想とは異なる方向で表れたことをよく見る必要がある。一九四二年七月、マニラに到着した鹿野は、ある種の手続きを踏んで、サント・トマス収容所に収監されていたオトリー・ベイヤー教授（米国国籍のフィリピン大学人類学教授）を釈放させた。その過程は、容易ではなかったことが推察される。ベイヤー教授が釈放された日を正確に知ることはできないが、鹿野の誕生日である一〇月二四日に一緒に記念写真を撮っていることからある程度説明できる[4]（写真2）。

九名のフィリピン人と二名の日本人、そして一名の米国人が登場するこの写真の主人公は、鹿野である。フィリピン人は皆、博物館関係者だろうし、オトリー・ベイヤー教授は収容所から釈放された米国（敵国）人である。主人公である鹿野とベイヤー教授だけが、白い背広にネクタイを締めている。ベイヤー教授の右手にはシガーが持たれている。鹿野は、二三歳年上のベイヤー教授を敵国人として扱わず、彼がフィリピン大学人類学教授として続けて研究できる環境を整えた。ベイヤー教授は、既に日本の学界ではよく知られた学者として、台北帝大の移川子之藏教授とも繋がっていたし（両者ともハーバード大学人類学科ローランド・ディクソン〈Roland Dixon〉教授の指導学生である）、「南方土俗學者」三吉朋十（香馬）は、ベイヤー教授の厚意でフィリピン北部を踏査したこともあった〔三吉一九三七、一九四二〕。

写真2　鹿野忠雄の誕生日記念写真。1942年10月24日。“Manila, New Philippines” にて撮影したもの。（所蔵：Henry O. Beyer）

マニラに出発する時に持参した自分の論文抜き刷り（『人類学雑誌』最新刊に掲載されたもの）を、ベイヤー教授に贈呈したことは、鹿野には既に計画されたことであった。彼と共にフィリピンの人類学と先史学に関する研究のできる物理的空間を確保したことは、鹿野の思想が戦時体制ではなく、学問体制に属していることを十二分に証明している。彼は大東亜戦争を遂行中である帝国陸軍の陸軍囑託という身分で、「東南亞民族學先史學研究」のための「比島先史研究所」の研究員の役割を務めていたのである。鹿野の立場から見れば、帝国陸軍が鹿野にそのような機会を提供したという方がむしろ正しい順序かもしれない。タイピスト速記者として「有史前東洋研究所」に勤務するナチビダド・ノリエガ＝オカンポ[5]（Natividad Noriega-Ocampo）のために、軍政府と憲兵隊の了解を得た二つの証明書を提示したい。一つは、「フォート・サンチャゴ」にあった憲兵隊から発行されたものである。ここには、憲兵隊所属の「Isshiki 少尉」の名前と電話番号（Tel. 29955）が記録されている（写真3）。

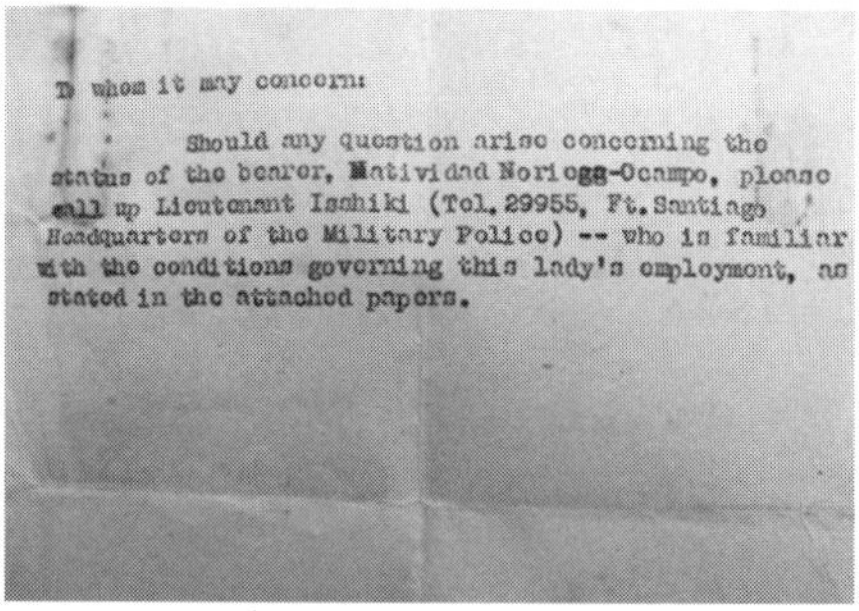

To whom it may concern:

Should any question arise concerning the status of the bearer, Natividad Noriegg-Ocampo, please call up Lieutenant Isshiki (Tel. 29955, Ft. Santiago Headquarters of the Military Police) -- who is familiar with the conditions governing this lady's employment, as stated in the attached papers.

写真3　Natividad Noriega-Ocampo のための憲兵隊証明書。（所蔵：Henry O. Beyer）

もう一つは、「比島先史研究所」のオトリー・ベイヤー教授の名前で発行されたものである（写真4）。この証明書の発行人は、「比島先史研究所」の「人類学者民族学者」であるオトリー・ベイヤー教授となっている。敵国人であるベイヤー教授の名前で、研究所の勤務者の身分証が発行されたという点が証明してくれることがある。「同研究所ハ軍政監部教育部ノ監督下」にあることが明記された。「ベヤル」と刻まれたベイヤー教授の印章が印象的である。下段の日本語で書かれた部分の筆跡が、誰のものなのか気になってくる。この証明書の発行日時である一九四三年二月二日は、鹿野がマニラに赴任して六カ月経った時のことであり、この日付が研究所の設立日である可能性がある。ベイヤー教授には、研究所の空間とタイピストまで提供され、研究に没頭できるように配慮されたことがわかる。研究所にタイピストまで雇用されたということは、鹿野とベイヤー教授が本格的に研究結果を生産する作業をしていたと考えられる。彼らの共同プロジェクトは、何であったのだろうか？　これらすべてのことが、鹿野の計画によって推進されたことは言うまでもない。「一九四三年、日本（占領軍）当局によってベイヤー博士に初めて提供された古い建物に、博物館と考古学民族学研究所が置かれた。戦争の間に起きたこのような過程は、ベイヤー博士の日本人の友人であり科学者である鹿野忠雄博士の努力によって成された。科学者として知られたベイヤー博士は、政治的に無害な人として判定され、彼の収集品を保存するにあたって、彼を助ける措置が取られた」[Lirazan 1965: 22]。フィリピン側の記録も、同一の内容を伝えている。

陸軍省の電報に記録されていた最初のフィリピン出張期間は約二カ月となっていたが、鹿野の滞在期間は八カ月に延長された。「秘電報」に示されたように、最初の任務が「地質」であった点を勘案すれば、鹿野の比島の滞在延長は、追加的な任務として博物館及び先史学に関連したものであったと考えられる。したがって、その間に研究所が設立され、それから二カ月も経たない一九四三年三月末の時点で、鹿野は陸軍嘱託の任務を終えて帰国した。マニ

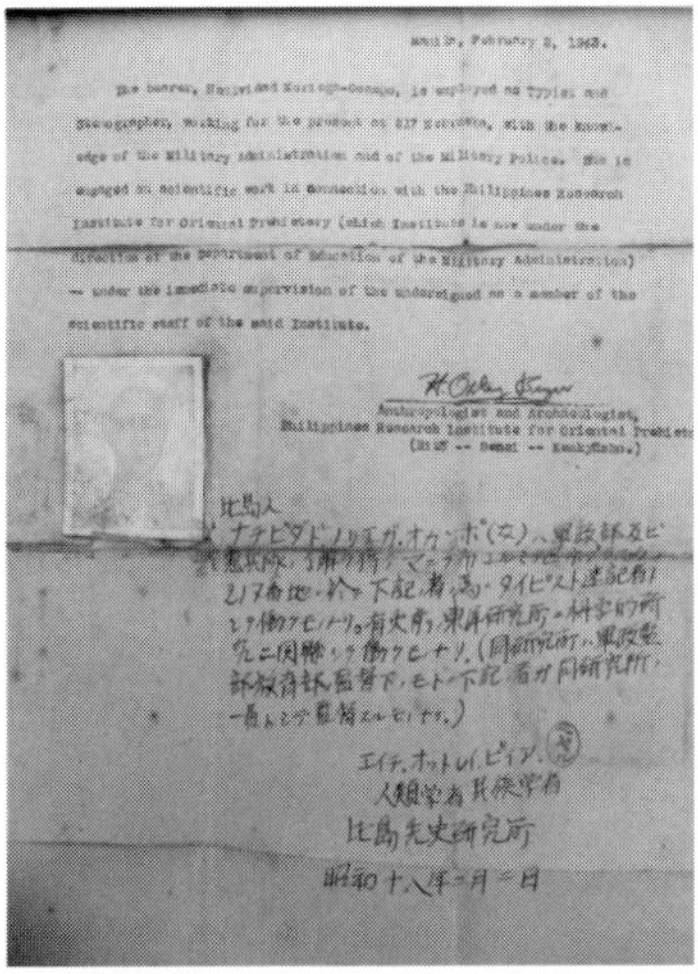

写真4　ナチビダド・ノリエガ＝オカンポの身分証明書。オトリー・ベイヤー教授のサインがある。比島先史研究所の英文名称が、Philippines Research Institute for Oriental Prehistory であることがわかる。
（所蔵：Henry O. Beyer）

ラの博物館でオトリー・ベイヤー教授と別れる際、鹿野は自分に近づいて来る不吉な運命について吐露したことがあるという証言がある(6)（ベイヤー教授の孫―長男の長男、Henry O. Beyerによる。二〇一三年七月一八日、フィリピンのバナウェにてインタビュー）。鹿野がマニラを去る前に、ベイヤー教授に「遠からず自分は死ぬかもしれない」という言葉を残したのは、自分に関する推測的な予言ではなく、軍政当局や憲兵隊から既に、直接あるいは間接的なある種の注意や脅迫を聞いたことがあったということを想像するのに十分である。鹿野が去った後、「ベイヤーは一九四四年九月、サント・トマス（Santo Tomas）収容所に再収監され」[Ravenholt 1964: 388]、その期間は「一九四四年九月二四日から（米国が進駐した日である）一九四五年二月一一日までであった」[Sevilla 1965: 39]。鹿野がマニラを去った後、ベイヤー教授は約一年半の間、研究所の研究活動をある程度継続していたようである。しかし、この期間の活動については残された資料を全く発見できなかった。

一九四二年の夏を分水嶺として、戦況は悪化の一途を辿った。西太平洋の制空権と制海権を掌握するために、米軍と連合軍の攻勢が強化され、日本軍の玉砕作戦が加速しながら、総力戦態勢のための物的、人的供給が緊急となった。この頃発刊されていた鹿野の論文は、現地踏査によるものではなく、既刊の各種資料を元に、統計的な分析が主に試みられたものであった。戦時下、軍事体制が許可する旅行とは、限定された地域に限って組織的に動員された団体訪問でしかなかった。そのため、鹿野が慣れ親しんだ人類学的な現地調査は不可能であった。一方、戦時動員のための思想統制の強化は、大東亜建設という名分に向かって拍車をかけていた。たとえば、「戰爭自體が文化の發展を沮止するといふことは疑ひがたい。けれどもまた、戰爭によつて直接に助長せらるる文化の一面がある。それは國民の道德的生活であり、また戰爭に必要なる技術乃至經濟の方面である」［高田 一九四二：一六九］、「大東亞社會の建設といふ國家的使命に直面している我國現下の狀勢において、社會學の喜ばしい積極的翼贊の期待せられることは勿論であらうと思ふ。それは戰勝を通して輝しい一大廣域社會の建設といふ世界史的大事業への學的翼贊として恐らく空前のものとなるであらう」［松本 一九四三：三四二］といった具合である。一九四三年一一月五日、東京で大東亜戦争完遂と大東亜建設の方針に関して、隔意なき協議のための大東亜会議が開催され、その結果として一一月六日に「大東亞共同宣言」が発効された。学問の戦争協力はさらに積極的に要求され、「本稿は人種學的又は民族誌的研究を志したものではなく、南方民族對策樹立のための參考資料を提供せんがために、南方諸民族の政治的、經濟的、軍事的能力の調査を旨としたものである」［國策研究會 一九四三：一］とされた。民族研究所の所長は「民族の研究調査の必要は戰局の推移につれて愈々加り……民族政策と緊密直接の聯絡を有する具體的知識に属する研究」［高田 一九四四］を要求した。一九四四年一月二四日、大陸打通作戦が発効され、ちょうどその四カ月後、鹿野はまた別の陸軍嘱託の任務遂行のために北ボルネオに向かった。現地調査に飢えていた鹿野にとって、ボルネオ行きは、東南アジア研究のためのもう一つの出口だと考えられたのかもしれない。

鹿野の立場は明確であった。「民族學の使命は民族乃至種族生活の基礎構造を究め」［鹿野 一九四六：一］、「民族學は種族乃至民族の相異性の立場から觀察し、政治に對して參考資料を與へるもので、之れ以上は行き過ぎである」［鹿野 一九四六：二］。鹿野の論文を涉猟してみると、彼が「民族學」という単語を適用するのは、多分に政策と関連した問題について言及する場合であったと思われる。一九二七年の紅頭嶼に関する論文から、彼は「人類學」という単語を愛用していた。そのため、上記の論考で彼が「民族學」という単語を使用したのは、特別な意味を持っている。彼がこの文章を執筆した当時、人類学分野で戦争協力の先鋒に立っていた組織が、文部省傘下の民族研究所であり、その研究所の責任者らが民族学者であったという事実と比べて考える必要がある。鹿野は、民族学が学問の本分を守るためには、政治的介入や戦争協力を謹むべきだという点を説破したのである。この主張は、戦争末期に北ボルネオに向かいながら、鹿野自ら校正した文章であるという点に注目しなくてはならない。すべてが戦争協力や戦争の煽動の方向に向かっている時、鹿野の思想は反対の方向に移動していた。

鹿野は、台北高等学校在学時代に、高校の教科課程もまともに守らず、自分の意志に従って、好奇心ばかり追いかけながら資料収集に没頭していた自由主義者であり、自然の中で自己啓発的（heuristic）に自分の研究主題を見つけ出した自然主義者であった。「文明と原始野蕃とのヂレンマに落入っている」自分を明確に認識する程に、鹿野はバランス感覚を備えていたヒューマニストであった。自由と自然、そしてヒューマニズムに基づいた鹿野の人類学が、文明の側から原始を眺める視点を拒否したのは明らかである。進化論や機能主義が主流を成していた人類学の帝国主義的特性を排除した視点が、鹿野特有の人類学であったことを自覚しなければ、私たちは鹿野の真価を見失ってしまう。誰もが南方共栄圏の要求する「南方」を主題にして没頭していた時、鹿野の眼は南方から「東南亞細亞」に向かっていた［鹿野　一九四四d］。地理的な意味での南方から東南アジアに移動したのではなく、思想的な意味での移動であると理解できる。地理的には同一の領域に対して、心性地図（mental map）

上の移動を意味する。侵略的な「南方」という用語からの離脱を求める「東南亞細亞」という用語の駆使が志向するのは、一種の隠抗策であると言いたい。用語の象徴を利用した、最小限の学者的抵抗を試みたのが鹿野の立場であった。場所と心性の象徴的な重畳性を試みた鹿野の思想移動は、最終的に侵略的戦争に対する抵抗の一種であったと言える。鹿野の思想移動がさらに際立つ点は、東南アジアの向こうにある「ポリネシア」〔鹿野　一九四四c〕に向かっていたという点である。抵抗という、政治性を克服した学者的態度を堅持した鹿野の思想移動は、真の学問を志向していたことを実践で示したものである。後日、鹿野の思想移動を追跡していたイネズ・ドゥ・ボークレールによって、台湾―東南アジア―ポリネシアを連結する文化移動路を追求する試みが継承されている。彼女が鹿野の行方に関心を見せた趣旨は、同一の学問的関心の穿鑿過程に始まったものであることがわかる。

筆者は、鹿野のこのような立場や視点を脱他者化（de-otherization）と命名しようと思う。他者化に関する問題意識に透徹した鹿野であったからこそ、土地問題をめぐる原住民の立場を理解することができたし、総督府の霧社事件の処理方針について反駁文を作成したのである。植民地台湾で経験していた脱他者化の認識は、大東亜戦争中の占領地でも変わりなく適用され、行動に表れた。フィリピンのマニラでは陸軍から受けたフィリピン博物館の収集品を日本に移送するという命令を履行せず（命令書は未確認であり、ベイヤー教授の孫の証言による）、「比島先史研究所」を設立し、オトリー・ベイヤー教授を助け、彼の収集品を現地で保護する努力をした。そして自分も研究に没頭した。後日、國分が鹿野の名前で発刊されていた図譜を（紅頭嶼の）村長に見せた〔國分・三木　一九六三：三〇〕という事実は、住民の立場を優先して考慮した人類学者の態度である。研究作業の過程から研究結果の出版物に至るまで、研究対象であった住民を優先して考えることが、少なくとも他者化の枠から抜け出そうと試みることだったと考えられる。紅頭嶼のヤミ族を、野蛮人という視点で見なかったことを物証で表すことで、研究者と研究対象の住民が互いに疎通する場を用意できるだけでなく、出版された民族誌の主人公らに最低限の配慮を提供しようとする態度である。國分は、鹿野の代わりにこの全ての行為を実践したのだと思われる。

彼（筆者注：鹿野）は、……ボルネオに入りました。ボルネオ島のサラワクにあるサラワク博物館のトム・ハリソンと連携をとるためだったと思います。そのころ既にトム・ハリソンは現地で原住民を組織して反日抗戦の地下に潜ってしまっていたんですね。ですから、きわめて悪い状況でした。そして鹿野さんは、終戦と同時に原住民のいる奥地に入ったという消息だけを残し、そのまま消えてしまったんです。熊野民俗の研究をやっている若い友人と山に入って、そのまま消息が絶えました。われわれは、彼のことだからそのうち帰ってくるだろうと思っておりました。けれども、一九六一年にホノルルのハワイ大学で国際学会があり、学会のエクスカーションで海岸の洞窟画のようなものを見に行った時、海岸の珊瑚礁の上に座って弁当を開いていましたら、ある婦人が近寄ってきたのです。ボークレーというウィーン系の民族学者で、「あなたはミスター・カノの親友のコクブだろう。あなたはカノのことを知っているか」と聞くのです。それで、何か消息をご存じでしょうか、と尋ねたら、小さな声で、鹿野が失踪したのには日本の憲兵がからんでいる、これが英国の学会ではもっぱらの噂だ、と言うのです。僕は非常に驚きました。鹿野さんの奥さんが日本にいるということはすっかり失念してしまい、ボークレーさんに聞いたことを『月刊太陽』（第四号、一九六三年、平凡社）に書いたのです［安溪・平川編　二〇〇六：二四四―二四五、國分・三木　一九六三］。

國分の証言に登場するサラワク博物館のキュレイターの名前は、トム・ハリソン（Tom Harrisson）ではなく、エドワード・バンクスに変更しなければならない。(7) 鹿野がサラワクでエドワード・バンクスとの提携を模索したはずだという予測は、マニラでのオトリー・ベイヤー教授との協力と同じ脈絡である。「日本軍がサラワク博物館を積極的に破壊しなかった点について感謝せねばならない。彼らは一時、所蔵品の内、相当量を持って行くために梱包したが、結果的にほとんど移動されなかった」［Harrisson 1947: 189］というハリソンの報告に注目したい。同じ現象がフィリピンでも見られたことを指摘するならば、当時サラワク博物館にいた鹿野の役割について、再度熟考すべき課題が与えられる。大東亜戦争中、帝国日本の軍当局の立場で見るならば、このような提携や協力は、部分的にでも敵との内通及び利敵行為という嫌疑が適用される可能性を排除できない。陸軍の命令書一枚で戦争に追い立てられた自由主義者の鹿野にとって、北ボルネオの陸軍嘱託職は、暴力的な抑圧と変わらなかっただろう。占領地で軍当局の命令を遂行しなくてはならない陸軍嘱託であった鹿野の活動が、軍当局が要求する思想よりも学問の精進を優先する思想に偏っていたことがわかるくだりである。

鹿野の名前で発表された論文を一瞥してみると、彼が広げていた学問的好奇心の空間移動は、シベリア［鹿野　一九三六］からポリネシア［鹿野　一九四四c］に至る。その中でも重点的に関心を集中させた場所が、台湾と東南アジアである。台湾の紅頭嶼は鹿野学の出発点であり、核心であると言える。

紅頭嶼は鹿野学の故郷であり、鹿野は紅頭嶼で全方位に学問的な関心の移動を展開した。昆虫学、博物学、動物学、鳥類学、氷河学、地理学、先史学（史前学）、人口学、人類学、民族学などへと拡張していった学問的好奇心は、東京帝国大学地理学科では満足できなかっただけでなく、最終的には自分を大東亜戦争の戦場である北ボルネオで「行方不明」にさせる運命に導いた。彼がマニラに八カ月間滞在しながら、オトリー・ベイヤーと共に「比島先史研究所」を設立運営していたことを念頭に置けば、北ボルネオでの一年余りの期間に彼のノートに集積されたはずの、学問的な情報や資料について考えざるを得ない。彼の学問的な好奇心は、戦場だからといって縮こまらず、むしろ戦場を機会と捉え、関心の空間移動を拡張し、深層化した。彼がマニラでオトリー・ベイヤーと交流していた経緯や結果を考えれば、北ボルネオで鹿野は明らかにクチンにあったサラワク博物館のキュレイターであったエドワード・バンクスを訪ねたはずである。

「ボルネオ研究においては、從來總ての研究が民族學的興味の儘に山住の特殊民族の考察に主點をおけるに反し、むしろ能力利用の點よりして、海岸住民たる開化マライの實情研究に主力を注いだ……」［國策研究會　一九四三：二八五―二八七］。国策に合わせて、占領地であるボルネオに関する紹介目的のため、C・ホーゼ（Charles Hose）とW・マクドーガル（William McDougall）による『ボルネオ原住民の研究』が翻訳出版された。また、H・ベルナツィーク（Hugo A. Bernatzik）編纂の *Die Grosse Völkerkunde* より、大東亜に関する部分だけを翻訳して『大東亞の原住民族』と題して出された本の中でも、ボルネオが紹介された。日本拓殖協会で縁を結んだ第二高教授であるこの本の翻訳者佐藤荘一郎は、翻訳の過程で鹿野忠雄に世話になったと書いている［佐藤　一九四三：四］。このような国策という意志の延長線上で、後日、鹿野と金子がボルネオに派遣されたことが理解できるし、一九四五年二月には、ボルネオのバリト川上流のムルンと中下流域諸族の元へ、マカッサル研究所の高主武三が訪れている〔日本人類学会編　一九五五：二―三〕。鹿野のボルネオ行きのための「調査要員の辞令は、昭和一九年三月二十二日付で発令された。辞令には「陸軍専任嘱託」と記され、奏任官待遇であった。発令者は、内閣となっている……鹿野は奏任官待遇といっても陸軍大佐相当であったというから、高等官三等であり、経歴からいっても異例の待遇である。……高等官三等は調査を円滑に行うためにも、まず申し分のない待遇」〔山崎　一九九二：二四五―二四六〕だったという。しかし、ボルネオ滞在中の鹿野の行跡については、一点の文書も見つけることができない状況である。

三　帝国日本が輩出した世界的人類学者、鹿野忠雄

システム全体が漂流する帝国の中で、鹿野は漂流していなかった。彼は、自分の意志通りに学問に向かって移動していた。結果的に彼は、分野移動を開拓することで制度的不適応を経験し、思想移動を試みることで体制への不適応という混乱に陥るほかなかった。逆説的に言えば、それほど困難な学問の環境が、鹿野学や鹿野の人類学を誕生させた背景であるといえる。逆機能的であるか順機能的であるかに関係なく、鹿野を人類学者として成長させた背景は、帝国日本である。これが、日本人類学史において鹿野を排除できない根源的な理由である。戦前の世代が主要な舞台から退き、戦後世代が日本社会の主流を成すようになり、鹿野に関する記憶は薄れつつある。鹿野に対する過去の評価は、

鹿野を直接経験していた人々の記憶の中で行われたが、彼に対する現在の評価喪失という現象は、関心不足に起因していることがわかる。日本人類学史を整理した最近の業績が鹿野を度外視している現象は、オトリー・ベイヤー教授やイネズ・ドゥ・ボークレール博士の鹿野に対する評価と、極端な対照を成している。鹿野の業績について両極端に表れた評価は、明らかにどちらか片方が誤っているという点を十分指摘できる。鹿野に対する評価の不在を示す記録は引用できないが、鹿野に対する好評の記録は引用が可能である。

フィリピン人類学の先駆者であったベイヤー教授［Zamora 1967 参照］は、「台湾に関する代表的な研究者名簿にN・ウツリカワ（N. Utsurikawa）、エリン・アサイ（Erin Asai）、タダオ・カノ（Tadao Kano）を挙げ、サマサナ島（Samasana Island 火焼島）の研究者としてはタダオ・カノ、ボテル・トバゴ（Botel Tobago 紅頭嶼）の研究者としてはエリン・アサイ、R・トリイ（R. Torii）、タダオ・カノ」［Beyer 1947: 210］と言及し、「鹿野博士の見解、特に東南アジアの考古学と比較民族誌に関する基礎的資料の解釈に関して、尊敬せざるを得なかった」［Beyer 1952: vii］と吐露した。

戦後、台湾の中央研究院民族学研究所で長期間勤務していたイネズ・ドゥ・ボークレール（鮑克蘭）は、一九五六年一二月三日から一九五七年二月一四日まで紅頭嶼に滞在した。イモロッド（Imurud）村に主に居住しながら、イモロッド（Imurud 紅頭）、イラヌミルク（Iranumiruk 東清）、イラライ（Iralai 朗島）、ヤユ（Yayu 椰油）、イラタイ（Iratai 漁人）、イバリヌ（Ivarinu 野銀）の六つの地域に関する資料を収集した。この論文でボークレールが鹿野の文献［1944b］を引用し、[8] 紅頭嶼に出自集団としての竹出自（bamboo descent）と石出自（stone descent）の大別があることを指摘している［Beauclair 1957: 105］。鹿野の研究が、社会組織である親族問題をとりあげて論じたという点を明らかにすることが重要である。この問題は後日、東南アジアの島嶼地域の双方的親族（bilateral kinship）を論じているロドニー・ニーダム（Rodney Needham）に繋がる可能性のある問題である。親族用語が身体部分の用語を基盤とするという類似性が、フィリピンやボルネオで発見された点に着眼したニーダムの社会人類学は、フィリピンのタガログ語にも及んでいることがロバート・フォックス（Robert Fox）によっても確認された［Beauclair 1959b:107、脚注3］。同一の内容がヤミやバタンでも発見されていることを考える時、ヤミ族の研究を通じた鹿野の出自問題に関する関心は、ニーダムやフォックスの研究より先行していたという点を指摘しなくてはならない。戦時中、フィリピンやボルネオで長期滞在していた鹿野の親族研究が、世間の注目を受けられず未完に終わった可能性を仮定できる。今後、東南アジアの島嶼地域の社会人類学という主題は、鹿野を排除することはできないということを想起させようと思う。つまるところ、鹿野の紅頭嶼ヤミ族の研究は、東南アジアの島嶼地域の親族研究に先行する作業に該当するという点に注目する必要がある。

さらに進んでボークレールは、鹿野の研究報告を北ボルネオの武器類と比較言及し［Beauclair 1958: 97］、口伝資料に基づいたヤミとバタンの文化交流に関して、鹿野の研究の重要性を明らかにしている［Beauclair 1959b: 116］。また、文化交流という視点に基づいた、鹿野の一九四一年度の甕棺葬に関する論文を引用し、甕棺葬の分布を、インドネシア―フィリピン―バブヤン―バタン―ヤミ―台湾―日本―韓国まで連結するものと把握している［Beauclair 1972: 172］。彼女はまた、ボテル・トバゴ（Botel Tobago 紅頭嶼）の六つの村、すなわち西側の海岸の三つ（イモロッド、イラタイ、ヤユ）、北側の海岸のイラライ、東側の海岸のイラヌミルク、イバリヌを踏査〔Beauclair 1959a: 189〕したが、その論文には鹿野の論文が多く引用されており、マリノヴスキーのメラネシアのクラ研究と比較して説明されている。ボークレールによって、鹿野の研究が西洋の人類学界と繋がっていることに注目する必要があり、鹿野の研究が日本に限定された閉鎖的な空気を脱していたことは、今後の鹿野人類学の展開方向を示唆するものである。ただ、ボークレール以外は誰も親族問題に対する鹿野の関心を指摘しなかったという点が残念である。以上の点から、鹿野は日本の学界で忘れられた学者だと言わざるを得ないし、ボークレールの貢献についても、今後再発見の作業が必要であると思う。

「ヤミ族は、人称冠詞「シ」を人名の前につける。鹿野さんもはじめ「シカノサン」と呼ばれたことがある」〔國分・三木　一九六三：三二〕。ヤミ族の人々が鹿野を自分たちの用語法で呼称したという点は、ヤミ族の人々と鹿野の間の互恵的関係を立証するのに十分であり、ヤミ族の人々が鹿野をヤミ族の社会的関係の中で認識していたことを物語っている。「鹿野さんほど、ヤミの心に強烈な印象を残している人は少なかろう。一九二七年から三七年にかけて渡島すること一〇度、滞在日数通算三四〇日、ほとんど一年間の全季節にわたって……ヤミ族にとっては忘れられない日本人になってしまったのであろう」〔國分・三木　一九六三：三二〕。人類学者のフィールドワークが、住民たちとの関係設定にどの程度まで深く沈潜すべきかを示してくれるモデルとして、鹿野の紅頭嶼研究を考えたい。彼のヤミ族研究の実践事例は、世界の人類学史上の長期連続研究（longitudinal research）のモデルとして考慮されるに十分であり、人類学的方法論上、長期連続研究を行った最初の事例として記録されねばならない。マリノヴスキーの学問的故郷がトロブリアンドであるなら、鹿野の人類学的故郷は紅頭嶼のヤミ族となる。國分が鹿野を「偉大なエスノグラッファー」と呼んでいた理由がここにあり、今私たちが鹿野によるヤミ族の民族誌を改めて読まなくてはならない理由もここにある。

おわりに

帝国政治は、真正の学問を許容しなかっただけでなく、学問に邁進していた学者の生命まで奪ってしまった。帝国日本の政治性は、敗戦で凍結された過去形ではなく、敗戦によって続いた「行方不明」の現在形として存在する。「極東（Far Eastern）の考古学や民族学の分野は、最も能力があり、情熱的で、学問に献身的であった学者一人を失い」［Beyer 1952: v］、帝国は、「偉大なエスノグラッファー」［國分　一九八六］を敗戦の戦場に遺棄した。大東亜戦争中の棄民政策が、公式的にまだ終結していないことを証言しているのが、鹿野忠雄と金子總平の二人の学者の行方不明の事例であるといえる。「鹿野忠雄（一九四五年没）は、戦前における民族学と地理学の関連を身を以って代表する存在であった……鹿野の悲劇をもって戦前の時期は幕を閉じ、今日が開幕される」［小川　一九六六：一一一］という希望的な余韻を残しているが、筆者はそのようには思わない。「戦前の悲劇」の想像上の閉幕は、今日の開幕の悲劇的な種でしかない。少なくとも鹿野の場合に照らして見れば、日本人類学史の今日の開幕は、戦前の悲劇を担保としている。鹿野はボルネオのジャングルの中で沈黙させられたが、鹿野学は、東アジア空間において現在進行形で証言している。その証言を聴ける方法を模索し、証言録を作ることが、学史を勉強する後進の使命である。遮断された死者の記憶は、生き残った者によって再生されるのを待っている。遮断という現象は、真実を隠蔽したり埋没させたり忘却させようということである。しかし、記憶は遮断されない。真実を知ろうとする人が現れるのを待つ、死者の記憶が存在するだけである。

最後の蛇足として、戦後七〇年に臨み、筆者は一つの希望を提案したいと思う。「一九五三年、マニラの極東先史学会議（Far-Eastern Prehistoric Congress）に鹿野が参加してくれることを、切に願うだけだ」[Beyer 1952: viii]。ベイヤー教授のこの希望が響き、サラワクで一九四五年の夏に行方不明となった、人類学者鹿野忠雄と金子總平の足跡を辿る調査委員会が構成されることを願う。行方不明地であるボルネオ行きのための「陸軍専任嘱託」の発令者が内閣であったため、この問題に対して学界は、これ以上沈黙してはならない。国民である行方不明兵ＭＩＡ（Missing in Action）に対する最終責任は、当該国家にあるのである。

〔付記〕

本稿は、鹿野忠雄の学問の展開について、その資料の発掘から鹿野学の再評価までを論じた拙稿「鹿野忠雄の学問の展開過程から学ぶ「移動」と帝国日本――台湾から東南アジアまで」の第Ⅲ章「鹿野学の漂流と移動」を編集したものである。紙幅の関係上、注と写真の一部を削除している。論文全文は、『白山人類学』二一号（二〇五一一五五頁、二〇一八年）に掲載されている。

〔謝辞〕

本稿の作成には、多くの方の協力があった。この紙面を借りて感謝する。植野弘子教授（東洋大学）、伊藤亜人教授（東京大学）、西澤弘恵先生（東京大学）、安渓遊地教授（山口県立大学）、ヘンリー・O・ベイヤー（Henry O. Beyer）氏、シンシア・ネリ・ザヤス（Cynthia Neri Zayas）教授（フィリピン大学ディリマン校）、アナリン・V・サルバドル＝アモレス（Analyn V. Salavador-Amores）教授（フィリピン大学バギオ校）、金廣植氏（東京学芸大学博士）、曾詩穎氏（国立台湾大学中央図書館）、台湾中央研究院民族学研究所、国立民族学博物館図書室、日本語翻訳を担当した金良淑氏にも御礼申し上げる。

注

（1）「一九四七年六月八日 金關丈夫、蔡滋理、國分が（紅頭嶼を）訪問した」［Kokubu 1949: 47］。これと同一の内容が宮本によって次のように記録されている。「昭和二十二年五月に台灣大學地質學の馬廷英博士を団長とする蘭島（紅頭嶼）學術調査團なるものが組織された。一行は約五十名、この中に金關丈夫教授、國分直一氏も加わつた」［宮本 一九四九：一一七］。この踏査後に國分が作成した文章であり、鹿野の論文 一九三〇a「紅頭嶼ヤミ族の埋葬法に就て」『宗教研究』新七（一）：三六―三八を指す。

（2）鹿野の人類学的関心は徹底してヒューマニズム的であり、「原住民的視点」に依拠したものであった。当時、植民地を見つめる学界の視点が徹底して他者化に依拠していた点を認識するならば、鹿野の脱他者化した眼差しは、他者化した学界の視点から学習されたものではなく、自身のヒューマニズム的思想に起因するものだったといえる。

（3）東京大学文化人類学研究室に所蔵されていた資料を確認している。現在、同資料は、国立民族学博物館が所蔵している。

（4）“Dr. TADAO KANO's BIRTHDAY CELEBRATION Manila, New Philippines, October 24, 1942” と写真の中に文字が書かれている。鹿野の誕生日記念に撮った写真である。

（5）ノリエガは、戦後も長い間、ベイヤー教授の秘書を務めた。

（6）ベイヤー教授の孫は一九四二年生まれで、その英語名は Henry O. Beyer である。O は Otley の略字であり、略さずに書けばベイヤー教授の名前と同じになる。両者の違いを表すために、ベイヤー教授は H. Otley Beyer と書き、孫は Henry O. Beyer と書く。ベイヤー教授が死亡する前の八年間、マニラで祖父と孫は一緒に住んでいた。したがって、ヘンリーは祖父から過去の出来事について様々な話しを聞く機会があり、「カノウ」という名前をはっきりと記憶していた。彼は今も祖父の遺品を保管しており、祖父が残した収集品を基に、自らも民俗品を収集していた。祖父は常に、「カノウ」がいなければマニラ博物館の遺物はすべて日本に移送されていただろうという話をしていたと証言した。

（7）「日本軍が一九四一年一二月二四日にクチンを陥落させ、三年八カ月間支配した。クチンから東南に三マイルの地点にバトゥ・リンタン Batu Lintang 収容所を設置した」[Ooi 1998: 6]。そして、「（一九四一年）一二月二四日、〇六：〇〇現在の各機関担当者現況表には「Banks, E. Curator, Sarawak Museum, Kuching」」[Ooi 1998: 106] と記録されている。つまり、日本軍がボルネオを侵攻した当時、サラワク博物館のキュレイターはエドワード・バンクス（一九〇三―一九八八）であったことに間違いなく、彼はバトゥ・リンタン収容所に収監された。

（8）一九四四b「紅頭嶼ヤミ族と飛魚――附　比律賓バタン諸島の飛魚漁」『太平洋圏――民族と文化（上）』、平野義太郎編、東京：河出書房、五〇三―五七三頁を指す。

参考文献

安溪遊地・平川敬治編

二〇〇六　『遠い空――國分直一、人と学問』福岡：海鳥社。

Beauclair, Inez de

1957　Field notes on Lan Yii (Botel Tobago), *Bulletin of the Institute of Ethnology* 3: 101-116.

1958　Fightings and weapons of the Yami of Botel Tobago, *Bulletin of the Institute of Ethnology* 5: 87-114.

1959a　Display of wealth, gift exchange and food distribution on Botel Tobago, *Bulletin of the Institute of Ethnology* 8: 185-210.

1959b　Three genealogical stories from Botel Tobago, *Bulletin of the Institute of Ethnology* 7: 105-140.

1972　Jar burial on Botel Tobago Island, *Asian Perspectives* 15:167-176.

ベルナツィーク、H.

一九四三　『大東亞の原住民族』日本拓殖協会編訳、東京：岡倉書房（Bernatzik, Hugo A. 1939. *Die Grosse Völkerkunde*, Leipzig）。

Beyer, H. Otley

1947　Outline Review of Philippines Archaeology by Islands and Provinces, *Philippine Journal of Science* 77 (3-4): 205-374.

1952　An Appreciation of the Work and Views of Tadao Kano, 鹿野忠雄『東南亞細亞民族學先史學研究（下）』v-viii 頁、東京：矢島書房。

Harrisson, Tom

1947　The Two Way Jobs of Our Museum, *Sarawak Gazette* 1075: 188-190.

ホーゼ、C.／マクドーガル、W.

一九四四　『ボルネオ原住民の研究』野口勇訳、東京：文化研究社（Hose, Charles & William McDougall 1912 *The Pagan Tribes of Borneo: A Description of Their Physical, Moral and Intellectual Condition with Some Discussion of Their Ethnic Relations*. London: McMillan）。

鹿野忠雄

一九二七　「紅頭嶼ヤミ族の人類學的概觀」『翔風』四：一二九—一四八。

一九二八a　「蕃人の樂器ロボ」『翔風』五：九九—一〇九。

一九二八b　「ヤミ族の船に就いて」『民族』三（五）：九九—一一〇。

一九二八c　「臺灣蕃人の弓に就いて」『翔風』六：三八—四〇。

一九二九a　「臺灣蕃族巡禮——パイワン族」『翔風』七：二九—四五。

一九二九b　「紅頭嶼ヤミ族と動物との關係」『臺灣博物學會會報』一〇一：一九〇—二〇二。

一九二九c　「臺灣石器時代遺物發見地名表」『史前學雜誌』一（五）：五三—五六。

一九二九d　「紅頭嶼の鷄卵とウナギ」『アミーバ』一（二）：二四—二五。

一九三〇a　「紅頭嶼ヤミ族の埋葬法に就て」『宗教研究』新七（一）：三六—三八。

一九三〇b 「古代風俗研究資料としてのパイワン族の祖先像に就て（パイワン族祖先像に關する報文（第一））」『史前學雜誌』二（二）：六八―七一。
一九三〇c 「臺灣蕃人の聖鳥シレック」『アミーバ』二（一）：三一―三三。
一九三〇d 「臺灣古代に於ける黑柿用途」『史前學雜誌』二（三）：五四。
一九三〇e 「是川泥炭層出土甲蟲の一種に就て」『史前學雜誌』二（四）：四四―四五。
一九三〇f 「臺灣の蕃人と生姜」『アミーバ』二（二）：一七。
一九三〇g 「臺灣産植物蕃名集（其の一）」『アミーバ』二（三）：七八―八一。
一九三〇h 「臺灣ライフンロク、マチグル社附近の遺跡」『史前學雜誌』二（五）：四五―四六。
一九三二 「臺灣蕃人の鄉土觀念」『鄉土科學』一五：三四―三九。
一九三六 「シベリア東北部の山脈系と氷河問題」『地理學評論』一二（一二）：一一四七―一一四九。
一九三八a 「紅頭嶼ヤミ族の大船建造と船祭」『人類學雜誌』五三（四）：一二五―一四六。
一九三八b 「臺灣原住民族の人口密度分布竝に高度分布に關する調査」『地理學評論』一四（八）：一―一九。
一九三八c 「臺灣原住民族の人口密度分布竝に高度分布に關する調査（續）」『地理學評論』一四（九）：三一―六六。
一九三八d 「紅頭嶼ヤミ族の粟に關する農耕儀禮」『民族學研究』四（三）：三五―四八。
一九三九a 「紅頭嶼ヤミ族の出産に關する風習」『南方土俗』五（三、四）：六―一七。
一九三九b 「臺灣原住民族人口の水平的並に垂直的分布」『拓殖獎勵館季報』一（二）：二九―七四。
一九三九c 「ボルネオ」『外南洋Ⅰ』（世界地理第六卷）、二七一―三一一頁、東京：河出書房。
一九四〇 「フィリッピン諸島・バタン諸島・紅頭嶼・臺灣民族移動線」『新亞細亞』二（一一）：二六―三六。
一九四一a 「最近十年間に於ける臺灣原住民の移住と人口分布變化」『日本拓殖協會季報』二（四）：二七―三九。
一九四一b 「臺灣原住民族の分類に對する一試案」『民族學研究』七（一）：一―三二。
一九四一c 「動植物名より見たる紅頭嶼とバタン諸島との類緣關係」『人類學雜誌』五六（八）：四三四―

四四六。
一九四一d　「フィリッピン諸島、紅頭嶼竝に臺灣の原住民族に於ける金文化」『人類學雜誌』五六（九）：四六五—四七八。
一九四一e　「臺灣原住民族に於ける漢族影響の地域的差異」『拓殖論叢』三（二）：七九—一〇四。
一九四一f　「臺灣原住民族に於ける數種栽培植物と臺灣島民族史との關聯」『人類學雜誌』五六（一〇）：五二一—五二八。
一九四二a　「臺灣東海岸の火燒島に於ける先史學的豫察」『人類學雜誌』五七（一）：一〇—三四。
一九四二b　「紅頭嶼の石器とヤミ族」『人類學雜誌』五七（二）：八五—九八。
一九四二c　「臺灣原住民族の人類地理學的研究序説」『地理學研究』一（三）：一—一二。
一九四二d　「臺灣原住民族の生皮搔取具と片刃石斧の用途」『人類學雜誌』五七（三）：一二三—一三一。
一九四二e　「フィリッピンとボルネオの山々」『山と溪谷』七三：四八—五一。
一九四三a　「臺灣に於ける本島人の出身地別人口分布に關する調査」『拓殖論叢』四（三）：一—五三。
一九四三b　「回敎徒モロ族と其の統治」『拓殖論叢』四（四）：一—一二。
一九四三c　「インドネシアに於ける穀類、特に稻粟耕作の先後の問題」『民族學研究』新一（一〇）：一—一六。
一九四三d　「マノボ族の介製稻穗摘具——附、東南亞細亞の介製稻穗摘具と石庖丁との關聯」『人類學雜誌』五八（一二）：四三二—四三三。
一九四四a　「紅頭嶼に於けるアウム介製二種の身飾品——並に夫れ等のモチーフの起源」『人類學雜誌』五九（五）：一五三—一五五。
一九四四b　「紅頭嶼ヤミ族と飛魚——附　比律賓バタン諸島の飛魚漁」平野義太郎編『太平洋圏——民族と文化（上）』五〇三—五七三頁、河出書房。
一九四四c　「ポリネシアの所謂柄附石斧と其の起源」『民族學研究』新二（六）：一—三二。
一九四四d　「東南亞細亞の所謂除草具に就て」『人類學雜誌』五九（六）：二〇五—二〇八。
一九四四e　「台湾先史時代の文化層」『學海』一（六）：四一—四六。
一九四五　「東南亞細亞に於ける黒陶、彩陶竝に紅陶——金關博士の論文を讀みて」『東洋史研究』九（三）：

一四二―一五一。
一九四六　『東南亞細亞民族學先史學研究』東京：矢島書房。
一九五二　『東南亞細亞民族學先史學研究（下）』東京：矢島書房。

Kano, Tadao and Kokichi Segawa
1945　*The Illustrated Ethnography of Formosan Aborigines: The Yami Tribe*, Tokyo: The Seikatsusha.

Kokubu, N.
1949　Note on the Burial Customs in the Botel Tobago Island（關於紅頭嶼的埋葬様式）『臺灣文化』五（一）：四五―五四。

國分直一
一九五二　「フィリッピン考古学とその太平洋諸島人種起源に対する関係」『鹿児島県考古学会紀要』二：一七―二八。
一九八六　「偉大なエスノグラッファー鹿野忠雄氏をめぐって」『海上の道――倭と倭的世界の摸索』東京：福武書店。

國分直一（文）・三木淳（写真）
一九六三　「海の高砂族――バシー海峡の孤島―紅頭嶼」『太陽』一〇（四）：五―二八。

國策研究會
一九四三　『南方諸民族事情研究』東京：日本評論社。

Lirazan, Rustom S.
1965　The Remarkable Beyer Collection, *Philippines International* 9 (3): 20-25.

Malinowski, Bronislaw
1929　Practical Anthropology, *Africa* 2-1: 23-38.

松本潤一郎
一九四三　『戰時社會文化』東京：積善館。

三吉香馬
一九三七　「南洋奇聞（一六七）――厦門見物（其三）」『南洋』二三（一一）：八四―九三。

三吉朋十
一九四二 『比律賓の土俗』東京：丸善。
宮本延人
一九四一 「東亜共榮圏と民族」『國際文化』一四：一〇—一二。
一九四九 「戰後の臺灣民族學界を省みて」『民族學研究』一三（四）：一一五—一一八。
一九八三 「旧台北帝国大学時代の雑談記」『貝塚』三二：三—一六。
日本人類学会編
一九五五 『人類学の概観（一九四〇—一九四五）』東京：日本学術振興会。
野口勇訳
一九四四 『ボルネオ原住民の研究』東京：文化研究社。
小川徹
一九六六 「地理学」日本民族学会編『日本民族学の回顧と展望』一〇九—一一三頁、東京：民族学振興会。
Ooi, Keat Gin
1998 *Japanese Empire in the Tropics: Selected Documents and Reports of the Japanese Period in Sarawak, Northwest Borneo, 1941-1945.* (2 vols.). Athens, OH: Ohio University Center for International Studies, Monographs in International Studies, Southeast Asia Series No.101.
Ravenholt, Albert
1964 Dr. H. Otley Beyer: Pioneer Scientist on the Frontier in Asia, *Southeast Asia Series* 12 (4): 377-389.
佐藤莊一郎
一九四三 「譯後偶感」ベルナツィーク、H.『大東亞の原住民族』日本拓殖協会編訳、三—四頁、東京：岡倉書房。
Sevilla, A. T.
1965 H. Otley Beyer: Dean of Philippines Anthropology, *Philippines International* 9 (3): 2-4, 39.
宋文薫
一九五〇 「鹿野忠雄著『東南亞細亞民族學先史學研究Ｉ』」『臺灣風土』八三：一。
高田保馬

一九四二　『民族論』東京：岩波書店。
一九四四　「創刊の辞」『民族研究所紀要』一：一―二。

匿名
一九三一　「霧社事件の顛末」『南方土俗』一（二）：九八―一一五。

山崎柄根
一九八八　「鹿野忠雄――比較文化史に示した高い視点」綾部恒雄編『文化人類学群像（三　日本編）』三五三―三七二頁、京都：アカデミア出版会。
一九九二　『鹿野忠雄――台湾に魅せられたナチュラリスト』東京：平凡社。

Zamora, Mario D.（ed.）
1967　*Studies in Philippines Anthropology(In Honor of H. Otley Beyer)*. Quezon City: Alemar-Phoenix.

全京秀
二〇一四　「植民地台湾における金関丈夫の再評価」ヨーゼフ・クライナー編『日本とはなにか――日本民族学の二〇世紀』二九六―三四七頁、東京：東京堂出版。

〈新聞〉
『臺灣日日新報』一九三四年一二月二三日。
『帝國大學新聞』一九四二年五月四日、一九四二年七月一三日。

あとがき

東アジアの諸地域と日本とのつながりを、人とモノという具体性をもって問うた研究プロジェクトの成果を、ようやく出版するに到ったことに、安堵の念を感じている。それとともに、この研究活動を通じて巡りあった人たち、そして出かけたフィールドでのことを思いだし、貴重な体験をさせてくれた研究プロジェクトであったと改めて思う。

台湾を研究のフィールドとしてきた私は、日本と東アジアとの関係を、人々の生活の中から考えたいという長い間の思いがあった。そして、そのつながりは、グローバル化が叫ばれる今に始まるものではなく、歴史の産物としてあることに自覚的であるべきだと考えてきた。七十数年前に終わった戦争にいたる「戦前」において、日本人が東アジアの各地に、さらに旧南洋群島にも多く移動し、多様な活動をしてきたことに、現代の日本人は無自覚になってしまっている。

しかし、「戦前」は、遠い歴史のかなたにあるものではない。私事を取りあげ恐縮ではあるが、終戦時に私自身の家族や親戚がどこにいたかを考えると、戦前の日本と他地域との関わりの深さを感じる。

私の父母は、商社に勤務していた父の赴任先、かつて「仏印」といわれたベトナムのハノイにいた。カルフォルニアで農場経営に携わっていた父方叔父たち、そして叔母も日系人強制収容所にいた。母方祖父は、勤務していた紡績会社の工場があった中国・青島におり、学徒出陣をして海軍航空隊に配属された母方叔父は、フィリピンの陸戦で既に戦死していたはずである。「戦前」の日本人は、いま思う以上にさまざまなかたちで、外の世界と関わっていた。この本を手に取った方たちの家族や親戚にも同じようなことは起こっていたはずである。しかし、戦後の日本は、国家として、そして多くの人々も、かつての大日本帝国の時代の日本の姿を忘却することで、いまの社会を存在させてきた。けれども、忘れない日本以外の地域の人たちがいるということを、我々は思い返さなければならない。

人の移動だけではなく、日本のモノも植民地に入ってくる。台湾において植民地期に最も「日本化」が進んだのは、エリート階層であるが、そうした家庭に育ち高等女学校で学んだ女性たちが語る教育の場でのモノ――文房具、手芸用品など、そして少女雑誌も、ときにはおしゃれな洋服も、日本から入ってきていた。こうしたモノからみると、植民地の生活のなかに日本のモノが埋めこまれ、それが戦後における日本のモノへの評価に繋がるようにもみえるが、それほど単純なものではない。かつての戒厳令下の時代には、台湾の人々も日本統治期のことを、今のようには語ることはなかった。今現在の台湾の状況が、日本や日本のモノに対する評価を生み、また語られることを、この研究を通じて再認識させられた。

また、植民地では、こうした「日本化」が到るところに浸透していたわけではない。私が長期フィールドワークをしていた一九八〇年代前半の台南地域の農村では、高等女学校で学んだ人たちと同世代の高齢女性たちは、ほとんどが学校に行って日本語教育を受けたこともなく、字も書けなかった。そのかつての日々の家庭生活に、日本のモノを探すのは難しい。こうした側面を無視して日本の記憶を語ることを戒めなければならない。そして、この農村からも、軍夫として戦場に行き戻らなかった人もいたことを忘れて、帝国日本の移動を語ることができないことを、今、改めて考えている。

本プロジェクトでは、沖縄、韓国、台湾において、当該地をフィールドとするメンバーが調査計画をたて、メンバー全員が参加して、各地で日本統治と関連する場を訪れ、またインタビュー調査を行った。

二〇一四年二月には沖縄・石垣島において、当時、八重山毎日新聞社に勤務していた松田良孝氏のアレンジによって、特に八重山と台湾との関係に着目した調査を行った。台湾から来た人たち、また台湾から引き揚げた人たちにお話を伺ったが、台湾でフィールドワークをするのと、非常に似た感覚であった。訪れた場所では、「臺灣農業者入植顯頌碑」が印象深い。台湾人の入植開始時には、対立した相手であった石垣の人々が中心となって、移住者に感謝する碑を建てたのである。「移動」が協調を生み出したこのプロセスに、学ぶべきことは多い。

二〇一四年八月には韓国で多彩な調査を行った。当科研プロジェクトの研究協力者である宋承錫教授（仁川大学）のご尽力により、韓国仁川華僑協会での調査が実現した。また、全京秀教授（ソウル大学）のご案内で、ソウル大学の図書館・博物館、さらに本の博物館（全羅北道サムレ）、東国寺（群山）で、植民地期の貴重な資料を目にすることができた。群山に移動してからは、咸翰姫教授（国立全北大学校）のご助力で、植民地期に日本人が経営した熊本農場のあった村落で調査を行った。熊本農場のような日本人による大規模な農場経営は、台湾ではなじみがない。そこにあった、「日帝強占期　収奪現場」と書かれた案内板は、台湾研究者に驚いて写真をとらせることになった。しばしば言われている台湾と韓国の植民地期に対する評価あるいは表現の違いを感じたときでもあった。

そして二〇一五年一二月には台湾で調査を行い、一九三〇年に完成した烏山頭ダムの建設を担った技師、八田與一の記念館を訪問した。八田は、灌漑を確実にするダムの建設によって台湾の経済発展に貢献した日本人として、台湾では一般的に高く評価されている。この大事業の結果は、農民に負担も強いるものでもあったが、記念館にそのような解説はなかった。地元民が作った八田の銅像とそれをめぐる逸話、八田の死後にダムに身を投げた八田夫人の像、いまも行われる八田の命日の供養など、記念館とその周辺は日本とのつながりを示す場のようにさえ見える。台湾でこうしたことがあることに、私は驚かなくなっていた。しかし、韓国研究者にとっては、異なる思いがあったろう。

共同調査は、各メンバーにとっても自らのフィールド以外の場を知るのみならず、日本人あるいは日本人研究者の立ち位置、研究をとりまく環境を、身をもって知る機会となった。この三回の調査は、メンバーの豊かな現地経験に支えられて、現地の方々、また研究者の方たちから、温かいそして刺激的なご助力をいただいた。ここでお名前を挙げられなかった多くの現地の皆様、また現地研究者の皆様に、この紙面を借りて、心より御礼申し上げたい。

研究プロジェクトの成果公開の一環として、二〇一六年一二月にシンポジウム「帝国日本における人とモノの移動と他者像――台湾・朝鮮・沖縄を基点に」を開催した。さらに、二〇一七年一一月には、一部のメンバーでフォーラム「モノと人の移動にみる帝国日本――記憶・近代・境域」(第一〇回白山フォーラム　白山人類学研究会)を行った。いずれも活発な議論が行われ、これらを踏まえて論文の改稿を重ねてできあがったのが、本書である。

また、三尾裕子氏と西村一之氏は、これまで台湾に関する研究活動をともに行ってきたが、このプロジェクトの調査や研究発表の場に参加して下さり、さらにコラム執筆のお願いまで聞き入れていただいた。ご協力に深く感謝申し上げる次第である。

ここにいたるまでのフィールドで出会って語ることのできた方々、また研究発表の場でいろいろな形で議論に加わってくださった方々に、心よりの感謝を伝えたい。皆さまのご助力なしでは、我々の研究活動は成り立たず、この本も存在し得ない。

本書そして姉妹編の刊行は、風響社の石井雅社主のご厚意なくしてはあり得なかった。出版助成金の獲得に失敗した私に、「もっと薄い本ならば出せるかも…」と言ってくださった。結局、二分冊になってしまったのはなんとも申し訳ないが、出版事情の厳しいなかで刊行していただいたことは、誠にありがたく心より感謝申し上げたい。また、編集を担当して下さった古口順子氏には、実に丹念な原稿・校正のチェックをはじめとして、本書が出版にいたるまで、真摯で強力な後押しをしていただいた。執筆者一同より、厚く御礼申し上げるところである。

東アジアにおける他者像を、人とモノの移動を視点として、時空の広がりをもって考察することをテーマとした今回の研究は、自己を取り巻くものに対するさまざまな気づきを与えてくれた。多様多彩に展開しうるこのテーマに関して、今後、さらなる研究が進展していくこと願って、結びとしたい。

二〇二〇年一月

植野弘子

写真・図表一覧

植民地研究の断絶と継承

図1　秋葉隆手稿〈村祭り〉　*66*
図2　秋葉隆手稿〈親族称呼〉　*66*
図3　秋葉隆手稿〈北アジアの民俗〉　*69*
図4　秋葉隆手稿〈見学日記より〉　*69*
図5　他の人のノート　*70*
図6　パリで保管されている資料　*79*
図7　A・ギリモーズ氏　*80*
図8「土俗及信仰上ヨリ見タル内鮮の関係」　*80*
図9　非常時型の社会形態　*82*

親日イメージと台湾の複雑な思い

写真　中華民国建国100周年を祝う総督府　*91*

近代の味

写真　イソンダン　焼き立てのパンを待つ行列　*129*

韓国華僑と台湾

表1　インタビュー協力者一覧　*142*

朝鮮半島における「洋食」の普及

写真「ソウル駅グリル」の日本式洋食オムライス　*173*

沖縄県の台湾系住民をめぐる記憶の連続・断裂・散在

図1　台湾から宮古に直接移入された米が、宮古に移入された米全体に占める割合の推移　*195*
表1　台湾農業者入植顕頌碑と八重山台湾親善交流協会に関連した動き　*183*
表2　戦前、宮古島にいた可能性のある台湾系の人物　*187*

「帝国の焼菓子」

写真　ハワイのハワイアン・ショートブレッド・パイナップル、広島県呉市の鳳梨萬頭、台湾の台湾純鳳梨餅　*211*

大東亜戦争に巻き込まれた人類学者、鹿野忠雄

写真1　鹿野の「比島」出張に関連した「秘電報」　*236*
写真2　鹿野忠雄の誕生日記念写真　*237*
写真3　Natividad Noriega-Ocampoのための憲兵隊証明書　*238*
写真4　ナチビダド・ノリエガ＝オカンポの身分証明書　*239*

民主化運動　*27*
民主進歩党　*141*
『民俗台湾』　*19, 20, 22-24, 46, 48*
民族
　——研究所　*235, 241, 242*
　——誌　*26, 28, 223, 227, 241, 244, 248, 251*
　——政策　*241*
　——学／——學　*41, 62, 68, 76, 81, 82, 87, 222, 228-230, 233, 237-239, 241, 242, 244, 246, 248, 251, 253*
民団　*41, 96, 97, 108, 109, 113-115, 120, 121*
霧社事件　*25, 232, 233, 243*
村山智順　*75-78, 83, 85, 87*
モーナ・ルダオ　*25, 48*
モダンガール　*175*
モダンボーイ　*175*

ヤ

ヤミ族　*220-223, 225-227, 244, 249-251, 253, 254*
八重山　*39, 42, 50, 92, 177-184, 195, 202-204, 206*
焼菓子　*43, 44, 211-214*
柳田國男　*21, 23, 24, 48*
山崎柄根　*220, 224, 247*
行方不明　*43, 218, 246, 251, 252*
　——兵　*252*
　——兵ＭＩＡ（Missing in Action）　*252*
洋食　*43, 131, 173-175*
　——屋　*174, 175*

ラ

陸軍省　*236, 239*
陸軍囑託　*43, 236, 237, 239, 241, 245*
陸生　*137, 138, 141*
琉球
　——国　*21, 28, 33, 47*
　—— 処分　*21, 28, 31, 38, 47, 204*
臨時台湾旧慣調査会　19

——語　*1, 5, 20, 24, 40, 65, 66, 68, 81, 83, 91, 92, 138, 141, 143, 144, 146, 150-152, 155, 160, 169, 238, 253*
——常民文化研究所　*219, 228*
——人学校　*162*
——人類学史　*218, 221, 247, 248, 251*
——拓殖協会　*226, 246*
——帝国　*1, 4, 18, 40, 42, 44, 82, 96, 211-215*
任哲宰　*67, 68, 84*
ノリエガ＝オカンポ，ナチビダド　*238*

ハ

パイナップル（→パイン）　*3, 4, 42, 44, 179, 181, 204, 211-214*
パイワン族　*223-225*
パイン　*179-182, 184, 202, 203*
バタン諸島　*224, 225, 227, 254*
バタン島　*228, 229*
ハリソン，トム　*244, 245*
バンクス，エドワード　*220, 245, 246, 254*
パン食　*175*
馬関まつり　*110-114*
蕃地出入許可証　*232*
ヒューマニズム　*242, 253*
比島先史研究所　*238, 243, 246*
百貨店　*173, 175*
フィリピン／比律賓　*22, 43, 214, 220, 224, 227, 228, 230, 236, 237, 239, 240, 243, 245, 248, 249, 253, 254, 262*
——博物館　*243*
フォックス，ロバート　*249*
ブヌン　*225*
釜山文化財団　*99, 111, 112, 114, 124*
文化
——系統　*224*
——交流　*98, 112, 249*
文明化　*23, 29, 30, 33*
——の使命　*29*
ベイヤー，オトリー　*43, 219, 220, 227, 229, 230, 236-240, 243, 245, 246, 248, 252-254*
米国人　*145, 152, 237*
蓬莱米　*192, 206*
ボークレール，イネズ・ドゥ（鮑克蘭）　*219, 243, 248-250*
ホテル　*146, 173, 174, 206*
ボテル・トバゴ　*248, 249*
ポリネシア　*225, 243, 245*
ボルネオ　*22, 43, 220, 228-230, 241, 242, 244-247, 249, 251, 252, 254*
忘却　*4, 36, 45, 46, 96, 97, 122, 123, 252*
骨　*25, 26, 46, 48, 49*
本省人　*146*
本土化　*136, 141, 159*

マ

マカッサル研究所　*247*
マリノヴスキー／マリノフスキー　*62, 64, 75, 84, 250*
馬淵東一　*19, 47, 220, 222*
満州国　*39, 40*
身分証（→国民身分証）
宮古　*39, 42-44, 177-180, 184, 185, 188, 189-192, 194-196, 198, 200-206*
民間伝承　*24*

——帝国大学　19, 47
台湾
——語　144, 147, 150, 155, 159
——人　3, 20, 24, 39, 40, 42, 43, 50, 91, 93, 135, 144, 147-149, 151-155, 159-162, 164, 165, 169, 178--184, 188, 189, 191, 194, 196, 198, 200-205, 213, 263
——総督府警務局理蕃課　226
対華援助　139, 140
第二次霧社事件　25
脱他者化　243, 253
地域振興　42, 95, 97, 100, 103, 119, 121, 123
中央研究院民族学研究所　248, 253
中国
——共産党　139
——語　1, 91, 141-143, 145, 146, 148, 151, 153, 156, 160, 168
——国民党　27, 42, 139
——人　136, 141, 143, 145, 147, 150, 156, 157, 160, 165, 167, 169
朝鮮
——華僑　134,
——語　65-67, 81,
——人　20, 21, 37-40, 50, 70, 78, 82, 83, 85, 87, 96, 105, 107, 108, 116, 117, 123, 130, 132
——戦争　145, 149, 151, 168, 175
——総督府　38, 67, 75, 76, 133
——総連　108, 122
——族　154
——通信使　41, 42, 95-103, 108-115, 118-124
——通信使縁地連絡協議会　99, 101, 112
——通信使再現行列　41, 95, 96, 123
長期連続研究　250
対馬　41, 42, 95-113, 115, 119-121, 123, 124
大邱華僑中学　153
トロブリアンド　250
鳥居龍蔵　75, 83
飛魚捕り　227
帝国
——学士院　234
——臣民　39
『——大学新聞』
——的近代　31-33
——日本　1, 2, 4, 17, 18, 22, 28, 29, 33, 37, 39-45, 50, 92, 96, 119, 121, 123, 132, 176, 218, 231, 233-235, 245, 247, 251, 252
土地問題　232, 243
東京大学文化人類学研究室　253
『東南亜細亜民族學先史學研究』228, 230
東洋文化研究所　235

ナ

内地人　37, 38, 92, 93
南方
——共栄圏　242
——進出　233, 235
——占領地域　234
ニーダム，ロドニー　249
ニューギニア　81, 224
日韓国交正常化　104, 117
日本
——貝類学　236

サ

サラワク　*220, 244-246, 252, 254*
　——博物館　*220, 244-246, 254*
崔南善　*75, 83*
在韓中華民国大使館　*168*
在朝日本人　*37, 50*
在日コリアン　*17, 41, 42, 95-98, 100, 103, 104, 107-110, 113, 114, 116, 118-123, 125*
山東
　——語　*143-145, 156, 168, 169,*
　——省　*42, 133-135, 142, 145, 147-149, 151, 153, 157, 169*
　——人　*143*
シャーマン　*65, 66, 68, 76, 79, 84, 85*
思想
　——移動　*230, 231, 243, 247*
　——転向　*230, 231*
　——統制　*231, 240*
実践人類学　*233*
渋沢敬三　*74, 219, 228*
下関　*41, 42, 95-97, 99, 100, 110-124*
儒教文化圏　*33*
収奪　*45, 130, 132, 263*
食糧援助　*175*
植民主義　*41, 75, 78, 79, 81*
植民地
　——近代　*29-32, 49*
　——政策　*23, 64, 233*
心性地図　*242*
親族
　——研究　*249*
　——用語　*249*
親日　*17, 41, 43, 86, 91, 93, 96, 116*
准植民地　*18, 28, 33, 47*
スタイル　*173, 174, 176*
スパム　*175*
水牛　*42, 179-182, 184, 202-204*
世界の記憶　*95, 98, 100*
世襲巫　*76-78, 85*
瀬川孝吉　*228*
西洋　*27, 29, 30, 33, 34, 43, 132, 173-175, 214, 229, 250*
聖戦　*82*
占領地　*21, 22, 234, 235, 243, 245, 246*
戦時体制　*236, 237*
戦時動員　*240*
戦争協力　*234, 241, 242*
ソーセージ　*175*
総督府在外研究員　*222*
総力戦体制　*231*
孫晋泰　*67, 68, 75, 83*

タ

タイヤル族　*225*
他者化　*223, 243, 244, 253*
大東亜
　——共栄圏　*79, 81, 234, 235*
　——省　*233*
　——戦争　*43, 217, 228, 231, 233, 237, 241, 243, 245, 246, 251*
　——民俗学　*22, 23, 48*
　——要誌　*234*
台北
　——高等学校　*221, 222, 242*

——語　*85, 142-144, 146-149, 152-156, 159, 160*
——人　*64, 83, 97, 99, 102, 104, 124, 132, 139, 142, 144, 145, 147-155, 158-160, 162, 164*
韓米剰余農産物協定　*175*
観光　*7, 43, 73, 74, 94, 95, 97, 99-103, 110, 113, 119, 120, 122-124, 129, 130, 132, 154, 179, 184, 202*
——ガイド　*154*
——化　*37, 43, 129*
ギリモーズ　*68, 79, 87*
記憶　*2, 5, 29, 33, 35-37, 42, 43, 49, 50, 95-98, 100, 103-105, 107, 121-123, 157, 159, 160, 166, 168, 177-180, 184, 189, 196, 199-203, 205, 214, 247, 248, 251, 252, 254*
寄留　*185, 188, 190, 195, 202*
棄民政策　*251*
北朝鮮　*125, 151*
旧慣調査　*19, 21, 48*
旧南洋群島　*2, 3, 27, 38, 46, 49, 261*
旧満州　*40*
京都帝大　*236*
僑生　*137-141, 163, 167, 168*
——回国就学及輔導弁法　*138, 167*
境外生　*137, 138*
行政院僑務委員会／僑務委員会 *139, 167, 168*
近代化　*29, 30, 31, 32, 33, 34, 36, 75, 212*
——論争　*30*
近代建築物　*129, 130*
グリーンカード　*146, 151*
グリル　*175*
首狩　*225*
来間　*178, 185, 196-198, 201*
黒田徳米　*236*
群山　*37, 43, 129-132, 149, 263*
——華僑小学校　*266*
京城　*20, 61, 67, 70-73, 75, 87, 115, 175*
——帝国大学　*20, 61, 75, 87*
軽洋食　*175*
血統主義　*167*
原住民族　*19, 22, 47-49, 220, 225, 226, 246*
抗日　*48, 160*
降神巫　*76*
皇民化　*20, 34*
——運動　*20*
——政策　*23*
紅頭嶼　*22, 43, 220-229, 242-246, 248-250, 253, 254*
国共内戦　*139, 153*
国際交流　*41, 95-98, 102, 110, 118-123*
国籍法　*167*
国防医学院　*152, 168*
国民
——国家　*4, 161*
——身分証　*154, 159, 162, 167-169, 238*
——党　*27, 42, 91, 92, 135, 139-141, 169*
国立民族学博物館　*253*
國分直一　*219, 221, 224, 230, 243-245, 250, 251, 253*
米　*39, 42, 92, 129, 130, 178, 180, 186, 189-195, 197-200, 203-206*

執筆者（執筆順）

崔　吉城（チェ　キルソン）

1985年、筑波大学大学院歴史人類学系修了。文学博士。

専攻は文化人類学。

現在は、東亜大学人間科学部教授、東アジア文化研究所所長、広島大学名誉教授。

主著書として、『韓国のシャーマニズム』（弘文堂、1984年）、『恨の人類学』（真鍋祐子訳、平河出版社、1994年）、『植民地の朝鮮と台湾』（第一書房、2007年、共編著）、『植民地朝鮮——映像が語る』（東亜大学東アジア研究所、2018年）、『帝国日本の植民地を歩く』（花乱社、2019年）など多数。

中村八重（なかむら　やえ）

2006年、広島大学大学院国際協力研究科博士課程後期修了。博士（学術）。

専攻は文化人類学、韓国地域研究。

現在、韓国外国語大学日本語学部准教授。

主著書として、『日韓交流史1965-2015 Ⅲ 社会・文化』（東京大学出版会、2015年、共著）、『境域の人類学——八重山・対馬にみる「越境」』（風響社、2017年、共著）。訳書として、『海を渡った「出雲屋」——韓国のパンの百年史』（ハーベスト出版、2018年）など。

冨田　哲（とみた　あきら）

2000年、名古屋大学大学院国際開発研究科国際コミュニケーション専攻博士後期課程修了。博士（学術）。

専攻は台湾史、社会言語学。

現在、淡江大学日本語文学系副教授。

主著書として『植民地統治下での通訳・翻訳——世紀転換期台湾と東アジア』（致良出版社、2013年）。論文として、「ある台湾語通訳者の活動空間および主体性——市成乙重と日本統治初期台湾」（楊承淑編『日本統治期台湾における訳者及び「翻訳」活動——植民地統治と言語文化の錯綜関係』台湾大学出版中心、2015年）、「元台湾語通訳者市成乙重とアジア・太平洋戦争期の「福建語」」（『跨境／日本語文学研究』第3号、2016年）。「乃木希典遺髪碑建立と伊沢修二」(木下知威編『伊沢修二と台湾』台湾大学出版中心、2018年）など。

林　史樹（はやし　ふみき）

2001年、総合研究大学院大学文化科学研究科博士後期課程修了。博士（文学）。専攻は文化人類学、韓国・朝鮮研究。

現在、神田外語大学外国語学部教授。

主著書として、『韓国のある薬草商人のライフヒストリー』（御茶の水書房、2004年）、『韓国サーカスの生活誌』（風響社、2007年）、『韓国食文化読本』（国立民族学博物館、2015年、共著）など。

松田良孝（まつだ　よしたか）

1991年、北海道大学農学部卒業。

十勝毎日新聞記者、八重山毎日新聞記者を経て、現在はフリー。沖縄台湾関係を中心に取材を続ける。2019年中華民国外交部フェロー。

著書として、『石垣島で台湾を歩く——もうひとつの沖縄ガイド』（沖縄タイムス社、2012年、共著）、『与那国台湾往来記——「国境」に暮らす人々』（南山舎、2013年）、小説『インターフォン』（沖縄タイムス社、2015年）。論文として、「沖縄県石垣島にみられるフィリピン人ネットワークの態様——カトリック信仰を核に構築されたつながり」（『移民研究』11号、2016年）、「第5章　川平朝申が記録した八重山計画移民」（齋木喜美子『川平朝申のライフコースを基軸とした戦前から戦後沖縄の教育・文化実践史研究』、2017年）。

八尾祥平（やお　しょうへい）

2012年、首都大学東京大学院人文科学研究科博士後期課程単位取得満期退学。博士（社会学）。

編者紹介

植野弘子（うえの　ひろこ）

1987 年、明治大学大学院政治経済学研究科博士後期課程満期退学。博士（学術）。

専攻は社会人類学。

現在、東洋大学アジア文化研究所客員研究員。

主著書として、『台湾漢民族の姻戚』（風響社、2000 年）、『台湾漢人姻親民族誌』（南天書局、2015 年）、『台湾における〈植民地〉経験——日本認識の生成・変容・断絶』（風響社、2011 年、共編著）。論文として、「父系社会を生きる娘——台湾漢民族社会における家庭生活とその変化をめぐって」（『文化人類学』75 巻 4 号、2011 年）、「『民俗台湾』にみる日本と台湾の民俗研究——調査方法の検討を通じて」（『東洋大学社会学部紀要』50 巻 1 号、2012 年）など。

上水流久彦（かみづる　ひさひこ）

2001 年、広島大学大学院社会科学研究科修了。博士（学術）。

専攻は文化人類学、東アジア地域研究。

現在、県立広島大学地域基盤研究機構准教授。

主著書として、『台湾漢民族のネットワーク構築の原理——台湾の都市人類学的研究』（渓水社、2005 年）、『東アジアで学ぶ文化人類学』（昭和堂、2017 年、共編著）、『境域の人類学——八重山･対馬にみる「越境」』（風響社、2017 年、共編著）、『アーバンカルチャーズ』（晃洋書房、2019 年、共著）、『台湾の海洋安全保障と制度的展開』（晃洋書房、2019 年、共著）など。


帝国日本における越境・断絶・残像——人の移動

2020 年 2 月 18 日　印刷
2020 年 2 月 29 日　発行

編　者　植野　弘子
　　　　上水流 久 彦

発行者　石井　雅
発行所　株式会社　風響社

東京都北区田端 4-14-9（〒 114-0014）
03(3828)9249　振替 00110-0-553554
印刷　モリモト印刷

Printed in Japan 2020　©　ISBN 978-4-89489-273-6 C1039